アリソン・ゴプニック 著
渡会圭子 訳
森口佑介 解説

思いどおりになんて育たない

The Gardener and the Carpenter

What the New Science of Child Development Tells Us About the Relationship Between Parents and Children

Alison Gopnik

反ペアレンティングの科学

森北出版

●本書のサポート情報を当社Webサイトに掲載する場合があります．下記のURLにアクセスし，サポートの案内をご覧ください．

https://www.morikita.co.jp/support/

●本書の内容に関するご質問は，森北出版 出版部「(書名を明記)」係宛に書面にて，もしくは下記のe-mailアドレスまでお願いします．なお，電話でのご質問には応じかねますので，あらかじめご了承ください．

editor@morikita.co.jp

●本書により得られた情報の使用から生じるいかなる損害についても，当社および本書の著者は責任を負わないものとします．

パブーことアルヴィーへ
そしてオーガスタス、ジョジアーナ、アティカスへ
人生後半の愛をこめて

思いどおりになんて育たない——目次

※本文中、〔　〕は訳者による補足。＊1などは原注。

イントロダクション

親が子を育てる目的とは何なのだろうか。子どもの世話はきつくて骨が折れるが、たいていの人が深い満足を感じてもいる。それはなぜなのか。それだけの価値があると思える理由は何なのだろうか。

特にこんにちの中産階級の父母からよく聞く答えが、〝ペアレンティング〟というものである。〝ペアレンティング（親をする）〟は、目的に向かって行う活動——つまりそれは仕事であり、ある種の職業なのだ。その目的は自分の子どもを何とかして、よりよい大人、より幸せな大人、より成功する大人に育てることだ。何と比べてよりよいのかといえば、違う育て方をしたときよりも、あるいは（大きな声では言えないが）となりの家の子どもよりも、という意味だ。きちんとしたペアレンティングを行えば、きちんとした子どもが育ち、きちんとした大人になるはずだ（本書で言う「ペアレンティング」は、第1章で紹介されているように二〇世紀後半にアメリカで広まった子育てにまつわる規範のこと）。

もちろん、〝ペアレンティング〟という言葉を、実際に親がしていることを説明するのに使うこともある。しかしいまは特に、〝親が**なすべきこと**〟を意味することのほうが多いのではないか。この本で私は、現在のペアレンティングと呼ばれるものの考え方は、科学的、哲学的、政治的な観点から、そして人の生活という面から見ても、根本的に誤りであることを論じたい。親と子が実際に何を考えてどう行動しているかの理解としても間違っているし、親と子が何を考えどうふるまうべきかという考えとしても間違っている。それは親と子の生活をよくするどころか、悪くしている。

ペアレンティングの考え方は広く浸透していて、当たり前で議論の余地もないように思えるかもしれない。しかし親たちは（この本を書いている私も含めて）ペアレンティングのモデルをもっともだと思う一方で、漠然と、何かが違うとも感じている。[*1]私たちは子どもの学校の成績があまりよくないことを心配すると同時に、成績を上げろというプレッシャーに子どもが苦しんでいるのではないかと心配する。自分の子どもを友人の子と比べてしまい、自己嫌悪におちいる。ペアレンティングの新しい手法を賞賛あるいは批判した記事を読んで、結局は自分の直感を信じて行動するのが一番だと、やや声高に宣言する。

重要な仕事では、ある決まった結果が出るのがよしとされる。木工職人や作家、ビジネスマンにとってもそれは正しいモデルである。あなたが腕のいい木工職人、作家、ＣＥＯであるかどうかは、あなたがつくった椅子、書いた本、会社の経営状況で判断される。ペアレンティングの考え方では、親もそのモデルに従う。親はある種の木工職人なのだ。しかしその仕事は椅子のような製品をつくることではなく、ある種の人間をつくることだ。

仕事では専門的技術が成功へとつながる。ペアレンティングにも決まったテクニック、決まった専門知識があり、それを親が身につけることが、子どもの人格形成の役に立つと思われている。そしてその専門知識を提供するという大規模な産業が現れた。アマゾンのペアレンティングの部門には、六万冊以上の本があり、その大半はタイトルに〝ハウトゥー（～する方法）〟が入っている。

ペアレンティングのハウトゥー本の多くは、当然のことながら、親になることについて実践的なアドバイスをしている。さらに多くの本が、親がそうした正しいテクニックを実践するだけで、子どもの成長に大きな違いが必ず現れると断定している。

しかしペアレンティングの規範は、ハウトゥー本で学べるものだけではない。子どもの発達に対する人々の一般的な見方を規定するものでもある。私は発達心理学者なので、子どもたちの心理がどういうものなのか、そしてなぜそうなるのかを解明しようとしている。それでも私がこれまで受けた子どもの発達研究についての取材では、ほぼすべての人が親はどうするべきか、親の行動が長期的にどのような影響をもたらすかを尋ねてきた。

ペアレンティングの考え方は、当の親（特に母親）にとって、大きな悩みの種にもなる。果てのない〝母親の戦い〟をあおる材料になることもある。もしペアレンティングが一種の仕事という考えを受け入れるとすれば、その仕事と別の仕事（たとえばいわゆる〔有償の〕仕事）のどちらかを選ばなければならなくなる。特に母親は、よい親であることと、別の仕事で成功することの板挟みとなり、子育てか出世のどちらかを選ばなくてはいけないように感じる。実は父親も同じジレンマを抱えているのだが、まだあまり認識されていない分、さらに悩みは深くなる。

その結果、親であることはそれほど重要でないと思いたくなる。女性が母親であることの葛藤を弁解がましく告白する、ひねくれた回想録が生まれるのもそのためだ。親の仕事がきちんとした大人を育てることだとすれば、それはかなりたいへんな仕事だ。長時間にわたる重労働で、給料もなければ得することもない。そして本当に自分の育て方が正しいのかわからないまま、二〇年あまりを過ごす。常に神経が休まらず、罪悪感がつきまとう。しかし仕事でないならば、なぜ私たちはそれをするのだろう。子育ての目的が特定のタイプの大人をつくることでないなら、何が目的なのだろうか。

私自身、そうした不安を抱える中産階級の働く親の一人であり、ペアレンティングの規範に納得する気持ちと、それへの反発の両方を持ち続けていた。三人の息子はみんな成人し、それなりに幸せな暮らしをして、彼ら自身の子どもを持つようになっている。けれども彼らの人生の浮き沈みを見ていると、自分が果たしてよい親だったのかを考えずにはいられない。末の息子が八歳のとき、毎日学校まで歩いておくっていたのは過保護だったのだろうか。九歳になってそれをやめたのは怠慢だったのだろうか。私は息子たちに、自分で選んだ道を歩き、自らの才能を見つけてほしいと思っていた。けれども長男が大学をやめてミュージシャンになりたいと言ったとき、退学するべきではないと止めたほうがよかったのだろうか。私はどの子にとっても、レベルの高い公立学校がいちばんいいと思っていたし、いまでもそれは変わらない。しかし上の二人が地元の公立高校で悩んでいたとき、郊外の私立高校に転学させたほうがよかったのだろうか。三男にそうしたように。そして三男には、コンピュータの電源を切って本を読ませるべきだったのだろうか。あるいはプログラミングを覚えさせたほうがよかったのだろうか。〝頭のいい〟次男が、高等数学の個人授業とバレエのレッスンに通いながら、遊ぶ時間と宿題をする時間があったと断言できるだろうか。私は三男が高校を卒業したときに離婚した。それは早すぎたのか、遅すぎたのか、そもそもするべきではなかったのだろうか。

私は子どもの発達について専門的な研究をしているので、他の人よりその答えを出しやすいところにいる。親として過ごした四〇年近くの時間を振り返ると、このような問いかけ自体が間違っているというのが正解ではないかと思う。

親としての自分の経験についてじっくり考えると、ペアレンティングの規範に疑問を持つことがあるかもしれない。しかし実は他の親子について考えるときも、ペアレンティングの規範では不十分に思えることがある。繁栄の時代に生まれたベビーブーマーで、手厚い保護を受けてきた私たちの世代も、大戦と大恐慌を経験したGI世代〔一九〇〇～一九二〇年代生まれの世代〕の親たちから大きく進歩したわけではない。そして悲惨な子ども時代をおくりながらも立派な大人になり、子どもを深く愛し育てている人がいる一方、善良な親が子どもを不幸にしてしまう例は、誰でも見たことがあるだろう。

ペアレンティングの規範を疑問視する声の中で、特に説得力を持ち、胸を打つのが、成人まで生きられなかった子どもを持つ親の話である。二〇一一年、エミリー・ラップが息子ロナンについて書いた感動的な記事が広く注目された。[*2] エミリーはロナンがテイ・サックス病で、三歳まで生きられないと知っていた。しかし息子への愛情の深さは他の人となんら変わることはなかった。ロナンは大人にはなれなかったが、エミリーをはじめとする同じような子を持った人々は、親であることの意味を何よりも深く考えさせてくれる。

親であることが価値があるという、明確な理由を見つけることは重要なのだろうか。親と子についての心配は、ライフスタイルというジャンルの問題、あるいは母親ブログのテーマとして片付けられていることが多い。けれども私は本書で、そうした日常的な心配事の中にこそ、真正で奥深い人間のありようそのもの——人間としての私たちに組み込まれた強い葛藤——が表れていることを示すつもりだ。生物学的な観点からは、人間の異様なほど長く非力な子ども時代と、その子を育てるために必要な多大な労力が、人間であることの重要な部分である。その労力は何の役に立っているのか。なぜ人はそのように進化したのだろうか。

親であることの価値を理解することは、個人的、生物学的だけでなく、社会的、政治的な問題でもある。人間が出現してから、子どもの世話が生物学的な父母だけの役割であったことは一度もない。それはあらゆる人間のコミュニティにおいて、中心をなすプロジェクトだった。それはいまでも同じだ。たとえば教育は広い意味での子どもの世話と言える。

他の社会的制度と同じように、子どもの世話の方法は変わってきたし、これからも変わり続けるだろう。よい方向への変化を願うなら、まず子どもの世話とは何かをよく考える必要がある。就学前教育施設《プレスクール》はどんなところであるべきか。公立学校でどのような改革ができるか。子どもの福祉について誰が決定を行うか。新しいテクノロジーをどう扱えばいいのか。子どもの世話は科学的、個人的であると同時に政治的な課題でもあり、不安と矛盾は大小を問わずに生じる。

〝ハウトゥー〟や、美化された記憶に基づくものを超える、子どもについての考え方があるはずだ。科学や哲学がもたらす長期的な視野に立つことが役に立つかもしれない。しかし私は最近おばあちゃんになった。むしろその立場から考えたほうが面白い見方ができそうな気がする。祖母というのは、かつて若い母親だったころの失敗と成功（そのときはどちらかわからなかったが）と、自分の子どもに関する葛藤を経験しているので、共感しつつ距離を置いて考えることができる。

そのためこの本は科学者と哲学者、そしておばあちゃんとしての著作でもある。ユダヤ人である私の祖母はおばあちゃんをバブと呼んでいた。この本を書いているバブはカリフォルニア大学バークレー校で認知科学の研究室を持ち、哲学の論文を書く合間に、昔話をしながらブルーベリー・パンケーキを焼く。おばあちゃん科学者・哲学者というのは、これまであまりいなかったので、両方の見方を合わせることで、ペアレンティング以外の方面から親になる価値を考える助けとなると思われる。

親をすることから親であることへ

ペアレンティングが規範として間違っているというなら、正しい考え方とはどのようなものなのか。〝親《ペアレント》〟という言葉は実際には動詞ではないし、仕事の形態でもない。そして子どもを決まったタイプの大人につくりあげるという目標に向かうことではないし、そうあるべきでもない。親である――子どもを世話する――ことは、深くて無二の人間関係の一部になり、ある種の愛に浸るということだ。仕事は人間の生活の中心である。それがなくてはやっていけない。しかしフロイトとエルビス〔・プレスリー〕が言った〔と少なくとも伝えられている〕ように、仕事と愛の両方が、人生を価値あるものにしてくれる。

子どもの世話をするための愛は、生物学的な父と母だけのものではなく、学術用語ではケアギバー（caregiver）、イギリス英語ではもう少しエレガントにケアラー（carer）と呼ばれる立場の人すべてを含む。生物学的な親だけに限らず、すべての人の生活の少なくとも一部に関わる形の愛だ。

私たちは人間関係やさまざまな形の愛が、仕事と違うことを知っている。妻であることは〝妻する〟ことではないし、友だちであることは、フェイスブック上であっても、〝友する〟ことではない。また私たちは母や父の〝子どもをする〟わけではない。しかしこうした関係は自分という人間の中心にある。深く満たされた生活をおくっている人は、こうした社会的関係に取り囲まれている。そしてこれは人間についての哲学的な真実というだけでなく、まさに私たちの生物としての性質に根差しているのだ。

愛の中でも特に親が子に向ける愛は、甘く感傷的である一方、単純で当たり前すぎるように思えるかもしれない。しかしすべての人間関係と同じように、日常生活の一部――常にそこにあり、避けられず、すべての行動を引き起こす要因――であり、とても複雑で、変わりやすく、逆説的でさえある。

私たちはもっとうまく誰かを愛したいと望むことはあっても、愛を仕事とはあまり考えない。よい妻、よい夫になれるよう努力するとか、よい友人やよい子どもでいることは大切だと考えることはある。けれども夫の性格が結婚してからよくなったかどうかという尺度で結婚を評価しようとはしない。私は昔ながらの友人との友情を、初めて会ったときより相手が幸福か、あるいは成功しているかどうかで評価することはない。むしろ苦しんでいるときにこそ友情の真価が問われる。ところがペアレンティングにはなぜかそれが当てはまらない。親としての質は、育てた子どもによって判断できる、さらには判断するべきであるという考え方をとる。

親であること、特に幼児の親であることが苦労の多い仕事であるとすれば、そこには大いなる愛があるはずだ。ほとんどの人にとってはそうだろう。私たちが子どもに感じる愛、そして子どもが親に感じる愛は、無条件であると同時に親密で、精神的に深く、感覚にじかに訴えるものだ。

親にとって何よりのご褒美は、子どもの成績やトロフィーではない。卒業や結婚でもない。自分の子どもと一緒にいる、そのときどきに体と心が感じる喜び、そして子どもがあなたと一緒にいて喜んでいることだ。

二つのパラドクス

子どもを愛する目的は、特にそのよるべない人間の子に、豊かで安全で安定した環境――やがて変化、革新、新たなものが花開く可能性を持つ――を与えることだ。これは生物学的、進化論的な見地からも、個人的、政治的観点からも正しい。子どもを愛するということは、子どもに行き先を示すことではない。旅に必要なものを与えることだ。つまり親であることは単純に子どもを愛するということだ。ただしその愛は決して単純ではない。恋愛のパラドクスや複雑さについては、あらゆることが考えられ、話され、書かれ、歌われ、ときに叫ばれてきた。子どもたちへの愛も同じぐらい激しく、矛盾と複雑さに満ち、他には見られない奇妙な部分がある。しかし親と子（特に幼い子）の関係についての議論は、ほぼハウトゥー本か回想録に限られている。

本書では、特に二つのパラドクスを取り上げる。愛のパラドクスと学習のパラドクスだ。これらのパラドクスは幼少期の進化上の性質に組み込まれている。ペアレンティングの規範では、それを説明できない。それらは幼少期について、個人の面からと同時に科学的に考察するときに表れる。事実、最新の科学研究により、これらのパラドクスが特に明確になっている。

しかしこれらは抽象的な科学的・哲学的な問題ではない。親の人生につきまとう現実の不安やジレンマに、具体的な形で表れている。そして社会として子どもの世話をしようとするときに生じる、倫理的あるいは政治的決定の難しさの根源でもある。

愛のパラドクス

最初のジレンマは独立と依存の間の葛藤から生じる。まったく非力な生き物である人間の赤ん坊については、親やその他の子どもの世話をする人が、完全に責任を負わなくてはならない。しかし同時に、その依存的な生き物を、完全に自立した大人へと変身させなければならない。育児の初期は赤ん坊に食べさせ、おむつを交換し、ほぼ一日中抱っこしている状態だが、それで驚くほどの満足感と幸福感を味わう。一方最後には、遠く離れた町から、ときどき愛情あふれるメールが送られてくる程度の関係になるかもしれない（運がよければ）。どちらの状態も、もし結婚や友情だったら完全に異常とは言わないまでもかなり特殊なものだろう。子どもは超わがままな恋人よりはるかに依存的な状態から、超淡泊な恋人よりはるかに自立した状態へと変化する。

子どもが幼いうちは本人よりも大人である私たちが、子どもの生活をほぼコントロールする。子どもに起こることのほとんどは、親や世話する人を通して起こる。しかしよい親であれば、子どもが成人したあとの生活をコントロールすることはない。

この葛藤が特に顕著なのが思春期である。子どもは親から離れて自立するだけでなく、前の世代を頼らない自立した新しい世代となる。幼児期の関係は親密になる。私たちは文字通りの意味でも、比喩的な意味でも、子どもを抱きしめている。しかし成人した子どもは異邦人であり、またそうあるべきだ。彼らは未来という国の住人である。

第二の葛藤は、子どもへの愛は限定的であるという事実から生じる。私は**自分の**子どもを特別な形で気にかける。私たちは自分の子どもの幸せを何よりも大切に思う。他の子の安全や、自分自身の幸せよりも。子どもの幸福のためなら無茶なこともする。荒れた地区に住む貧しい母親が、爪に火をともすような生活をおくりながら子どもを評判のよい私立学校に通わせる。近所に住む他の子には手の届かない学校だ。この母親は利己的でもなければ思慮に欠けるわけでもない。立派な母親である。

しかしその立派さは他には見られないユニークなものだ。政治と倫理についての古典的な考え方は、倫理と政治的原則は普遍的であるべきという考えの上に成り立っている。公平、平等、公正といった考えは、すべての人に適用されるべきである。たとえば法律の考え方はまさに、ある原則をすべての人に公平に適用するものだ。しかし親は子ども全般ではなく、自分の子どもという特別な存在を気にかけ責任を持つ。それが望ましい姿でもある。

この特別な関わりはどこで生じたのだろう。これは単に遺伝子による結びつきではない。子どもの世話をする人はほぼすべて、特定の奇跡的存在を愛するようになる。自分の子どものみへの愛を、より大きな育児というものに、どう応用すればいいのだろう。そしてそれが社会政策にどのような意味を持つだろうか。

学習のパラドクス

第二のパラドクスは子どもが大人から学習する方法に関わる。教育が成功を左右する世界で、ペアレンティングの規範は子どもにより多く、よりよく、より速く学ばせることを重視している。ペアレンティングの規範はまた、教育においても標準的な考えになっている。大人が子どもに知るべきことを教え、どう考えどうふるまうかを決めるというものだ。それは当たり前のように思えるかもしれないが、科学と歴史をひもとけば、そうではないことがわかる。

学習のパラドクスの一つ目は遊びと勉強に関わる。子どもが遊びから学ぶのは自明の理である。けれどもどうやって、そしてなぜ学んでいるのだろうか。定義によれば、遊びは自発的に発生するもので、特に何か目的があるわけではない。けれども子ども時代に遊びが多く行われていることから、何か特別な働きがあるはずだと考えられている。

子どもには遊ぶ時間が必要であるという考えに反対する人はほとんどいない。しかし私たちが子どもの生活時間を管理し始めるときに、最初に削られるのが遊びである。休憩時間は読書やドリルの時間となり、ボール投げや石けりはサッカーの練習に取って代わられる。ペアレンティングの規範には、子どもたちが行うべき行動がいくつもある。中国語の勉強から公文の算数問題、入試の準備まで、ただ遊ぶだけの時間はほとんど残らない。親はそれを心苦しく感じるが、どうすればいいのかはわからない。

一般的な倫理、政治システムは、人間が厳格にかつ本気で取り組むことがらに関わるものだ。それらにおいては個人と社会がある目的を果たすために、どう考え、計画し、行動するべきかを考えることが大切だ。しかし子どもと子ども時代は遊びがすべてと言っても過言ではない。なぜ子どもは遊ぶのか。そして遊びをどう評価すればいいのか。個人の問題としてだけでなく、倫理や政治的な面からも考える必要がある。

子どもが完全に依存的な生き物から、この上なく自立した生物に変化するだけでなく、(ほぼ)遊ぶだけの人間から、(ほぼ)働く人間へと変わらなくてはならない。それだけ変化するには、子どもの心と脳にも根本的な変化が必要となる。親、世話人、教師は、遊びのよいところを残しつつ、勉強や仕事の恩恵を受けられるよう育てなければならない。そのような変化を起こす中心的な施設が学校だが、どちらの面についてもあまりうまくいっていない。もっとうまく運営する方法はあるだろうか。

二つ目の葛藤は伝統と新しいものとの関係である。二一世紀のスクリーンと本との大戦争は、長い戦いにおける最新の小競り合いにすぎない。私たち人間は常に古いものの保存と新しいものの導入の間の板挟みになっている。その綱引きは大昔から続いている。それはいまのテクノロジー文化の特徴ではなく、進化プログラムの一部なのだ。子どもはどんな時代も戦いの最前線にいる。

特に昔ながらの慣例に基づく倫理的、政治的な見解の多くは、伝統と歴史を守ることの重要性を強調する。過去の文化的アイデンティティを守り、自分を伝統の一部とすることで、人は生活の中で深い満足を得られる。子どもの世話をする人は赤ん坊を育てる過程で伝統を受け継いでいるのだ。

同時に、新しいものをつくり変化を起こすことは、子ども時代の基本的な働きの一つである。

逆説的ではあるが、過去の人間が何か新しいことをなさなければ、引き継いでいく文化も伝統もなくなる。前例のない新しい事件がなければ、歴史も生まれない。子どもたちはだいたい思春期ごろに、新しい服装、ダンス、話し方、考え方まで発明する。私たちはどうすれば、自分たちの文化と伝統を伝える一方で、子どもたちがまったく新しいものを生み出すのを許容できるだろうか。

私は科学的にこれらの愛と学習のパラドクスに取り組み、愛と学習にはどのような働きがあるかを理解するのに役立つ新しい科学的研究の概要を説明していく。進化生物学の研究は、子どもへの愛の由来と、その愛の中で依存と自立、個別と普遍がどのように展開するかを明らかにしている。

認知科学では学習への新しいアプローチ法と、子どもが世話してくれる人からどのように学んでいるかに関する新しい研究が現れている。乳児や幼児でも社会的規範や伝統を世話してくれる人から察して、自分の行動に取り込んでいる。

しかし同じように、この数年で最大の発見の一つは、ごく幼い子どもでも新しい可能性を想像し、自分や周囲の世界の別の姿を考えられるということだ。そして新しい研究は実際に遊びが学習にどのように寄与しているかを実証し説明している。

発達神経科学の分野で、子どもと大人の脳の違いへの理解が進み始めている。そして遊びが基本の幼児期の学習から目標に向かう計画的学習へと、神経学的にどのように変化していくかも解明されつつある。

これらの科学研究はすべて同じ方向を示している。子ども時代は可変性、可能性、探究と刷新、学習と想像の時期である。これは幼児期が長い人間の子どもに特に顕著だ。しかし人間の優れた学習・想像能力には代償がともなう。探索と利用（exploration and exploitation）、学習と計画、想像と行動の間のトレードオフがあるのだ。

そのトレードオフの進化による解決法は、人間の子どもすべてに保護者をつけることだった。か弱い子どもが元気に育ち、学習し、想像力を発揮できるようにする存在だ。そうした保護者も前の世代が積み上げてきた知識を次の世代に伝える。そしてそれぞれの子どもに新しいタイプの知識を生み出す機会を与える。この保護者はもちろん親だが、祖父母やおじ、友人や世話人でもある。人間を世話する人は、それぞれの子どもを必死で守る一方、大人になったらその子を手放さなければならない。子どもを遊ばせる一方、働けるようにしなければならない。伝統を伝える一方、新しいことを考えるよう仕向けなければならない。親のパラドクスの根本は生物学的事実にある。

子ども時代のユニークさ

私はこれらのパラドクスに明快な答えを出そうとしているわけでも、そこから生じる個人的、政治的ジレンマに明快な解決策を示そうとしているわけでもない。完全な依存から、まったく反対の完全な自立への変化に対応する、明快な手段はない。ある特定の子どもだけを愛するという事実、それでも子ども全般に関する政策決定を行わなければならないというジレンマを解決する定石はない。仕事（勉強）と遊び、あるいは伝統と刷新の価値を測る、明快なアルゴリズムはない。

しかし少なくともこうしたパラドクスを認識し、それが通常のペアレンティングの議論の範疇には収まらないことを理解しようとすることはできる。ペアレンティングのテクニックがもたらす結果がよいか悪いかといった思考にとどまるべきではない。子ども時代についてもっと抽象的に、普遍的かつ全般的な視点から考えることで、親と子についての議論は深く複雑になりニュアンスが増し、対立や歪みが減って、安易な決めつけも避けられる。

それでも私は、たとえ解決はできなくても、これらのパラドクスに取り組むためのよい方法があると思っている。親である――子どもの世話をする――ことは関わり合いである、しかも他にはないタイプの関わり合いであると認識するべきなのだ。子どもの世話は、通常の規範が適用される、人間の他の活動とは違うことに気づく必要がある。子どもを育てることは特別な活動で、科学的な面からも個人的な面からも、独自の考え方とそれに合った政治、経済的な制度が必要である。

子どもの世話の特徴的な例をあげることが、難解な倫理的、政治的な問題を解決する役に立つだろう。自立と依存、特殊と普遍、仕事と遊び、伝統と刷新の間の葛藤がいちばんはっきりわかるのが子ども時代だが、それは手に負えない大人の問題の裏にも存在している。それらはあらゆるものごとの理解のしかた（中絶や老化、芸術まで）に影響を与え、子どもについての理解から得られる見識が、大人の問題を解決する助けとなるかもしれない。

現在の親子関係についての議論の大半は罪悪感やあきらめ、ペアレンティングのマニュアルや他人の経験談、法制度をも巻き込んだ政治的対立など、どろどろした話ばかりだ。私たちはそのようなことから離れたところで議論を始めたほうがいい。子どもと彼らを世話する人との関係は、人間関係の中でも特に重要で特徴的なものだと気づくことができるはずだ。

子どもという庭

私たちが考える親と子という特殊な関係を理解するための比喩としていちばんふさわしいのは、おそらく昔ながらのものだろう。子どもの世話をするのは庭の手入れをするようなもの、そして親は庭師のようなものだ。

ペアレンティングの規範では、親は木工職人のような存在だ。手にしている材料にもいくらかの注意を払う必要があり、それでやり方が少し変わるかもしれない。しかし基本的にその仕事は、材料を組み立てて、頭に思い描いていた構想と同じ形に完成させることだ。そして職人としての腕前は、出来上がった品を見て評価される。ドアはきちんとつけられているだろうか。椅子はぐらついていないだろうか。木工職人にとって乱雑さと変化は敵であり、正確さと管理が味方である。計画は入念に立てるが、切るのは一発勝負である。

しかし私たちが庭の手入れをするときは、植物がよく育つよう育成のための保護されたスペースをつくる。それは額に汗する重労働で、泥まみれになって穴を掘り肥料をまかなければならない。しかしどれほど細かい計画を立てても、そのとおりにいかないことはどんな庭師でも知っている。薄いピンク色だったはずのポピーに、なぜか鮮やかなオレンジの花がつき、壁にはうように登っていくはずだったばらの茎がどうしても上に伸びていかず、黒斑病やさび病やアブラムシ被害から逃れることができない。

しかし園芸の醍醐味とはまさに、植物が思ってもみなかったところで育つことだ。黒いイチイの木の下のぴったりの場所に、白いノラニンジンの花が咲き誇る。植えたことを忘れていたラッパスイセンが、庭の反対側の青いわすれな草の間に大量に伸びる。東屋の柱にひっそりからみつくはずだったブドウのつるが、そこいらじゅうの木にはびこる。

実のところ、こうした偶然こそが庭づくりの楽しさであると感じる人も多いだろう。たしかに決まった形につくることを目指すタイプのガーデニングもある。たとえば温室での蘭の栽培や盆栽などだ。こうした庭づくりには、繊細な木工細工と同じような専門技術とスキルが求められる。庭師の国のイギリスでは、〝ホットハウジング（温室栽培）〟という言葉は、中産階級の過保護な親を意味する。アメリカで言うヘリコプター・ペアレントだ。

しかし草原や生け垣やコテージガーデンを考えてみよう。草原の楽しさは乱雑さにある。周囲の環境が変わると、違う種類の草や花が増えることもあれば、枯れてしまうこともある。そしてどの植物が背が高くなるか、いちばん美しい花をつけるか、いちばん長く咲いているかはわからない。腕のいい庭師は、強さも美しさも違うさまざまな植物からなる生態系全体を維持できる、豊かな土をつくろうとする。よい椅子とは違い、よい庭は天気や季節に合わせて、常に変化している。そして長期的に見ると、そのような多様、柔軟、流動的なシステムのほうが、大事に育てられた温室の花よりも強くなる。

よい親というのは、子どもを頭がよくて幸せで成功する大人に育てる親ではない。頑強で環境に適応し、回復が速く、いずれ必ず経験する思いがけない変化に対応できる、新しい世代を育てる親なのだ。

庭づくりはリスクが大きく、胸がつぶれるような思いもする。どんな庭師でも、すくすく伸びるはずの芽が、突然、枯れてしまったのを見つめる苦しみを知っているはずだ。そのような危険も苦しみもない庭は、人工芝とプラスチック製のひなぎくでしかつくれない。

エデンの園の物語は、子ども時代についての優れた比喩となっている。私たちは子どものころ、愛と思いやりにあふれた庭園で育つ。最高の庭園は豊かで安定しているので、子どもはその状態を保つのにどれほど手がかけられているかに気づかない。思春期になると知識と責任の世界、そして労働と苦痛の世界に足を踏み入れる。文字通りの意味でも、比喩的な意味でも、違う世代の子どもを世界に連れ出すという生みの苦しみだ。私たちの生を完全に人間的なものにするためには、どちらの段階も必要なのだ。エデンの園と堕落、無垢と経験。

子どもは大人を全知全能と考えていても、親は自分がそんな聖なる力や権威をまったく備えていないことを悲しいまでに知っている。それでも親——生物学的な親だけでなく、子どもの世話をする人すべてを含む——は、人間の物語における最も大事な場面の立会人であり主役でもある。そのため親であること自体に価値があるのだ。

親の仕事は、ある決まったタイプの子どもを育てることではない。私たちの仕事は、何をしでかすかわからないさまざまなタイプの子が元気に生きられるよう、愛と安全と安定がそなわる保護された空間を与えることだ。私たちの仕事は子どもの頭を型にはめることではなく、その頭脳が許される限りあらゆる可能性を追究できるようにすることだ。私たちの仕事は子どもに遊び方を教えることではない。おもちゃを与え、子どもが飽きたらまたそのおもちゃを拾い上げることだ。私たちは子どもに無理やり勉強させることはできないが、勉強を好きにさせることはできる。

第1章 ペアレンティングに異議あり

二〇世紀末、母親、父親、そして子どもたちに不思議なことが起こった。それはペアレンティングと呼ばれる。

動物がこの世に出現してからずっと、そこには母と父と子どもがいる。そしてホモ・サピエンスが出現してからずっと、人間の母と父、その他の年長者が子どもに特別な世話をしてきた。〝マザー（母）〟と〝ファザー（父）〟という語は、英語そのものと同じくらい古く、〝ペアレント（親）〟という語は少なくとも一四世紀には存在していた。しかし現在よく聞く〝ペアレンティング〟という語が初めてアメリカで現れたのは一九五八年で[*1]、一般的になったのは一九七〇年代に入ってからだ。

ペアレンティングはどこで生まれたのだろうか。ペアレンティングの規範が特に影響力を持つようになったのは、二〇世紀のアメリカで起きたいくつもの大きな社会的変化のためだ。家族の人数が減り、移動が楽になり、親になる年齢が上がって、学ぶことが大幅に増えた。人類が生まれてからつい最近まで、人は大家族の中で育った。親の多くは自分たちの子を持つ前に、子どもの世話を経験していた。そして自分の親ばかりではなく、祖父母やおばやおじ、年長のいとこなどが、子どもを世話するのを見る機会もあった。このようにして知恵と能力――それは専門性とは少し違う——が受け継がれていくことは、ほとんどなくなってしまった。ペアレンティングの本、ウェブサイト、講演などに人気が集まるのは、その溝を埋めてくれるように思えるからだ。

核家族化が進んで親戚がばらばらになり、第一子を生む年齢が上がると同時に、中産階級の人々の教育期間と労働時間はどんどん長くなっていった。中産階級の親の大半は、何年も学校へ行きキャリアを積んでから子どもを持つようになった。そうなると教育を受けて働くことが、子どもの世話をするうえでの現代の親の規範であるのも不思議ではない。ある目標を持って学校へ行って勉強し、そこで学校や職場で成績をあげる方法を教えてもらう。

つまりペアレンティングの規範が人気なのには理由がある。しかしそれは科学的な真実とは言えない。進化論的見地からは、人の子どもとそれを世話する大人との関係はきわめて重要である。人間であることの大きな部分を占めていると言ってもいい。他には見られない重要な人間の能力——学習、発明、刷新の能力、そして後世への引き継ぎ、文化、倫理——は親子関係に根差している。

この関係はヒトの進化にもたいへん重要だ。しかし〝ペアレンティング〟という言葉から思い浮かべるものとはまったく違っている。親は子どもの人生を方向づける役割を与えられているわけではない。親をはじめ子どもの世話をする人の役割は、次の世代を担う人間に安全なスペースを提供することだ。子どもたちはそのような場所で、よきにつけ悪しきにつけ、それまでにはなかった新しい考え方や行動を生み出す。これが進化生物学、そして子どもの発達に関する実証的研究——私たちの研究室によるものも含む——から導き出される見解である。

これは親をはじめ世話をする大人が、子どもに何の影響を与えないということではない。むしろその影響は深く不可欠である。子どもが元気に育つための安全で安定した環境を用意するのは重要だが、それがたいへんなのは言うまでもない。なんといっても親になれば（たとえ悪い親であっても）、時間とエネルギーを投じて、意識を子どもに向けなければならない。それは他の人との関係との大きな違いである。私は朝のあいさつをしたあとは、夫のことは一日中だいたい放っておく。夕食をつくり、一時間か二時間、彼の話に耳を傾ける。彼も私に同じことをする（実際はキッチンの後片付けもしてくれる。それは料理より手間がかかる）。それでも私はまあまあよい妻だが、もし夫が赤ん坊だったら、私の彼への振るまいは、児童虐待になるだろう。世話をする大人は子どもの生活に大きな影響を与えるだけではない。世話してくれる大人がいなければ、そもそも子どもは生きていけないのだ。

けれども親が行うことのわずかな違い――ペアレンティングで注目する違い――と、その子がどのような大人になるかとの間に、現実的ではっきりとした関係を見つけるのは難しい。添い寝をするかしないか、子どもを〝泣かせておく〟か、寝るまで抱っこするか、宿題以外の勉強をさせるか遊ばせるかといった意識的な決定が、長期的に子どもの成長に影響を与えるという証拠はほとんどない。経験的に見れば、ペアレンティングの効果は明確ではないのだ。[*2]

もちろん、そうした科学的な事実は問題ではないかもしれない。私たち人間が進化する間に引き継がれてきたものの中には、その遺産自体を破壊したり修正したりする能力も含まれている。ペアレンティングはごく最近の文化的発明でも、とても好ましい、あるいは便利なものかもしれない。うまくやるにはきわめて難しく、わずかな効果しかないとしても、やってみる価値はあると感じるかもしれない。民主主義も最近の文化的発明であり、最悪の政府形態だが、他のすべてよりはましである。離婚が多くても、結婚の価値を疑おうとは（あまり）思わない。判断基準はペアレンティングが人々を元気にする助けになっているかどうかであるべきだ。

しかし実を言えば、ペアレンティングはたちの悪い発明である。子どもと親の生活をよくしてはいないし、議論の余地はあっても悪くしているのはほぼ間違いない。中産階級の親は、子どもを立派な大人に育てようとするあまり、常に心配が尽きず、罪悪感と不満を抱え込むことになってしまった。

中産階級の親はペアレンティングの専門知識をおぼえなければというプレッシャーに押しつぶされそうになっている。ペアレンティングのアドバイスと、それを行うための道具に何十億ドルも費やしている。[*3] しかしその一方で、ペアレンティング発祥の地であり中心であるアメリカは、他の先進国に比べて子どもへの支援が少ない。ペアレンティングに関する本が山のように売られているアメリカの乳児死亡率と子どもの貧困率は、先進国最高である。[*4]

ペアレンティングが注目されるようになった現象は、同時期に食物の分野で起こったことに似ている。それはマイケル・ポーランが「雑食動物のジレンマ」と呼んだものだ。[*5] 昔は料理を先人から受け継ぐことで食べ方を学んでいた。パイやパスタや包み焼きを食べていたのは、自分たちの前に母親がそのような料理をつくっていたからだ。これら多くのさまざまな伝統はすべて、まあまあ健全な結果につながっていた。二〇世紀、特にアメリカ中産階級において、こうした伝統がなくなっていくにつれ、〝栄養学〟や〝食育（dieting）〟といった文化が生まれた。これらはペアレンティングの知恵と重なっている部分が多い。

どちらのケースでも、伝統は対処法に代わってしまっている。以前は経験則だったものが、専門知識になっているのだ。かつて哲学者ルードヴィッヒ・ウィトゲンシュタインが生活形式と呼んだものが、いまでは仕事の形式になっている。愛情のこもった自然な世話が、マネジメント計画になっている。

進化科学者は料理は育児と同じように人間が生き残るために重要だと主張する。*6 それでも進化論的考察でも科学研究でも、〝よいものを食べさせる〟という意図的な決定や、料理し食べるものをコントロールすることは、あまり大きな効果はないことが示されている。食事法と栄養に関する勧告が爆発的に増えたのは、肥満が増加したのと時を同じくしている。

根本にあるパラドクスは同じだ。料理も子どもの世話も、どちらも不可欠であり、きわめて人間的な行動だ。それらがなければ種として生き残れない。けれどもより健康になるため、あるいは幸せで立派な大人にするという目的のために、意図的に計算して料理をしたり子どもの世話をしたりしようとしたことで、逆に私たちも子どもも、不健康で不幸になっているように思える。

ペアレンティングの本があふれているのも、ダイエットの本があふれているのと同じで、それらが役に立たない証拠である。どれか一冊でも役に立っているのであれば、他の本には用がなくなるはずだ。そして個人的に目指すところと、公共の政策が目指すものの間には、食物の場合なら明確な隔たりが、子どもの世話の場合は、深く大きな溝がある。食事療法に熱心な社会は肥満率が高い。*7 ペアレンティングに熱心な社会は、子どもの貧困率が高い。

問題は一度びんから出てしまった魔人は元に戻せないことだ。伝統が一度とぎれたら、それを元どおりにすることはできない。私たちは自然に父母や祖父母がやっていたような料理や育児はできない。同じようにやるべきでもない。祖母の立場である私でも、母乳を電気式の搾乳機で絞って冷凍保存できるのは、とてもありがたいと思う。これはすばらしい新たな育児道具だ。持ち運びやすさ、多様性、選択肢の広がりは、それだけでよいことだ。寿司やトルティーヤやフローズン・ヨーグルトを捨てて、私の祖母の焼きすぎた鳥の胸肉料理や蝶ネクタイの時代に戻りたくはない。ついでに言えば、木の根や実を食べていた更新世にも戻りたくない。そして前の世代には存在しなかったという理由だけで、搾乳機や科学者としてのキャリアを捨てるつもりもない。

乱雑のすすめ

しかし細かな世話のしかたの違いが子どもの成長に影響しないというのであれば、なぜそれほど多くの時間とエネルギーと精神力、そして金銭を育児につぎ込まなければならないのだろうか。なぜこれほど荷が重く、難しく、たしかでない関係を始めようとするのだろうか。

これは個人的かつ政治的な問題であり、進化論的かつ科学的な問題でもある。進化によって子どもを世話するようになったと言ってしまうこともできる。自分を複製しようとする遺伝子のせいなのだと。しかしそれなら、人間はなぜ他の動物のように、生まれてすぐ自分で食べられるようにならないのだろうか。なぜ長いこと手厚い世話を受けなければ生きていけないのだろうか。それでいてどのように成長するかもわからないのに、なぜ大人がそれほど手を掛けなければならないのだろうか。

本書の中心にある科学的な考え方では、その答えは乱雑さにある。子どもというものが乱雑であるのは明白で議論の余地はない。親であることの報酬が何であれ、整然さとは無縁である。正直に言うと、助成金を申請するための研究材料を常に探している私としては、幼児のめちゃくちゃなパワーを兵器化できないかと考えている。何十人もの幼児を敵の兵士の家に送り込めば、朝、家を出ることができなくなる。連携して戦うなどもってのほかだ。

科学者は乱雑さを他の言葉で言い換える。変動性、確率的、ノイズ、エントロピー、無作為性。古代ギリシャの合理主義にまでさかのぼる古い考え方では、このような無秩序な状態を知識、進歩、文明の敵とみなしている。しかし一九世紀のロマン主義の考え方では、無秩序を自由、革新、創造性の源とみなす。ロマン主義はまた幼年期を賛美する。彼らにとって子どもは乱雑さの美徳の真髄なのだ。

新しい科学の中にはロマン主義に近い見解のものがある。脳から赤ん坊、ロボット、科学者まで、それらにとって乱雑さには利点がある。たとえでたらめにでも、変化したり変質したりするシステムは、変わり続ける世界により柔軟に適応できる。

自然選択による進化は、当然ながら乱雑さの利点の好例である。でたらめな生物学的変異が適応につながる。しかし生物学者たちは、〝進化可能性〟という考え方にも注目し始めている。[*8] これは他の生物より新しい形態を生み出すのがうまい生物がいるかもしれないという考えだ。その形態が自然選択によって保存されたり捨てられたりする。この進化可能性自体も進化するという証拠もいくつか見つかっている。より多様な個体を生み出すように進化した種もあるのだ。

たとえばライム病[*9]を引き起こすバクテリアは、抗体に耐性を持つ変異体をよく生み出す。ライム病の治療が難しいのはそのためだ。このバクテリアをたくさんの新しい抗体にさらすと、さらに多くの変異をつくる。すると新たに予防法になりそうなものが、いまバクテリアを攻撃している抗体には対抗できなくても、いずれ他の抗体からの攻撃には耐える可能性が高くなる。

人間は特に幅広く多様で予想のつかない、さまざまな子どもたちを生み出す。それぞれがユニークな気性、能力、強み、弱み、違うタイプの知識や多様なスキルを持つ。それが〝進化可能〟なライム病のバクテリアが持つのと同じ利点となる。文化や環境の予想のつかない変化に適応する能力となるのだ。

リスクの受け入れについて考えてみよう。幼いころからおとなしい子と冒険好きな子がいるのを私たちは知っている。私のいちばん上の息子のアレクセイは、いつもジャングルジムの頂上までのぼっていたが、常に下りる手段があることを確かめていた。真ん中の息子のニコラスは、うしろを見ずにひたすらのぼっていた。私はと言えば、どんな状況であろうと高いもののそばには近づかない。

危険を顧みないタイプの子の親は、だいたい気の休まる暇がない。そのようなタイプの人間が本当に危険にさらされやすいなら、なぜそのような性質がとっくの昔に自然選択で消滅していないのだろうか。逆にリスクより利益のほうが上回るなら、なぜ慎重でおとなしい子がいなくなっていないのだろうか。

状況が予測できるときは、用心深く安全第一の戦略のほうがうまくいく確率が高い。[*10] ものごとが変わるときは、リスクを引き受けることが重要になる。前の環境でうまくいっていた戦略は、もう役に立たない。そしてもちろん、予測できない変化が起きるのかどうか事前に知ることはできない――だからこそ予測不能なのだ。

そのためいろいろなタイプの人々（慎重派も冒険派も）がいることが、個々の人間が生き残る確率を高めている。予測可能な状況では、慎重な人たちのおかげで冒険家タイプの人の安全も守られる。そしてものごとが変化するときは、大胆な人がいるからこそ、おとなしい人々も新しいものから利益を得ることができる。

まっすぐジャングルジムの上までのぼっていたニコラスは、何百万ドルもの大金を動かすのにリスクの高い決断が必要なキャリアで成功している。私ならそんな決断を考えるだけで不安になる。私は決して、リスクと不確実なことにあふれた人生をおくる大人に育てようとしていたわけではない。しかしニコラスはそのような生活をすることになった。

もう一つ別の例がある。狩猟は人間の進化にとって重要な要素だった。狩りをするときは、あらゆるものに同時に注意を向け、常にまわりのわずかな変化にも気をつけていなければならない。[*11]そのため狩りが生き残るために重要だった時代には、誰もがその能力を発達させたと思うかもしれない。一つのことにしか集中できず他は目に入らないという人は、何か他の利点があるかもしれないが、全般的に役に立つ場面が少なかったと思われる。

しかしそうした集中力の持ち主は、状況が変わるととても貴重な存在となる。狩猟ではなく何かを学ぶことが生きるための手段として重要になると、集中できることが有利な性質となった。いまや注意の範囲が広く散漫な子どものほうが、適応するのに苦労する。

われわれの代わりに葬り去られる理論

進化可能性がどのような仕組みで働くかについてはまだ議論があるし、進化の過程でさまざまな環境に反応してさまざまな生物がどのように生まれるのかを解明するには、さらに多くの科学的研究が必要となる。しかし人間の学習能力と文化から、生物学上の進化よりもはるかに速いタイムスケールでの進化可能性が生じたのは間違いない。

自然選択でより適応した生物が現れるのを待つのではなく、私たち人間はいくつもの違った状況（違った理論）を試して、条件にあったものを残し、合わないものを排除しながら独自に適応する。哲学者のカール・ポパー[*12]は、科学はわれわれの代わりにわれわれの理論を葬り去ると言った。

これは文化の進歩にもあてはまる。私たちは世界とはどのようなものか、さまざまに異なるものを思い描くが、違う種類の世界を実際につくろうともする。それは新しい道具とテクノロジーを通じ、あるいは新しい政治や社会の取り決め――新しい法律、習慣、制度――を通じてできる。そしてどのテクノロジーや制度が、私たちにとって役立つか判断することができる。

つまり人間が成功するための戦略には二つの部分がある。まずいくつもの違う可能性を、少なくともある部分ではランダムに生み出す。その後、うまくいくものはとっておく。しかし他をすべて排除するわけではない。私たちは将来の新しい環境や、思いがけない問題に対処するために、他の可能性をその後も生み出し続ける。

しかしこの戦略には弱みがある。親なら誰もが知っているように、乱雑さと効率性には本質的に逆の力が働いている。幼児の無秩序さを兵器化したら破壊的なパワーが期待できるのもこのためだ。いずれ役に立つかもしれないいくつもの代替策を生み出すことと、無駄のない効率的なシステムをいま持つことの間にはトレードオフがある。コンピュータ科学者や神経科学者はこれを探索と利用の葛藤と呼ぶ。*13

性格、理論、技術、文化、なんであれ、考えられる可能性をさぐることがイノベーションにつながる。それで新しい環境に向き合ったときの選択肢を与えてくれる。しかし当然ながら、いま目の前の状況の中で行動しなければならない。そのとき探索は役に立たない。マストドンが自分に向かって突進してくるとき、あらゆる選択肢を考えている時間はない。偉大なる将軍やビジネスリーダーでも、考えられるプランすべてを検討し、確実にいちばんいいものを選び出しているわけではない。妥当と思われるものを選び、その後は自信を持って躊躇なく実行する。私のような優柔不断な科学者でも、考えられるすべての実験の中から、実際に行うものを一つだけ選ばなければならない。

この問題を解決する方法の一つは、探索と利用の時期を分けて交互に行うことだ。*14 特に効果的なのは、まず探索を始めて次に利用することだ。まず手あたりしだいに多くのバリエーションを考え、その後、うまくいきそうなものに集中する。

問題はもちろん、探索している間も生き残らなくてはならないことだ。パチンコと槍のどちらが効果的かを考えながら、マストドンの攻撃をかわすことができるだろうか。そもそもパチンコと槍の使い方を先におぼえなければならないかもしれない。

その解決策の一つは「ママとパパを呼ぶ」ことだ。子どもが一定期間保護されることは、探索か利用かのジレンマを解決する手段でもあるのだ。人は子ども時代に探索することを許され、大人になったらそれを利用する。子どもであることと世話されることは表裏一体だ。子どもは世話をしてもらわなければ生きていけない。保護された子ども時代、欲求が確実に安定的に無条件に満たされる時期があるし、乱雑さ、多様性を受け入れ、探索を行う余裕ができる。

議論の余地はあるが、人間は特に探索を行う動物である。他の種は自分たちが住む特定の環境にとてもうまく適応する。しかし私たちは常に漂流し、ある環境から別の環境へと移っていき、そこで見つけたものに対応する。人間は森林から荒野、北極からサハラ砂漠までどこにでも住む。人間が他の種と違っているのは、自分たちで新しい環境をつくることだ。大都会の明かりは、離れたところからでも地球を輝かせている。私たちが探索した新しい土地や、私たちが築いた新しい都市がどのように動いているのか想像しなければならない。

人間の子ども時代が他の種と比べてきわめて長い——未熟で保護される期間が長い——のは偶然ではない。その分、探索する時間を与えられるのだ。

もし子どもが探索するようにできているとすれば、大人よりはるかに乱雑なのも納得できる。事実、新しい科学的発見では、子どもの無秩序状態は、人間の進化可能性に大きな意味を持つことが示されている。多様性と探索は子どものころがピークなのだ。

特に印象的な発見の一つは、子ども時代のさまざまな気性に関わっている。ごく小さな目立たない遺伝的変異と経験とが影響し合い、子どもの性格に違いが出る。おとなしい性質と大胆な性質の違いが、一部の遺伝子変異に結びつけられるようになったのだ。[*15] しかしその他にも、子ども時代特有の強み、弱み、脆さ、回復力がある。

それでも子ども時代の無秩序のメカニズムは、遺伝子自体の多様性を超えたところにある。幼いころの遺伝子と環境の複雑な相互作用でさらに多様化が進む。

近年の特に面白い科学的進歩は、エピジェネティクス（後成的遺伝学）という分野で起こっている。そこには遺伝子と、ようやく形成された体と心をつなぐ、長く迂遠な道がある。その道筋の重要な部分の一つが遺伝子発現というものだ。遺伝子は子ども時代にオン・オフができて、そのプロセスが大人になってからの重大な変化につながる。エピジェネティクスの研究では、環境の特徴、たとえば世話の仕方のように違いがよくわからないものでも、遺伝子を活性化したり不活性化したりすることがある。たとえば生まれてすぐにストレスを与えたマウスは、ある遺伝子が違う形で発現する。同じことが人間の子どもにも起こる。[*16] 遺伝子は多様だが、子どもの経験も多様だ。それがその遺伝子の発現に影響する。

それはただ子どもがそれぞれ違う遺伝子を持ち違う経験をする、そして遺伝子と経験は互いに影響し合うということではない。それよりはるかに込み入っている。ある遺伝的因子によって、環境に敏感に反応するようになる。子どもの中には、ダメージを受けてもすぐに回復する子がいる。[*17] そのような子は、よい状況でも悪い状況でも、だいたいうまくやっていける。どこでも美しく咲くタンポポに似ている。環境の違いに敏感な子もいる。豊かな環境ではとてもうまくやれるが、貧しい環境ではうまくいかない。このような子は手厚い世話と肥料がたっぷり必要な蘭に近い。こうした子どもたちは互いに違っているだけでなく、環境に対する反応も違っている。

行動遺伝学の研究者たちは、遺伝と環境が発達にどのように寄与しているか解明しようとしている。[18] 一卵性双生児と二卵性双生児、きょうだい、実子と養子の間の類似点と相違点を調べて、親と比較する。たとえば双子は、生まれか育ちかについての自然の実験だ。しかしそれらの研究は、どこまでが遺伝あるいは環境の影響かを明らかにするというよりも、生まれと育ちの相互作用が複雑で意外性にあふれているかを示す結果になった。

たとえば大人が子どもに与えるのと同じくらい大きな影響を、子どもが大人の行動に与えている。遺伝子の影響と思えるものの多くが、実は遺伝子が環境にフィードバックした結果の可能性がある。あなたの子どもに冒険好きな遺伝的傾向が少しあるとすれば、おそらく無意識に、おとなしい弟とはかなり違った接し方をするだろう。接し方の違いによって、もともとの性質の違いが増幅される。

何より大きな発見は、非共有環境と呼ばれるものだ。[19] もしペアレンティングの考え方が正しければ、多くの共通の遺伝子を持ち、同じ親に育てられるきょうだいは、互いにとても似ていると考えられる。ところが行動遺伝学の研究では、きょうだいは私たちが思っている以上に違うことが示されている。非共有環境とは、遺伝子や同じ家庭で経験する共有体験（親による養育も含む）以外に、子どもに影響を与える要素すべてを説明する手段である。それらの要素は出産前の影響から、エピジェネティックな変化、出生順位の違い、事故や病気のような偶然の出来事まで多岐にわたる。そこには子どもが親の行動をどう受け止めるかの違いまで含まれる。危険なことが好きな子をブランコに乗せて揺らすとうれしそうにはしゃぐかもしれないが、おとなしい弟を同じブランコに乗せると怖がるだろう。

行動遺伝学の研究では、非共有環境は、子どもがどのような大人になるかに、驚くほど大きな影響を持つと考えられている。言い換えると、きょうだいでもまったく違った性格になるし、そしてどのような違いが現れるか予測はできないということだ。そしてこの分野の研究では、人間の発達においては、多様性と変化がつきものであることも示されている。

子どもの学習についての研究でも、子ども時代はなにごとも変化しやすいことがわかる。子どもは世界の仕組みについて、はじめはとても幅広い可能性を考え、だいたい突然、ある考えから別の考えに移る。就学前の子どもに何度か同じ質問をすると、そのたびに少しずつ違う答えが返ってくる。一見いきあたりばったりのこうした気まぐれを見て、ジャン・ピアジェのような学者は、子どもは不合理なものだと考えた。たしかに同じ質問に対する答えが、ときによって変わるのは不合理に思える。しかしもっと最近の研究では、変わりやすいからこそ子どもたちは多くを学べるということが示唆されている。[20]

これは脳の発達にもみることができる。幼い子の脳は大人の脳より〝可塑性〟が高い。つまりより多くのつながりをつくり、より柔軟である。一歳の子の脳は、あなたの脳の二倍の神経の結合があり、その結合は新しい経験によってすぐにそして簡単に変化する。けれどもそれぞれの結合は比較的弱い。幼い脳は新しい経験が流れ込んできたとき、難なくつながりを変えられる。

年を取ると、たくさん使う脳の神経のつながりはすばやく効率的になり、より長くなる。[21] しかし使わないつながりは〝剪定〟されて消滅する。年配者の脳は、柔軟性がはるかに低い。その構造は曲がりくねった細い路から、長くまっすぐ伸びる情報スーパーハイウェーへと変化した。年をとっても脳が変わることはあるが、よほどのプレッシャーのもと、意識を集中し、努力しないと変わらない。

若い脳は探索するようにできている。年配者の脳は利用するようにできているのだ。

保護する親

新しい世代はいつも騒々しくて無秩序で、前の世代が築いた安定したパターンに揺さぶりをかけ、新しい可能性を受け入れる。このことは、親になることに新しい意味をもたらす。親になることは、〝親する〟人になることとはまったく違う。それでもやはり難しいことには変わりはないが。

私たちが世話をする子どもそれぞれに感じる、無条件で深い献身の気持ちが、子どもの気性や性格がどうであれ、将来につながる多くの機会を与える。大胆であろうがおとなしかろうが、すべてを排除してたった一つのことに集中するタイプであろうが、すべてを受け入れるタイプであろうが、蘭であろうとタンポポであろうと、私たちは子どもを愛する。

そのように無条件に子どもを愛する親は、子どもに頭の中を散らかして、利用する前に探索するチャンスを与え、いらない考えをどんどん葬り去ることを許す。子どもがポパーの言う科学者のようなものなら、私たち大人は大学や財政支援する機関である。私たちがまだ考えたこともない問題を解決するのに必要な資金、道具、インフラを子どもに与える。そして科学に関しては、千件の違う基礎研究を支援するほうが、たった一つに資金と労力をつぎ込むよりもいい結果が出る。

私たちは、子どもに探索の場——文字通りの意味でも、比喩としての意味でも——を与えられる。ペアレンティングが注目されるにつれて、通りや公園、地区コミュニティ、休み時間すら減少していった。ペアレンティング以前の世界では、幼児は自分が育つ環境——村、農家、作業場、台所——を探索できた。現在の中産階級のアメリカの子どもたちは、高度に組織化された環境で、大半の時間を過ごしている。貧しい子の環境は、さらに狭いところに制限されている。皮肉なことに、創造性とイノベーションの価値がどんどん高まっているこの社会で、私たちが子どもに与えられる自由に探索する機会はどんどん減っている。

世話人の仕事は子どもに、探求できる守られた安全なスペースを与えるだけでなく、散らかすことだ。また探索のための乱雑さから、新しい種類の秩序——新しい大人の能力を身につけるのにともなうさまざまな秩序——へと移行するのを導くことだ。しかし私たちはその新しい秩序とは何か、正確には予想できない。それが世代ごとに新しい人間が生まれることの意義にほかならない。

第2章　子ども時代の進化

ものごとの由来を知ることは、それについての理解を深める役に立つ。人間の進化の歴史は、内臓や骨格の働きを説明する助けとなるように、私たちの頭と心の働きを説明する助けとなるはずだ。親子関係がどのように進化したかを考えることは、それについての理解を深めるための一つの方法である。

人間の子どもと親がどのように進化したかに関して、私たちは何を知っているだろう？　いまの親と子の行動や思考についてそこから何がわかるだろうか。この章では進化の全体像と、子ども時代、愛、学習の間の結びつきについて解説する。次の章ではその結びつきがどのようにして子どもに対して感じる特別な感情を引き出しているかをもっと細かく説明する。そこから見えてくる親子の規範は、ペアレンティングの規範とはかなり違うものになるだろう。

二つの光景

何百本もの映画、教科書のイラスト、自然史博物館のジオラマなどでおなじみの光景がある。顎を突き出し、眉根を寄せ、毛皮をまとったひげづらの男たちの一団が、巨大なマンモスを追っている。恐ろしい一〇フィートの牙を持つ獣が突然、小さくてか弱いハンターたちに襲いかかろうとする。しかし人間は小さくても知恵があり、集団で対抗する。リーダーが何人かにマンモスのうしろに回り込むよう合図を送る。彼らは石を投げて、待ち構えている偉大なハンターのところへマンモスを追い立てる。ハンターは槍を振り回して攻撃し、やがてマンモスは地面に音をたてて倒れる。男たちは歓喜にわき、肉と骨を切り取ってみんなが待つ洞穴に帰っていく。

この原始的な弱肉強食の世界と、私が一歳の孫オーガスタス（オージー）を、火曜の午後に農場直売マーケットに連れて行くときの、やさしく穏やかな、しかし決して無気力ではない世界とを比べてみよう。

オージーは青く大きな目、くるりと巻いた金髪、ぷくぷくのほっぺたを持つ、とてもかわいい子だ。しかしいちばんの魅力は、通りかかる人に見せるはにかんだ笑顔だ。彼のおじによると、オージーはいやおうなく女性の気を引きつける。

マーケットでは買い物かごを下げた年配の女性が、ベビーカーに近づいてきて「なんてかわいいの」と言う。小さな女の子がひざまずいて「この赤ちゃんを見て！」と、いつくしむような高い声で話しかける。オージーにまいってしまうのは女性ばかりではない。パスタを売っていた男性もオージーに笑いかけ、ヘーゼルナッツとドライチェリーのビスコットを一つくれる。

私は鼻高々で孫を抱き上げ、ひまわりの花を指して言った。「ほら、お花を見てごらんなさい、オージー！」するとオージーは花をじっと見て、手を伸ばして引きちぎり、大きく口を開けて食べようとした。私は「オージー、ダメよ！　汚い！」と叫び、代わりに桃とトマトのかけらを与えた。オージーは面白いものを見つけては、私にせっせと教えてくれる。「あれ！」「風船！」

「わんわん！」（家にはアイスホッケーの神様の名をもらったグレツキーという犬がいて、オージーの生活の中で特に重要な位置を占める）。

私たちは（絶対菜食主義、オーガニックな）シャーベット・スタンドに寄った。オージーは一生懸命（しかし不器用に）木のスプーンでカップの中をほじくり返し、祖父を真似ようとしていた。通りには小銭稼ぎにチェロを弾いている若い男がいて、オージーの目はその姿に釘付けになり、弓の動きをずっと追っていた。一人の女性が踊り始めると、オージーも楽しそうに、五、六〇代の女性のブギーに合わせて素足をばたばたと動かしていた。

祖父が音楽で孫の気をそらせている間に、私は食料品の買物を終える。その後、父親とおじが戻ってきてオージーを放り投げるようにして遊ばせると、オージーは大笑いが止まらない。そしてみんなで家に帰って母親に渡すと、一日中はしゃいで疲れたのか、オージーは寝転がって昼寝をする。

注目すべきは、最近の人類学の研究では、狩猟の様子よりもこのマーケットの状況のほうが進化から見る人間の過去の状況をよく伝えていると指摘されていることだ。これは狩猟が重要でないとか、人間特有の知性の発達に何の役割も果たしていないとか言いたいわけではない。しかし人間の進化の過程で最も重大な変化は、人間とマンモスよりも、おばあちゃんと赤ん坊との関係に、深い関わりがあるかもしれないのだ。

あのマーケットで私は果物や根や木の実を集める。それは人間の祖先が大昔にしていたことと同じだ（ただし車と現金のおかげで、昔よりはるかにこのプロセスは楽になっている）。昔の人間の認知能力が優れていたのは、〝抽出的採集（extractive foraging）〟[*1]のスキルによるところが大きい。大昔の人間は木の実の硬い殻、キャッサバの毒性などの、食べられないための自然の防御策を突破する巧妙な手段を見つけ、どうやっても食べられない有毒なものと、食べられそうなものを見分ける力をつけた。最近の研究では、そのようなスキルが狩りと同じくらい人間の繁栄に寄与した可能性があると示されている。ただ更新世には、リサイクル紙でできたカップに入ったおいしいオーガニックなシャーベットではなく、木に生息するおいしいオーガニックなシロアリを選んで食べていたということだ。その食物を無力な乳幼児に分けることも同じように重要だった。そして食べられるものを選んで採集する方法、どの果実や根を集め、どれを避けるかを教えることも重要だった。

オージーがもらったヘーゼルナッツとチェリーのビスコットには、料理や穀物の粉砕、保存、加工といったスキルが詰まっていて、オージーのような赤ん坊を丸々とさせておくのに必要なカロリーが確保されている。近年の研究によれば、ホモ・サピエンス、そしておそらくネアンデルタール人は、出現した直後からすでに木の実をすりつぶして、でんぷんを調理していたらしい。*2 家にビスコット代わりの、すりつぶしたガマの根を持ち帰ることは、ベーコンを持ち帰るのと同じくらい重要だった。

しかし何より重要なスキルは赤ん坊を育てることだ。直売マーケットの日常的な光景にも、人間の子どもの世話の仕方の特徴的な面がいくつも見られる。私たちはそれを当たり前のこととして受け止めている。子どもへの接し方など、他にやりようはないだろうと。しかしこれは人間の進化の歴史の中で重大な位置を占めている。親、祖父母、年上の子ども、通りすがりの人たち（そしてペットの犬までも）など、赤ん坊にたくさんの人が関わるのは、人間にしか見られない現象なのだ。そして子どもの世話を多くの人が協力して行うのも、とても人間的なことだ。マンモスを倒すのと同じくらい難しい、共同で行う大事業である。[*3]

祖母というのは大昔からある役割のように思えるかもしれない（本当にそう感じるときもある）が、進化の見地からすると比較的、新しい存在なのだ。人間は自分の子どもを持てる年齢を過ぎても元気で、長生きして子どもの世話をできる、唯一の霊長類である。[*4]

人間の子どもは他の霊長類に比べてとりわけ発達スピードが遅く無力である。オージーがまだ他人に抱えられなければ動けない時期に、同じころ生まれたチンパンジーは自分で歩き回っていた。しかし人間の赤ん坊は無類のかわいらしさを武器に、他人に世話をさせ、自分が知る必要のあることを教えてもらうようにできているように思える。たとえ赤ん坊でも、オージーは他人の頭の中で何が起こっているか、彼らが何を観て何を欲しているかについて、何かしら理解できる。彼は自分が見ているものに私の注意を向けさせ、私が見ているものに注意を向ける。彼は桃を食べるのはいいが、ひまわりを食べるのはいけないと、私が思っていることを察知する。

人間の子どもはきわめて優秀な社会的学習者でもある。他の動物に比べ、周りをよく見て、人がしていることを真似る。オージーは木のスプーンでシャーベットをすくうだけでなく、あのチェロの弓を持てばバッハを奏でることができると思っているはずだ。

木のスプーンを使うと、シャーベットが食べられる。これは実用的な結果をともなう。けれども人間には他人と一緒に行う儀式的な行動もある。はっきりした実用的な結果がともなわない行動もする。いい例がダンスだ。他の人とダンスしているとき、私たちは相手が自分に似ていて、自分が相手に似ていることを確認しているのだ。そして人間にとってそうした漠然とした共感は、直接的で実用的な利益よりも重要かもしれない。オージーはまだ一歳だったが、道具を理解して使えただけでなく、すでにダンスのような儀式的な行動を一緒に行っていた。人間の子どもは学習する能力、特に他人から学ぶ能力がそなわっていて、*5 大人は子どもを世話しながら教えられるようにできている。人間がうまく進化してきた要因はそのような事実にあると、多くの生物学者が考えている。

心の進化の科学的研究

しかし先に進む前に、人間の心の進化にまつわる最も重要な問いかけをしなくてはならない。人間の起源が有史以前に埋もれているなら、私たちがどのように進化してきたか、どうすればわかるだろうか。

生物学者なら、進化の歴史について正確で検証可能な説を主張する方法がある。近親関係にある多くの種を比べ、ある性質が適応と生存と生殖の可能性を高めるのにどう役立っているかを調べることだ。ブラックペッパード・モス（オオシモフリエダシャク）が、工業化の進んだ北部イングランドのすすだらけの環境で、ホワイトペッパード・モスをどのように駆逐したのか実証することができる。フクロウの腹の中の違う種類のマウスの骨を数えて、食べられやすい種がどれで、生き残りやすい種がどれか調べることができる。斑点が赤いトゲウオのほうが、黒っぽいものよりも交尾の回数が多いかどうか、研究することができる。新しい遺伝子をマウスに挿入して、どのように発達するか、うまく生存できるか調べることができる。

心理学者にはそのようなことはできない。ヒト属で生き残っているのは人間だけなので、近親の変異体と比較することはできない。剣歯トラの腹のなかにあるホモ・サピエンスとネアンデルタール人の骨を比べることも、新しい遺伝子を赤ん坊のＤＮＡに挿入してその結果を検証することもできない。

もう一つ問題がある。他の動物に比べて、私たち人間は独自の目標に向かって行動することが多い。個人であるいは集団で、一人の人間の人生で、あるいは世代を越えて、それを行っている。私たちは学習し、考えていることを実行し、よいほうにものごとを変えようとする。

それはつまりある人間の性質——たとえば自分の子どもに十分な糧を与えるために女性が年長の男性に惹かれる傾向——を進化の観点から考えるとき、そこには必ず学習と文化の面からの別の説明がいくつかあるということだ。女性は年長の男性のほうが稼ぎがいいことを学習し、そちらについていくほうが有利であると考えているだけかもしれない。あるいは前の世代の女性たちの知恵（ではないかもしれないが）を信じているのかもしれない。人間は他の動物に比べて文化の進化の影響を受けやすいために全体的な複雑さが増す。

これらすべてが行き着く先は、〝進化心理学〟に対する批判、特に大衆化された進化心理学は「いかにも本当らしいけど証明できない」話にすぎないという、ごくまっとうな批判である。なぜ人はある行動をするのか、その行動が更新世では生き残ることに役立った可能性があるというだけでは説明にならない。

しかし進化と心理学について、もっと科学的な仮説を立てることはできる。人間心理が進化したという事実はたしかにある。その事実が人間の育児を説明する助けとなるはずだ。

人間と近親関係にある種はいまは生存していないが、幅広い種の生物と環境を調べることで、一般論を導き出すことはできる。たとえば子ども時代が長いことと脳が大きいこと、あるいは子どもが無力であることと親が一雌一雄であることとの間の一般的な相関関係を調べる。

もっと手はかかるが、人間の直接的な祖先であるホモ・ハビリス、ホモ・エレクトゥス、ホモ・ネアンデルタレンシスなどの化石の記録を調べることもできる。顎の化石から、ネアンデルタール人の子どもは人間の子どもよりも早い時期に永久歯に生え変わることがわかっている。そして私たちの祖先の文化のこまごまとした遺物、たとえば斧やオーカー（鉄分を含む粘土で赤い顔料として用いられた）の断片を調べるという方法もある。初期の人類は小麦粉をつくっていたという主張の根拠は、新石器時代の石臼に穀物の痕跡が発見されたことだ。

人間の行動を近親の大型類人猿（ゴリラ、オランウータン、チンパンジー）の行動と比較することもできる。しかしその問いは常に、それらの動物も、共通の祖先から分かれて以降、何百万年もにわたり進化していることを頭に留めておくべきだ。チンパンジーは年長者から学習することはできるが、オージーがするような細かい模倣はできない。

アフリカのサン人、パラグアイのアチェ族のように、大昔の人間と同じような生活をしている人々を調べることも一つの方法である。これらの集団はそれぞれ大きな違いはあるが、生活の仕方には共通する点がある。農耕を行うのではなく自然の食物に依存しているということだ。人類学者はそれらをハンター・ギャザラー（狩猟者採集者）文化と呼んでいたが、近年ではフォレージング文化と呼ぶようになっている〔"forage"は食糧の採集を意味する〕。イモや木の実など自然の食物を集めることは、そこに住む人々にとって実際には狩りよりもさらに重要なのだ。サン人やアチェ族では、祖母が子どもの世話で大きな役割を担っている。これは祖母が人間の進化において、重要な役割を担っていることの表れだ。

私たちは違う仮説のもとで、それぞれ進化の数学的モデルをつくることができる。たとえば他人の子の世話のような利他的な行動が、生き残るための互いを頼り合う近親の生物集団で行われていたかを調べる。そして文化の進化について同じようなモデルをつくることができる。たとえばあいさつのために手を振るといった一連の動作は、そのまま保存され伝えられてきたのか、ある世代から次の世代に伝えられるとき変形されたのか。

そしてようやく、人間の子どもの発達を調べることができる。それによって学習と文化の影響を実際にたどり、その一つが進化によってもたらされた生来の気質とどのように関わっているかを解明できるようになる。たった一歳のオージーが他者を理解したり真似したりするのが得意であるという事実は、それらが人間にとって基礎的な能力であることを示唆している。

こうした進化によって引き継がれている性質を解明する方法は、たいへん複雑で注意が必要である。進化の起源についての私たちの仮説が、無理やり解釈をひねり出す、いわばロールシャッハテストのように見えるのも不思議ではないのだ。進化心理学の会議の場で、ボス猿的な教授が、小集団の戦いこそが人間にとって特に重要なすべてのことの起源であると主張するのを見ると、ほほえまずにはいられない。そしてこの分野の科学者に女性が増えるにつれて、採集が狩猟と同じくらい重要で、協力して行う子どもの世話の複雑さは、競争と嘘に満ちた政治と同じくらい面白いことがわかってきたのは、決して偶然ではない。

人間の進化には多くの要素が絡み合っていて、何か一つの大きな変化によってホモ・サピエンスが出現したとは考えられない。しかし生物学者がライフヒストリーと呼ぶもの、つまり人間の発達のしかたの変化が、特に重要だったという見方が強まっている。

子ども時代が長いことのパラドクス

なぜ私たちは子どもを生むのだろう。もちろん直接的な原因はわかっているが、進化の面から見て赤ん坊はどこから来たといえるのだろうか。子ども時代とは、動物が基本的欲求を満たすために他者、特に親に頼っている段階である。赤ん坊は役に立たないどころか、死なせないために大人がたくさんの時間とエネルギーをつぎ込まなければならない。

親がなぜこのような利他的行動をするかについての説明としてわかりやすいのは、子どもが自分の遺伝子を受け継いでいるからというものだ。しかしそれではまだ謎が残る。いずれ自立して生殖できるようになるのなら、なぜすぐにその段階にまで成長しないのだろうか。他の動物、たとえばほとんどの魚は、子ども時代がきわめて短く、ほぼ完全な形で生まれてきて、親の世話はほとんど必要としない。なぜすべての動物がそうでないのだろうか。どんなに献身的な親でも、なぜ人間の子どもはこんなに手がかかるのかと思いたくなるときもあるだろう。

これはとても重要で不思議な問題だ。人間が進化する過程で、子ども時代がかなり長くなったことは、まぎれもない事実だからだ。哺乳類は無脊椎動物や魚よりも子ども時代が長く、霊長類は他のほとんどの哺乳類より子ども時代が長い。[*6] しかしチンパンジーやボノボ（コビトチンパンジー）といった、人間に最も近い親類でも人間よりはるかに短い。[*7]

チンパンジーは三〜四か月で動き回れるようになり、[*8] 八歳から九歳で性的に成熟し、一〇歳から一一歳で最初の子を生む。全体として人間の子どもは、自立するまでにチンパンジーの一・五倍くらい長い期間を必要とする（これは採集社会でのことだ。家を買う頭金のことは考えない）。若いチンパンジーは七歳くらいから、自分で食べるくらいの食物を自分で取ってくる。採集社会で生活している人間の子どもだと、だいたい一五歳くらいからそれを始める（メディカルスクールの授業料のことは持ち出さないように）。

人間は他の霊長類よりも全般的に長生きだ。申し分のない医療体制があっても、チンパンジーの寿命は五〇歳前後だが、採集社会の人間は八〇歳過ぎまで生きる。そして人間の女性は、他の霊長類の種の雌とは違って、子どもを生める年齢を過ぎてもだいたいの人が生きている。閉経期は人間特有のものだ。[*9] 人間の発達プログラムは、全体的に引き延ばされている感じなのだ。

面白いことに、そのパターンに当てはまらないことがある。人間の母親はチンパンジーの母よりも早い時期から子どもを乳離れさせようとする。採集社会の赤ん坊でも離乳するのは二歳から三歳で、四歳や五歳ということはない。その結果の一部として、私たちは他の霊長類よりも子どもを生む頻度が高い（六年ごとではなく三年ごと）。にもかかわらず、人間の赤ん坊は離乳しても、自分で食べ物を取ってくることはできない（ヘーゼルナッツのビスコットの話を思い出してみよう）。その結果、人間の赤ん坊は、他の霊長類の近親の子どもより、はるかに手がかかるようになってしまった。

人間の子ども時代が長いのは、直立歩行をするようになって女性の骨盤が小さくなると同時に、脳を収納できるよう頭が大きくなったからという説を聞いたことがあるかもしれない。大きな頭を小さな隙間に通さなければならないため、赤ん坊が生まれるのが早くなったと。それもあるかもしれないが、それが重大な意味を持つとは考えられない。子ども時代が長くなったというのは、幼少期が長くなっただけでなく、小児期の中期と思春期も長くなったということだ。

そして何より、子ども時代が長くなったのは人間の進化の結果である。ホモ・エレクトゥスのような初期の人類は直立していたが、いまの人間ほど子ども時代は長くなかった。最近でも歯の化石の模様から、ネアンデルタール人の子どもがホモ・サピエンスよりも、やや早く大人になることが示された。[*10]

なぜそうなるのか。長い子ども時代を含めた〝ライフヒストリー〟を持つ種は、他の特徴を持っていることが多い。大人になるまでの時間が長いことと、体が大きいこと、そして寿命が長いことには、一般的に相関がある。[*11] そして子ども時代が長いと、親が世話する労力も大きくなるのは、論理的に当然のことだ。赤ん坊が一人で何もできない間は、親がより多くの時間や労力をつぎ込まなければならない。

子ども時代が長い動物は、一度に生む子の数が少ない。私たちは一回の妊娠で生まれる子は一人であることを当たり前と思っているが、ほとんどの哺乳類は一度に何匹も生むのが当然である。子ども時代の長さは生存率の高さとも相関している。魚は何千個もの卵を産むが、生き残るのはごく少数だ。霊長類や人間が生む赤ん坊の数は少ないが、成年に達する確率は高い。多くの赤ん坊が大人になる可能性が高い状況では、それぞれの子をじっくり見る余裕が生まれるのだ。

最後に、人類にとって最も重要なことだが、子ども時代の長さは、特に脳の大きさ、知性の高さ、柔軟性、学習能力と相関している。

これは実は有袋動物（子宮ではなくお腹のポケットで子どもを育てるカンガルー、ワラビーなど）のような不思議な生き物にも当てはまる。クアッカワラビーというかわいい名前の動物を例にとってみよう。これは小さな猫のような動物で、西オーストラリア沖のいくつかの島に生息している。これをもっとなじみのあるアメリカに棲む有袋動物、ミズオポッサムと比べてみる。どちらも体重は同じくらいだ。しかしクアッカワラビーの赤ん坊のほうが、はるかに長い時間を母親のポケットで過ごし、親はその世話にはるかに長い時間と大きなエネルギーを費やす。そしてクアッカワラビーの脳はミズオポッサムのよりもずっと大きい。[*12]

この相関の最適な例となる動物は鳥類である。鳥類学者は（人間のことなどまったく念頭に置かずに）ずっと前から、晩成鳥と早成鳥を区別していた。[*13] ニワトリ、ガチョウ、シチメンチョウといった早成種は、すぐに成鳥となり親の手を離れる。それらの鳥はあまり頭がよくない。穀物をつつくなど、生きるのに重要ないくつかのことはできるが、新しいスキルを学習することは得意ではない。

一方、カラスやオウムのような晩成鳥はきわめて高い知性を持つ。[*14] カラスは道具を使い、場合によってはつくることもあるので、ある意味でチンパンジーより賢い。カラスとオウムは羽が生えそろうまで（つまり親の手を離れるまで）、ニワトリ、アヒル、シチメンチョウに比べ、はるかに長い時間がかかる。

オーストラリアの東にあるニューカレドニアという島に棲むカラスは、その特異な行動で注目を集めている。とても賢くて道具を使うばかりか、工夫して道具をつくっているのだ（ユーチューブでその動画を見ることができる。そしてこれについては、科学者の管理のもと実験室でやっても同じ光景が見られると思う）。カラスはヤシの木から枝を取り、茎を向いて葉を落とし、先の曲がった部分はそのままにしておく。それを虫を捕まえる道具にするのだ。道具を虫がいっぱいいる木の穴に差し込んでかきまわすと、枝の先に虫がくっついてくるので、そのまま引き上げるとおいしいシロアリのシシカバブが手に入るという具合だ。

カレドニアガラスが成長して、親の手を借りずに食物を取れるようになるのは、だいたい二歳ごろだ。*15 鳥の寿命を考えると、とても長い時間である。幼鳥の動画を見ると、その理由がよくわかる。成鳥のすばらしいスキルは、長い苦しい訓練と、はたから見るとこっけいなほどの失敗を繰り返して身につけたものだ。子どものカラスは枝を落とし、差し込む方向を間違えたりする。親カラスは忍耐強く、道具を使う自分のスキルだけが頼りなら子ガラスはすぐ飢えてしまうだろう。親カラスは忍耐強く、自分たちが使わなくなった枝で子どもたちに練習させ、自分たちが捕まえた虫を子どもに食べさせ続ける。

動物のライフヒストリーでは、複数の異なる特徴がまとまって現れる、たしかな因果関係を見つけるのは難しい。たとえば人間にとって有利なために、寿命が伸びたり体が大きくなったりしたのが先で、子ども時代が長くなったのはそのついでだったのかもしれない。

そして当然、進化の要因となる力はどちらの方向にも向かう。脳は他の便利な計算道具と同じように、大量のエネルギーを消費するという意味で高くつく。しかし脳は大きいほど、種の中で生き残る者が確実に多くなる。つまり脳を大きく発達させられるほど、子ども時代が長くなりやすく、それがさらに脳が大きくなる要因となる。

これらの尺度すべてにおいて、人間は突出している。私たちの子ども時代はとても長く、脳の相対的サイズもとても大きく、他の生物よりはるかに学習能力が高い。そして大人は子どもの世話にきわめて大きな時間とエネルギーをつぎ込む。

子ども時代が長いのは、脳を大きく育てるのに時間がかかるからにすぎないという見方もできる。しかしそれがすべてとはとても思えない。人間の子どもは生まれてすぐに、きわめて多くのことを学ぶ。人間は脳をただ大きくするだけではなく、脳のプログラミングに余分な時間を使っているのだ。

なにしろ私たちの脳は、生まれて最初の数年間が最も活発で何でも吸収する。*16 大人になっても脳は多くのエネルギーを使う。ただ座っているだけでも、カロリーの二〇パーセントが脳に行く。一歳の子ではそれよりはるかに多く、四歳で脳の消費カロリーの割合が最も高く、六六パーセントを消費する。脳の激しい活動を補うために体の発達スピードが遅くなる。

オージーは本当にSFシリーズ『ドクター・フー』に出てくるキャラクターのようだ。やせっぽちの少年の中にいる大きな脳で、他人に催眠術をかけて自分の命令に従わせる。

人間のこれらの特徴——大きな脳、長い子ども時代、親がかける手間の多さ——はすべて、進化史の中で、同じ時期にいっせいに発現したように思える。

幼いカラスの映像を見ると、その理由がわかるかもしれない。学習で身につけるものは学ぶのに時間がかかり、必要なスキルを習得するまで攻撃されやすくなることが問題だ。私たちはみんな失敗や間違い、判断の誤り、危険、実験から学ぶと知っている。しかし失敗したときは無防備になる。トラがこちらに向かって突進してくるとき、トラへの対処の仕方を学んでいる暇はない。（赤ん坊が泣いているとき、ぐずっている赤ん坊をどうあやせばいいか調べるどころではないだろう。

手がつけられないほど泣いている赤ん坊は、突進してくるトラより怖く思えるかもしれない。）

事前に対処法がわかっているなら、そのほうがいいだろう。そしてすでにそれを知っている人がいて、あなたが学んでいる間あなたの世話をしてくれればそのほうがいい。あなたの世話をしてくれる人が、あなたの問題を解決するのを助けてくれればさらにいい。そしていちばんいいのは、自分の知識と先人たちの知恵を組み合わせることだ。それがとても人間らしい解決策に思える。

子ども時代は学ぶための時間だ。子どもは学ぶようにできている。だから大人と子どもは特別な関係になる。しかし子どもの学習は、ただ親の言うことを聞き、親の行動を真似るにとどまらない。

学習、文化、フィードバック・ループ

特殊な進化をした人間の学習能力とは、どのようなものなのだろうか。過去には心理学者の間で、生来の特化型の〝モジュール〟という考え方が話題になった。特定の目的のために進化した特別な認知スキルのことだ。心理学者は頭脳（mind）を、特定の問題を解決するためにつくられた特別な道具である、スイス・アーミー・ナイフのようなものと説明することが多かった。最近ではその見解は変わってきている。幅の広い学習と文化の伝達の進化を指摘する理論家が増えているのだ。[*17] これらの能力が、以前には見られなかった新しい認知スキルを数多く発達させる助けとなる可能性がある。

進化理論学者のエヴァ・ジャブロンカは、[18]人間の頭脳はスイス・アーミー・ナイフというよりは、手に似ていると言っている。人間の手は一つの決まったことをするためのものではない。むしろ汎用性が高くとても便利なもので、数多くのことができる。思ってもみなかった使い方をされることもある。私がオージーを抱っこしているとき、彼はどの世代の霊長類の赤ん坊がやるように、片手で私の肩をつかみながら、もう一方の手で私の iPhone をいじることがある。これは前の世代の赤ん坊はやらなかったことだ。

学習と文化伝達の大きな変化によって、幅広く新しいスキルが生まれることがある。[19]初期の人間は調理、採集、狩猟、協力、競争、そして育児について、よりよい方法を考案してきた。学習してそれを伝えることで、人間はすべてのことがうまくできるようになった。

しかし学習と文化の伝達が特に重要なのは、そこにフィードバック・ループが生じる、というより助長されるからだ。学習したり教えたりする能力のわずかな変化によって、行動や思考が大きく変わる可能性がある。たとえば新しい道具の使い方をおぼえることを考えてみよう。木のスプーン、チェロの弓、石臼、抱っこひもなどの使い方を学習することは、他人がそれらを使っているのを見て、その道具で何ができるかを理解することに関わっている。

たとえば初期人類のある集団の子どもたちが、他の集団より少しだけ道具を使うことに長けていたとする。そのような子どもたちが大人になったとき、もっと便利な道具をもっとたくさんつくるだろう。その理由は、すでにある道具の使い方を覚えるのも速いうえに、どうすればその道具をもっと便利にできるか考えることができるからだ。彼らは学習があまり得意でない別の集団の子どもたちよりも、それらの道具を狩猟や採集、調理、育児するときうまく使うことができる。

けれども今度は、他よりやや賢かった子どもたちの次の世代の子どもたちを考えてみよう。彼らは親の覚えの速さを受け継ぐだけでなく、親のときよりもっと多くの道具に囲まれ、それを改良していくだろう。道具を使うことに関して、祖父母の世代と同じくらいどころではなく、はるかにうまく道具を使えるようになっているだろう。そしてそれらの技術のおかげで、次の世代は採集や狩猟や育児が効率的に行えるようになり、多くの子どもを持ち、長い時間かけて道具について学ぶ余裕ができる。

情報が世代から世代へと伝えられるうちに、人間ができることの質も向上する。最初はごく小さかった社会学習の差が、雪だるま式に急激に大きくなり、やがて頭の中や生活がまったく違ってしまうかもしれない。

しかしそこには面白い条件がある。前世代がしていたことをそのまま真似ているだけでは、まったく進歩しないということだ。どこかの時点で、そしてできれば何度でも、新しい世代の誰かが新しいことを行い、他の人が納得してその変革者についていく必要がある。生物学的にも文化的にも、進化の力がどのようにして変革と模倣のいちばんいいバランスを決めているのかというのは、とても答えにくい問題であり、理解もまだそれほど進んでいない[*20]。

この新しい見解は、人間の進化の中心にある謎についても明らかにしている。人間の遺伝子はチンパンジーやボノボのものとほぼ同じである。共通の祖先に由来する種の間で、遺伝子の変化は私たちが思っているよりはるかに少ない。そしてホモ・サピエンスが分岐したのはほんの数十万年前である。進化の時間にすれば一瞬のことだ。小さな遺伝子の違いがいつのまにか、私たちの思考、行動、そしていまの生活の大きな違いになったのだ。

そして謎はもう一つある。解剖学的現生人類（私たちと同じ骨格を持つ人類）は約二〇万年前に進化した。しかし私たちと同じように行動する——遺体を埋葬する、洞穴に絵を描く、縫い針や投げ槍をつくる、顔料や糊を使う——心理学的現生人類が大勢となったのは、ほんの五万年前なのだ。

そこにはわずかな遺伝的変化、スイス・アーミー・ナイフに加えられた新しい仕掛けのようなものがあると思いたくなる。しかし新しい研究によると、事実はそうではないようだ。顔料を使ったり死体を埋葬したりといった人間特有の文化的な発明は、もっと以前の化石などの記録にも見られるが、ごく一部の土地で、しかも場所はばらばらだ。[*21] それを人間の性質として〝獲得〟したのが、五万年前ということのようだ。

どちらの謎も、人間の進化（生物学的、文化的）には、いま説明したようなダイナミックなフィードバック・ループが関わっていると考えると納得しやすい。小さな変化が大きな違いを生じさせ、そして適切な条件下では、それらの変化から、さらに重要な変化が起こる可能性がある。

変化への適応

人間の進化につながる大きくて急激な変化を起こしたものは何だったのだろうか。人間は何に適応したのだろうか。私たちが適応した変化は、変化そのものだった。[*22]

第一に気候の変化。気温が上昇したり下降したり、湿度が高くなったり低くなったりというばかりではない。気候が変わりやすく予測がつきにくくなった。一世代のうちでも何世代かにわたる期間でも、人間がどのような天気に対処しなければならないか、予想するのが難しくなったのだ。人間が気候変動を起こすはるか以前、気候の変化によって人間が生まれたのだ。

変化が起きやすかった第二の要因は、遊牧生活にあった。人類は早くから移動していた。人間の親類である類人猿は、いまでももともと進化した土地に近いところで暮らしている。けれども人間は森から出て、草原から氷原、砂漠へと、文字通り海を越え山を越えて移動した。旅に出たくなる衝動は、私たちの遺伝子に組み込まれているように思える。それは人間が常に新しい環境に立ち向かってきたことの表れだ。

人間の社会環境も変わりやすい。人間の強みの一つは違う状況に合うような、違う種類の社会組織を築けるということだ。農耕の発明は、人間の社会構造を根本から変えた。人々はある土地から別の土地へと移動し、その日に採れたものを食べるのではなく、一つの場所に定住して物資を貯蔵するようになった。それによって同じDNAを持つ同じ人間が、まったく違う種のようになった。まもなく人間は、比較的平等な小集団での生活から、厳格な階層制度と権力の極端な偏りをともなった都市での生活へと移行した。そして工業化によって、人間の生活は再び変容した。

人は変わりやすさと変化にどのように対応しているのだろうか。数学モデル（と常識）が示唆するのは、変わりやすさには変わりやすさで対応するのがよいということだ。一人一人の子どもが違った性質——何を考えどう成長するか、他人から何を学ぶか——を持つことで、何か変化が起きたとき、全体的に生き残れる可能性が増大する。結果的に、一見規則性のない子どもの気質や発達、大人の行動の変化の多くを予期できるようになる。

多くの人が子どもの世話をすれば、子どもはさまざまな情報とお手本に接することができる。

それぞれの子どもの気質、能力、発達過程の違いにより、さらに複雑さと不確定さが増す。それぞれの世代の人間が、前世代とは少し違った世界で育ち、また少し違う世界をつくる。まったくもって乱雑だ。しかしそれはよい乱雑さであり、そのおかげで人間は常に変化を続ける環境の中で、力強く生きることができるのだ。

ふたたびペアレンティングへ

ここまでの話で、進化の見地からするとペアレンティングが親と子にとってよい規範ではないことが明らかになっているはずだ。子どもの世話をする、食べさせて育てる、時間と労力をかけることは、人間が存続するためにとても重要だ。はっきりとした形でも、さりげない形でも、ものごとを子どもに教えることはもちろん重要である。しかし進化の見地からは、自分の子どもを思いどおりに育てようとすることは不毛であり自分を傷つけることにしかならない。

たとえ自分たちの目標や理想にぴったり合うよう子どもの行動を規制できるとしても、それは望ましくないことだ。私たちは未来の子どもたちが、これまでなかったどんな難題に向き合うことになるか、事前に知ることはできない。子どもを自分のイメージどおり、あるいは現在の理想の姿に育てることは、将来の変化への適応を阻害する可能性がある。

「進化の見地なんて関係ない」と言う人もいるかもしれない。更新世には親子関係がある決まった状況をもたらしたかもしれないし、その関係のおかげで人間が種として成功したかもしれないが、今後もそれが続くとは限らない。過去の環境に適応して身につけた性質、たとえば砂糖や動物性油脂を好むといった性質は、現代の環境ではあまり利益はない。

たしかに私たちは、シロアリやマンモスの肉が主要なたんぱく源である世界に生きてはいない。しかし最大の適応、つまり変化そのものへの適応が、以前よりも重要になっている。柔軟な対応を学習し、新しい状況に合わせ、創造力豊かに社会構造を変える。こうした能力はすべて昔よりはるかに大切になっているのだ。そして親子関係は、いまでもやはりこうした難題を解決するためのカギである。ただしそのカギを握っているのはペアレンティングの考え方ではない。

第3章 愛の進化

もしペアレンティングの規範に反して、子どもの世話が仕事ではなく愛だというなら、それはどのような愛なのだろうか。子どもを愛するのは当然のことだ、という決まり文句以上のことが言えるだろうか。この章では、子どもを愛することは本当に独特のことであり、驚異的で特殊な進化の流れによってつくりあげられたものであることを論じる。そして子どもへの愛が、人間の他の愛が形成されるときにも影響を与えている。

二〇年近く前、私が最初の本を書いていたとき、ある章の書き出しで、妊娠と出産がどれほどたいへんなものかという説明をした。九ヶ月にわたる体の変化、自分の体を他の存在と共有している奇妙な感覚、そして出産は、全力でマラソンを走っているような重労働だった。子宮の中で赤ん坊が動いているという不思議な幸福感、快感ホルモンが脳にあふれ、温かい小さな体が自分の体の内側に押しつけられる感覚を味わう。このような他では経験できない特殊な感覚、感情、そして母体のホルモン変化こそが、赤ん坊を愛するという感じの真髄だと思えたかもしれない。

しかし私はまた別の不思議な体験について話をしなければならない。二〇一二年一〇月八日、生まれたばかりのオージーを初めて抱いたとき、私は前日の一〇月七日とまったく同じだった。ホルモン変化もなく、赤ん坊にお腹を蹴られたわけでもなく、体や心が大きく変わったわけでもない。そのような事前の変化がまったくなかったにもかかわらず、私はあのときと同じような経験をした。あのときと同じ強烈な愛情、**この子**のためなら命をも投げ出せるという気持ち。

正直に言うと、私はそのような感情に襲われた瞬間をもっと正確に特定できる。それはむずかる生後二週間の赤ん坊と過ごしたある日の午後のことだった。ずっと抱っこしたままなだめたり揺らしたりしていた苦労が実って、オージーがようやく私の肩に顔をうずめて、少ししゃくりあげながらも眠りについたときだ。この小さくて無力な生き物が、いかにか弱い存在であるか、そしてそれがどれほど愛おしいか、それらを合わせた胸が苦しくなるような感覚が、私の中をかけめぐった。もちろん自分の初孫を愛することについて、漠然とした理由はいくつもあげることができた。しかし実際に赤ん坊をうまく寝かしつけられたことで、漠然とした考えがまとまって、実際の妊娠・出産を経ずとも、強力で直接的な感情と感覚が生じたのだ。これは思春期の恋と中年期の恋の違いに少し似ている。一五歳では性的な欲望が愛に先立ち、五〇歳では愛が欲望に先立つ。祖母は、関わり合いから感情が突き動かされるのであって、逆ではない。

生物学上の母親は本能的に子どもの世話をするようにできているという考えは、ある意味では正しい。しかしこれから見ていくように、母親的な愛の土台にあるシステムが進化に取り込まれて、他の種類の愛を増進させてきた。こうした生物学的なパターンが、知識と文化によってつくり直される。そして特に人間にとっては、生物学上の母親の愛は、子どもの世話に関わる多くの形の愛の一つにすぎない。

私が誕生についての文章を書いたあとしばらくして、進化人類学者のサラ・ブラファー・ハーディやクリステン・ハークスらが、子どもの世話をするという人間の行為がいかに深く大きいものか強調した。それは生物学上の母親による世話ばかりではない。[*1]

人間の子育てには〝三つの関係〟がある。これが人間と他の霊長類を分けるものだ。第一が〝つがい〟(夫婦)の関係。[*2] 男と女は生まれる子どもばかりでなく互いに愛し合う。そして母親だけでなく父親も子どもの世話をする。実を言えば、こうした絆は女同士、男同士の間でも存在する。第二に祖母と孫の関係。[*3] 霊長類はメスが閉経後まで生きて、自分の子どもだけでなく、子どもの子ども、つまり孫の世話をするという、他には見られない性質を持つ。第三にアロペアレント(仮親)という関係。[*4] 人間は自分の子だけではなく、他人の子の世話もする。

これらすべての世話の形が、子ども時代が長くて手がかかるという人間の子どもの性質に結びついている。手がかかることに対応するために〝三つの関係〟が発達したのだろうか。あるいは世話をする人のネットワークができたために、成熟するまで時間がかかってもよくなったのだろうか。おそらくその両方が相互に影響を与えて共進化したのだろう。手間が増えるたびに、大きな脳で学習することが増え、それでできることが増えて、結果的にもっと手厚い世話ができるようになる。

こうして人間にとって、世話という行動の範囲がとてつもなく広がった。そして子どもの世話は、互いの世話の一部となっている。協力して子どもの世話をする必要性から、その仕事をする人々の間に、思いやりと愛情という結びつきが生じた。事実、〝共同育児(cooperative breeding)〟と、味けなく呼ばれる集団的営みが、子ども以外の他人の世話をすること――人間の利他的行動や協力全般――につながったのかもしれない。

子どもを大切にして強く育てるという本能は、進化によって生じた可能性がある。しかし私たちは、目的を果たすために社会的な合意を考え直すという、人間独自の能力を持っていることも忘れてはいけない。子どもの世話をする最初のモチベーションは進化から生じたかもしれないが、私たちはそれをまったく違うやりかたで実行できる。

人間はずっと、〝三つの関係〟を超える、子どもを世話をする方法を考え出してきた。たとえば乳母、そして世界中どこにでもある幼稚園や保育園。行政によりよい保育制度を訴えたり、大学で家族休暇制度のために戦ったりしているとき、温もりや喜びがわきあがってくることはない（本当に）。ロビイ活動をしているときに感じる憤りとフラストレーションが混ざり合ったような感情は、眠っている子を抱いているときに感じる深い喜びとは似ても似つかない。しかし突き詰めると、それらは同じ心の奥深くにある同じ価値観に根差している。

つがい（夫婦）の関係：それはとても込み入っている

子どもの世話を確実にする、第一のそして最もわかりやすい関係が、その子どもを生み出した男と女の関係である。その結びつきは、他の人間の性質と同じように、不思議で複雑で厄介なものだ。それでも、恋愛とそれが親の愛との関係について、進化の研究からわかることがあるのではないだろうか。おそらくほとんどの人が、好奇心からにしろ悩みからにしろ、こんな疑問を持ったことがあるのではないか。一夫一妻制は内的なものなのか外的なものなのか。これは生物としての本能に根差した、自然な人間の行動なのだろうか。あるいは法と慣習によってのみ維持されている、人間の社会構造なのだろうか。

進化の観点からすると、その答えは、予想されたことかもしれないが、込み入っている。まず一夫一妻制が何を意味するかで答えが変わる。[*5] さまざまな動物の行動が、この用語でひとまとめにされていて、そのような行動を、人間の文化において制度化された手本に関連づけようとすると、さらに混乱する。

一つ悪いニュースがある（もちろん見方次第ではあるが）。完全に一雌一雄を貫く種はいない。白鳥でさえもだ。新しいDNA研究によると、ほぼすべての動物が複数の相手と性行為をしている。しかしよいニュースもある（これも見方次第だが）。少なくとも一部の動物では、生殖と子どもの世話（caring）に特有のつながりがある。生物学者はこれを「つがいの絆（ペア・ボンディング）」と呼ぶ。一雌一雄の鳥類は多いが、哺乳類ではその数は少ない。その一つが類人猿の一種であるテナガザル。そして私たち人間である。

つがいの絆とは、性交渉を持つ動物のつがいが生活を共にして、一緒に子どもの世話をすることを意味する。鳥の場合、これは同じ巣に棲むことから、歌を一緒につくることまで、あらゆる可能性がある。つがいの絆は一生涯は続かないかもしれないが、繁殖期を一回か二回過ごすくらいは続く。そして多くの動物で、つがいの絆は異性間だけではなく、同性間でも見られる。有名なのがセントラル・パーク動物園のペンギンのゲイカップルである。

人間の文化では、一夫一妻制と一夫多妻制における、社会的、制度的、法的な違いが注目される。しかし生物学の見地から重要なのは、パートナーが一人か複数かではない。パートナーシップそのものなのだ。それは少なくとも性交渉を持った相手を大事にして一緒に生活する、それを長く続ける、そして一緒に子どもを育てることである。

長い子どもも時代とともに、つがいの絆は進化によって獲得された人間特有の性質である。これは他の哺乳類ではめったに見られない。他の霊長類では性的または社会的な面で、驚くほどさまざまな形態がある。[*6] サルの多く（マカクなど）は特定の相手を選ばない。そのとき都合のいい相手と交尾をする。オランウータンはだいたい単独で行動している。雄は成獣になるまで母親と暮らし、やがて親と離れて自分だけの縄張りを見つける。その後、同じように単独行動している雌を探して交尾をする。チンパンジーの性的、社会的関係はとても流動的で活発だ。雌はいくつかの集団に出たり入ったりして、さまざまな雄と交尾をする。ボノボが緊張を和らげたり、協力関係を築いたり、ただ楽しんだり、生殖以外の目的のために交尾するのはよく知られている。雌同士の関係は特にどこででも見られる。そしてゴリラの場合、一頭の雄が雌と子どもの集団で生活するが、その雄は子どもの世話はあまりしない。雌を支配し、他の雄を追い払うことに労力を費やす。

類人猿の中で、つがいの絆らしきものが見られるのはテナガザルだけだ。テナガザルが完全に一雌一雄というわけではないが、一緒に歌をうたい（鳴き声でコミュニケーションを取る）、縄張りを一緒に守る。つがいの絆を持つ種にとって、デュエットを歌うことにはとても面白い意味がある。テナガザルにとって音楽は、フレッド・アステアとジンジャー・ロジャーズ（二人はミュージカル映画で共演した）にとってそうであったように、ロマンスの入り口なのだ。

私たち人間も、本当に幅広いさまざまなセックスライフを実践する。そのとき他のプロジェクトと同じように、理想の形を設定してそれを実現しようとする。時代と場所によって、その理想はさまざまに違っている。一生涯、一人の相手と添い遂げることから多婚制、そして自由恋愛。

それらすべてに共通するのは、理想の形がどのようなものであれ、現実はもっと煩雑であるということだ。

偉大なる行動学者で人類学者のイレネウス・アイブル＝アイベスフェルトが、以前、人里離れた土地に住むある部族との〝ファースト・コンタクト〟について話してくれた。その集団の生活様式についていろいろ質問をしたあと、彼は何かそちらから聞きたいことはないか尋ねた。すると「あなたがたの集団では、結婚している人が他の人とセックスすることはあるか」と訊いてきた。彼らの間では、誰もが不幸になるのがわかっているのに、そうした浮気があとを絶たない。そこでアイベスフェルトの部族にもそのような問題があるのか、そしてよい対処法があれば教えてほしいということだった。

問題は一夫一妻制ではなくても起こる。古代日本の小説『源氏物語』では、主人公が何人もの妻を持たなくてはならない社会的義務について思い悩む。妻が一人のほうが話はずっと簡単なのに。ボノボのような関係が、はるかに満足度が高いというわけでもない。どの時代でも、罪悪感のないセックスという考え方が新たな名前をつけられて登場する。自由恋愛、オープンマリッジ、そしていまならポリアモリー（複数愛・全員が承知のうえで複数の相手とつきあう）。しかしそこにも不安や嫉妬という昔ながらの問題が存在している。

それでも、こうしたさまざまな性的関係すべてにおいて、セックスと愛情、性交渉と子どもの世話が結びついているという考えは、人間の奥深くに植えつけられ、文化として広く受け入れられている。性行為をともなう愛と結婚に似た形態は、どちらも人間にとって普遍的なものに思える。[*7] 私たちはこれらを当たり前のように思っているかもしれないが、進化の視点から、これはとても例外的なことなのだ。事実、哺乳類の中でこのような行動をするのは五パーセントに満たない。[*8]

ほとんどの動物には見られないのに、なぜ一部の動物はつがいの絆を持つのだろうか。そして特になぜ人間に、他の霊長類には見られない、つがいの絆が発達したのだろうか。進化は常にそうだが、つがいの絆にはいくつもの機能があり、いくつもの違った要因から生じた可能性がある。しかしつがいの絆は〝父親の関わり〟つまり父親の育児参加と高い相関関係にある。[*9]それはまず赤ん坊を育てるのに必要な投資――作業量、金銭、世話した時間の合計――と関連するのは、論理的にも納得できる。

つがいの絆と父親の育児参加は密接に関連しているとはいえ、初期人類の時代に父親が実際にどれほど赤ん坊の幸福に寄与していたかについては議論がある。そして進化の議論にはつきものの、鶏が先か卵が先かの問題もある。しかし採集社会における人間の父親が、ゴリラやチンパンジーの父親よりも赤ん坊の世話をしていたことに対し異議を唱える声はほとんどない。現代であれ大昔であれ、父親がそうやって子どもの世話に時間と労力を割くことが、子どもが元気に育つ助けとなっていることを示すはっきりした証拠もある。

父親の育児参加が赤ん坊にとってそれほど助けとなるなら、なぜもっと動物の間に広がらなかったのだろうか。父親の関わりがどのように進化したかについては、一つの謎がある。多くの進化心理学者が指摘しているように、男と女の間では、生殖の利害が一致しないのだ。理屈では、男は自分の遺伝子を多くの女性にばらまいて多くの子を生ませれば、自分の遺伝子がさらに複製されるチャンスが増える。一方、女は妊娠という苦労がある。すでにいる赤ん坊の世話をするほうが、できるだけたくさん生もうとするより効率的である。
種をばらまく戦略が効果を発揮するのは、特に雄の体が大きく強く攻撃的で、自分の集団の雌に近づかないよう他の雄を追い払うことのできる雄の場合だ。そのような雄は、雌を妊娠させる可能性が高い活発な精子を持っているかもしれない。霊長類の雄は、だいたいこの戦略をとっている。そこから一雌一雄という形に、どのように移行したのだろうか。[*10]

一つの考えは、あまり攻撃的でなく育児参加してくれる雄を雌が好むようになれば、自分の遺伝子を効率的に受け渡すことができるようになるというものだ。雌は自分が苦労して生んだ子に手をかけることが必要で、そして子どもに手がかかるほどこの戦略がうまくいく。雌がそのような雄を好むようになると、父親として子育てに参加することは、雄にとっても自分の遺伝子をばらまくうえで有利になる。やがてこの行動パターンを示す雄のほうが、以前のパターンの雄より優勢になる。

赤ん坊が特に手がかかるとき、親が子の世話に労力や時間をつぎ込むことが、雄にとっても理にかなったことになる。子どもが生き続けるためにより手厚い世話や手助けが必要であるほど、雄のトレードオフが変化する。自分の遺伝子を受け継ぐ子を多くつくるというのは、幼いうちにみんな死んでしまう状況ではよい戦略ではない。少ない赤ん坊に必要な手助けをしたほうがいい。

しかしこの戦略が雄にとって最も効率的なのは、少なくとも世話をする赤ん坊が自分の子である可能性がきわめて高い状況である。つがいの絆は雄と雌の間の遺伝子上の協定のようなものである。人間の場合、男女間の特別な愛着により、男が自分の遺伝子を持つ子の育児に参加する可能性が高くなる。同時に育児に父親も加わると、その女の遺伝子を持つ子も元気に育つ可能性が高くなり、子ども時代が長くなっても育てる余裕ができる。

つがいの絆を持つ種は、性的に攻撃的ではなく協力的になったことで、身体的な特徴も変化した。ゴリラのような一夫多妻制の動物よりも、体の大きさの雌雄差が小さい。雄はもう力に頼って他の雄を追い払ったり雌を支配したりする必要はない。つがいになる種の雄は睾丸も小さい。これも精子競争が少ないからだ。指の長さにも違いがある。それは子宮の中で浴びたテストステロンの量に関連している。

人間の男は他の類人猿より睾丸が小さく、体も女より少し大きいだけで、指比は比較的高い〔人差し指と薬指の長さの比。低いほど人差し指のほうが長くテストステロンの曝露量が多いとされる〕。科学者は化石化した遺体を調べることで、人間が進化していくうちにこうした変化がどのように起こったのかを追跡している。[*11] この研究によれば、つがいの絆の発達は、人間特有の他の変化、特に子ども時代が長くなったことに関連している。

人間の性と愛の複雑さを理解する一つの方法は、霊長類の他のパターンとともに、つがいの絆を持つ遺伝的な要因を持っていた可能性について考えてみることだ。たった一組の遺伝子が、違う環境に置かれたとき、さまざまな身体的、心理的な特質を生み出す可能性はある。人間は他の霊長類に見られるような多くの行動パターン——ボノボやチンパンジーのような相手を選ばない〝自由恋愛〟から、一夫多妻制のゴリラのハーレム、テナガザルの一雌一雄まで——を獲得してもおかしくはなかった。

たとえば人間の父親は、生物学者が言うところの、任意の世話人（facultative caregiver）である。状況によって、献身的に世話をすることもあれば、完全に無関心を決め込むこともある。特に父親にとって重要なのは実際に世話を体験することだ。自分から積極的に赤ん坊の世話をしなければならない状況に置かれれば、赤ん坊との絆が深まり、さらに世話をするようになる。[*12] しかし父親は母親よりも、世話を誰かに任せてしまう傾向が強いようだ。

環境が変わることで、性的な行動パターンも変わる可能性がある。たとえば人間の歴史上、農業の発明とともにあらゆることが大きく変わった瞬間があった。何十万年もの間、人間は小さくて平等な採集者の集団で生活してきた。しかし約一万二千年前に農業が発明されると、大きくて複雑で階層的な社会での生活も始まった。

農業の始まりは、遺伝子的に同じ人間が、それ以前とはまったく違った行動を始めたという意味で不可解なものであり、それはセクシュアリティ〔性行動のパターン〕にも当てはまる。一般的に採集者の集団にはつがいの絆のようなものがあり、男女の間もわりと平等だったようだ。それが農業とより大きく不平等な社会の出現で、[*13] 一夫多妻制のゴリラ集団のようなパターン――男一人の下に何人もの妻――が現れた。そのパターンがまた変化したのは、工業化と脱工業化の世界で、以前のようなつがいの絆を持つ平等な関係に近いものに戻った。

私はフェミニズムがこれまで経験してきた葛藤の一部は、いくつかの違う性的行動パターンの間の対立から生じているのではないかと思っている。少なくとも一八世紀には、フェミニストたちは、セクシュアリティの賛美と疑念の間を行ったり来たりしていた。女性にとってセクシュアリティは献身、愛、慈しみ――つがいの絆――をともなうものでもあり、男性の攻撃性、競争、支配――一夫多妻――をともなうものでもあった。人間の行動がテナガザルやゴリラ型に近づくか、ボノボ型に近づくかで、セクシュアリティは文化や伝統や法律によってどのように形成されるべきかという考えも変わる。

少なくともフェミニストである私にとっては、セックスの実状は、この葛藤を反映しているように思える。現代の男女関係の理想は、つがいの絆の考え方に近い平等で一途で愛にあふれるパートナーシップだ。しかし力と攻撃性が性的な魅力につながっているということは、否定したくても、なかなか否定するのは難しい。それはそれほど害のない『フィフティ・シェイズ・オブ・グレイ』のような暴力的描写を含むロマンス小説などにも見られる。（女性は最初の三〇年を〔『嵐が丘』の〕ヒースクリフを探すことに費やし、次の三〇年を彼から逃げようとすることに費やすというジョークがある。）そして一九六〇年代のピル出現以降ＡＩＤＳ感染拡大以前の、短く輝かしかった時期に育つという幸運に恵まれた女として、私は自由恋愛や純粋に性を楽しむという考え方にもまだ魅力があると思っている。

私たちはほぼ生物学的条件によって形成されてはいるが、自分たちの周りの環境を合理的につくりあげる能力も持っている。進化により受け継がれてきたものから完全に解放されることはないかもしれないが、少なくともその受け継がれているものを最高の形にする環境を築くことはできる。ハーレムはゲイの結婚よりも深く進化に根差しているかもしれない。しかし法律によってある形を認めたり認めなかったりすることで、人間が生き残るのを助ける性行動や家族生活を生み出せるかもしれない。

さまざまな愛

進化の状況から、つがいの絆は人間特有のものであり、子どもに手がかかるようになったのと同時期に出現したことが示唆されている。しかしつがいの絆が原則的には理想だとしても、そのためのメカニズムも進化する必要がある。男女の脳と心に、実際につがいの絆が生じるための何かがあるはずだ。多くの研究者が指摘していることだが、親子間の愛を支えているのと同じ心理的、さらには生理学的プロセスが、つがいの絆を支えていると考えられる。性的な愛と子どもへの愛は、また別の形で密接に絡み合っている。

人類学者で生物学者のヘレン・フィッシャーは、性的な愛を支える三種類の生物学的プロセスを区別している[*14]。欲望、激しい恋愛、長期的な愛着である。これらの区別は直感的にも納得できる。性的欲望はすべての種を駆り立てる。しかし恋愛と長期的な愛着は、つがいの絆における感情だ。

もし欲望が子どもに向けられたら、そこには何か異常があるのは明らかだ。しかし他の二つの種類の愛と子どもに対して感じる愛には、類似点があるように思える。恋したときの、意識が変わり夢の中にいるような感覚は、赤ん坊に夢中になっているときの感じに近い。（オージーと同じ部屋にいるとき、彼から目を離すのは難しい。）そして赤ん坊や幼児への愛には、外見に惹かれる部分がある。これも恋愛と似ている。愛する者を美しく愛おしいと感じる。モーリス・センダックの『かいじゅうたちのいるところ』に出てくるかいじゅうと同じように、赤ん坊が大好きな人はたいてい、少なくとも心の中で「食べちゃいたいくらいだいすきなんだ！」と叫んでいる。

実のところ、科学的な研究でも、赤ん坊が愛されるのはその外見のためでもあるという見解が裏づけられている。赤ん坊は本当にかわいらしい。[*15] 大きい頭と目、小さな顎と鼻といった赤ん坊特有の外見が（たとえ実際にはそうでなくても）、かわいいと思う気持ちと守ってあげたいという保護欲を引き出す。赤ん坊を見たときの「あ〜、なんてかわいいの」という反応は、人間の感情のとても奥深くに根差しているようだ。うろこにおおわれたエイリアンのE・Tでさえ、赤ん坊に似ているために同じ反応を引き出すのだから、赤ん坊アザラシのぬいぐるみについては言うまでもない。

しかし残念ながら誰もが知るように、激しい恋は長続きしない。本当のつがいの絆の感情は、ドラマチックではないが長続きする。口説いているときではなく、結婚生活の中で抱く感情である。そして生物学的見地からすると、子どもへの愛情はそうした夫婦間の愛情に近いもので、子どもの世話においていちばん大きな役割を果たしている。

少なくともいくつかの動物（たとえばハタネズミ）では、実際につがいの絆の生物学的原理を、細かくたどることができる。[*16] そうした研究によると、親子の結びつきとパートナー間の結びつきで、脳内化学物質の働きがよく似ていることがわかった。

プレーリーハタネズミは一雌一雄の哺乳類だが、近親のアメリカハタネズミは不特定の相手と交尾する。プレーリーハタネズミのオスは神経伝達物質のオキシトシンとバソプレッシンを、きわめて高いレベルで分泌する。アメリカハタネズミではそのようなことはない。

ハタネズミの遺伝子は実験的に変えることができる。プレーリーハタネズミの遺伝子には、オキシトシンをつくるものがいくつかある。アメリカハタネズミにも同じ遺伝子があるが、だいたい活性化していない。その遺伝子を人為的に活性化させると、乱交のアメリカハタネズミの行動が変化する。[*17] プレーリーハタネズミのように、特定の相手とつがいとなったのだ。

オキシトシンは〝世話して助ける〟ホルモンと言われることがある。[*18] これはアドレナリンのような〝戦うか逃げるか〟ホルモンと対比したものだ。ハタネズミと同じように人間でも、オキシトシンは信頼、献身、愛着といった感情と密接に関わっているらしい。女性は出産のとき、オキシトシンが大量に分泌される。そしてオキシトシンを投与された人は、他人を信頼し、共に責任を負って協力することをいとわなくなるようだ。

少なくともハタネズミでは、遺伝子に変化があると脳内化学物質が変化し、ひいては行動も変化する。しかし逆もまた真であることも、指摘しておくことが重要だ。つまり愛情を示す行動――ハタネズミでなら毛づくろいや交尾、人間ならキスやハグ――自体がオキシトシンやその他のホルモンの分泌を促す。そしてそれらのホルモンが、さらに愛情のこもった行動へとつながる。

愛とオキシトシンとバソプレッシンの関係は、簡単に説明できるものではない。たとえハタネズミのことであってもだ。ホルモンの効果は雄と雌で違うし、脳、遺伝子、神経伝達物質、そして経験の相互関係には、とても複雑なパターンがある。しかし男女の結びつきと赤ん坊との結びつき、恋人への愛着と子どもへの愛着の生物学的要因が全体的につながっていることは明らかなようだ。

私たちのパートナーへの愛は、子どもへの愛に似ている。生物学的な意味でも、実際の経験の問題としても。進化的には、これもまた世話しなければならないことに由来するようだ。もちろん、それでどちらのタイプの愛も自然に発生するとか、それら二つをつなぐ核家族の〝自然法則〟があるということにはならない。子どもの誕生は、少なくとも私たちの社会では、パートナー間の関係に強い緊張をもたらす。

それでももし親子間の愛についての理解を深めたければ、それと性的な愛との生物学的、進化上のつながりを調べる必要がある。人間にとって、父親と子どもの間に生じる愛（父親の育児参加）、父親と母親（つがいの絆）は、同じ進化パッケージの中に入っている。

祖母*19

私は進化上の謎の存在だ。私のように繁殖能力を失った女性は、そもそもなぜ生きているのだろうか。人間の閉経という現象は、一夫一妻と同じように、誰もが当たり前と思っている。しかし進化の観点からは、これはたいへん珍しく不可思議なものなのだ。私たちが知る限り、繁殖能力を失った雌がその後も生き続けるのは、哺乳類の中では他にシャチだけだ。チンパンジーは五〇代で、子を生めなくなるのとほぼ同じころに死ぬ。人間の場合、なぜその後二〇年、三〇年と生き続けるのだろう。

長生きになったのは、単に栄養状態と医療が向上したためかもしれない。しかし化石の記録と採集文化の研究によると、昔から繁殖能力を失ってからも長く生きる女性がいたことがわかっている。現代の平均寿命が長くなっているのは、幼児期に死ぬことが減っているからだ。幼児期を過ぎると、昔との違いはそれほど大きくはない。採集社会の女性は、三〇歳を超えると六〇歳過ぎまで生きる可能性が高くなる。そしてチンパンジーは、たとえ餌を与えられ医学的な治療を受けられる動物園や保護区でも、人間の女性よりもはるかに早く死ぬ。

もちろん、寿命が長くなって、祖父という立場の人も増えたわけだが、それは不思議ではない。男はかなりの年齢になっても、より多くの子どもをつくることで自分の遺伝子をコピーすることができるし、間接的に孫を援助することもできる。閉経後の女性が生きることは、本当に不思議な現象なのだ。

人類学者のクリスティン・ホークスは、おばあちゃん仮説というものを提唱している。それは大昔の人間の子どもの幸せに、おばあちゃんが大いに寄与していたというものだ。繁殖力を失ったあとに生きることが、進化の面からも意味を持つくらい大きな寄与だった。赤ん坊が特に手がかかるとき、自分の血を引く孫を助けることは、自分で子を生むよりも好ましい戦略である。

数学的モデルでは、赤ん坊に手がかかる世界では、進化によって繁殖力のない祖母という存在が生じることが示されている。少数であっても閉経後の女性が生き続けて孫の世話をすれば、彼女たちの遺伝子が広がる可能性が高くなる。やがて祖母がいることが例外ではなく標準になる。

ホークスは採集集団について驚くほど詳細な調査を行い、集団の成員が、それぞれどれくらいの食料を生産し消費しているか、カロリー単位で正確に記録した。すると祖母の立場の成員が、狩猟を行うものよりも高いカロリーを集団にもたらしていた。その手段は特に木の実やハチミツ（シロアリは言うまでもない）といったおいしくて栄養価の高い食物の〝抽出的採集〟だった。

狩猟と採集、男と女あるいは若者と老人の貢献度は、集団によってもちろん違う。父親と同じく祖父も集団にとって大きな助けとなっているかもしれない。しかし祖母は孫の生存にとって、とても重要な意味を持っていると思われる。

特に祖母がいることで、人間は何人もの子を持ちながら、他の動物に比べて長い時間、その子たちの世話ができるのかもしれない。上の子がまだ手がかかる時期に、次の子が生まれることはよくある。乳児に関しては母親がその子にかけられる時間や労力が多いほど、子どもは元気に育ちやすくなることをホークスは発見した。これは驚くことではない。しかしもう少し成長した幼児にとって大切なのは、祖母がどれだけ手を貸せるかだった。新たに赤ん坊が現れたとき、祖母は重大な岐路に立たされる。

祖父ももっと直接的に、子どもの世話に手を貸すことができる。人間の子どもを育てることの大変さを考えると、世話できる人の数が多いほどよい。進化の視点からは、自分たちの遺伝子を持つ孫を世話することは、明らかな利益となる。遺伝学者のJ・B・S・ホールデンは、利他的行動の進化についての議論で、二人の兄弟や八人のいとこのために命も捨てられると発言した。それで自分の遺伝物質が受け継がれていくからだ。ホールデンのこの原則に照らせば、私が二人や三人ではなく、四人の孫のために命を捧げることは、進化の理論からすればはるかに筋が通っているのだと、息子たちには言っている。

おばあちゃん仮説を支持する根拠は他にもある。人間の母親は娘と同じところに住むことが多い。それがチンパンジーと大きく違うところだ。雌のパンジーは性的に成熟するとすぐに育った群れを離れ、他の群れに加わる。人間の女もそうすることはあるが、もともとの集団にとどまることのほうが多い。孫が森の向こう側に行ってしまい、連絡するためのスカイプもないなら、祖母がいてもあまり役に立たない。

おばあちゃんには他にも利点がある。ホークスは物質面での寄与について強調しているが、知的資源を引き継ぐこともできる。赤ん坊を危険から守ることは現代の母親にとっても大仕事だ。たき火や有毒な木の実、空腹のケンシトラに囲まれた時代に、それがどれほどたいへんなことだったかは想像に難くない。現代でも、祖母は育児経験と実際的な知識を豊富に持っている。赤ん坊の世話を手伝えるだけでなく、効率的な世話の仕方を、母親と父親に教えることもできる。

そして何よりも、人間は文化を持つ生き物だ。子ども時代が長いことは、特に文化継承に適している。私たちは自分たちの前のすべての世代から学ぶことができる。祖父母は文化的情報を豊富に与えてくれる。二世代分の経験と知識を子どもをつないでくれるのだ。歌、物語、おまじない、料理法、伝承されている迷信。私たちはそれらを、おばあちゃんから教わる。文字による伝達が生まれる以前、祖父母は過去の歴史とつないでくれるいちばん大きな存在だった。

アロペアレント[*20]

父親が子どもの幸せに寄与することは当たり前だと思われている。そして親以外の家族、つまり祖父母も育児にひと役買っていることを知っている。しかし人間は、たとえ血がつながっていない子どもでも、世話するようにできているようだ。それが人間の進化に重要な意味を持っていた可能性がある。

この考えを主張したのは優れた生物学者であり霊長類研究家のサラ・ブラファー・ハーディである。ハーディは人間の進化には、〝共同保育〟への流れがあったと主張する。人間には〝アロペアレント〟、集団の中で親以外にも育児を引き受ける者がいる。そのようなアロマザーやアロファザーは、世話する赤ん坊と直接、血がつながっていないこともある。

人間に近い霊長類には、あまりアロペアレンティングは見られない。たとえばチンパンジーの母親は赤ん坊をがっちり抱いて、他の個体が近づくと大声で拒絶する。しかし人間から遠い親戚の霊長類では、協力する様子がもっと見られる。キツネザルやラングール〔オナガザル科〕では、アロペアレンティングはふつうである。これらの霊長類は遺伝子的には人間から離れていても、子どもを育てることについては共通点がいくつかある。チンパンジーやゴリラと違って、これらの霊長類は人間と同じく、森ではなくサバンナに住んでいる。そして赤ん坊を連れて長い距離を移動するのも、人間と同じだ。

キツネザルの間では、母親は育児の作業を共同で行う。直接的な血のつながりがなくても、赤ん坊の世話を手伝う大人のサルがいる。若い雌は特に協力的だ。人間ならティーンエイジャーのベビーシッターのようなものだ。若いキツネザルは自然に赤ん坊に近づき、直接の報酬はなくても世話をする。

つがいの絆と同じように、アロマザーは鳥では珍しくないが、哺乳類ではあまり見られない。ただ霊長類だけが行うわけでもない。ゾウの母親は他の子の世話をするし、授乳さえ行うことがある。

アロマザーは現代の採集社会で重要な役割を担っている。そのような集団は祖母だけでなく、年長の兄弟姉妹、いとこ、おば、そしてコミュニティ内の他の母親（さらには父親）も頼りにされる。（子ども一人を育てるのに村が一つ必要ということわざどおりである。）

最近の研究では、採集社会の女性は他人の子に授乳をすることが多いとされている。祖母が手伝う場合もある。これらの社会の赤ん坊は、まず祖母の乳首を吸うことがよくある。[*21] 一種のおしゃぶりのようなものだが、それで祖母の側の乳の分泌が促され、また授乳ができるようになることもあるのだ。

年長のきょうだいが幼い妹や弟の世話をするのは、進化的にも自然なことだ。二人のきょうだいのためなら命を捨てられるという、遺伝学者ホールデンの発言を思い出してほしい。しかし他の大人の助けは、他の形の利他主義と同じく道理に合わない。なぜ多大な労力をかけて、他の母親の遺伝子を受け継ぐ子の世話をするのだろうか。

答えはいくつかあり、それはすべて人間の赤ん坊が無力で他者に依存しなければ生きていけないという事実に関わっている。人間の娘はもともとの集団にとどまることが多いことを踏まえると、人間のコミュニティでは近親ではなくても、同じ遺伝子を持つ者が多いということになる。すべての赤ん坊が元気に育つよう助け合うことで、集団全体の遺伝子を存続させることができる。そして赤ん坊があまりに無力なため、お互い他人を思いやらなければ、集団として生き残れない可能性もある。あなたが食べ物を集めに行っている間、私があなたの赤ちゃんの世話をしている。その代わり私のときもお願い。これでみんな得をする。

アロペアレンティングは、特に若い雌にとって貴重な学習体験にもなるだろう。他人の子での経験は、やがて自分の子が生まれたときのために大いに役に立つ。人間を含めた霊長類の多くで、初めての子を生んだばかりの雌は弱っていて、子を拒絶したり育てられなくなったりすることが多い。アロペアレントがいれば母親が息をつくことができるし、若い男女にとっては子どもの世話をする練習になる。

ハーディは人間が進化する過程のかなり早い時期に、アロマザーが出現したと言っている。人間がサバンナに移動し、比較的大きな赤ん坊を生むようになると、助けが必要になった。共同保育は大きな赤ん坊を抱いて長い距離を歩くために始まった。しかし共同保育が定着すると、他のことも可能になった。特に長い子ども時代、大きな脳、高度な学習などがあげられる。ホークスは祖母についても同じ流れを考え、他の研究者は一夫一妻制についても同様な議論をしている。

赤ん坊が無力であることと、それを世話したいという気持ちは密接に関連している。誰もが子どもを愛するという証拠はいくつもある。献身的な父親。ややひねくれてはいるがおしゃべりな祖母。甘い声でささやくティーンエイジャーのベビーシッター。こうした人々が世話をしてくれるおかげで、赤ん坊はたっぷり時間をかけて成長し、学習することができるのだ。

孫への愛の謎

オージーが生まれる前、私はおそらく必要以上に声高に、孫というものができても本当にかわいいと思えるかわからないと言っていた。二五年間、楽しく子育てをしてきたが、彼らが巣立ったときは新しい生活が始まることがうれしかった。ようやく徹夜で仕事をしたり、一日中愛し合ったりする自由を手に入れた。おまけに家もいつもきれいにしておける。だから私はもう一度育児をしたいとはまったく思っていなかった。たとえパートタイムであっても。

家族は私のその言葉をまったく信じていなかったが、実は私は正しかった。私は〝孫というもの〟に夢中になっているのではない。〝この孫〟に夢中になっているのだ。青い瞳と巻き毛を持つ、奇跡のような存在だ。息子の子どもであれば、どんな子でも同じ気持ちを抱くとわかっていても、それは変わらない。

特定の子にだけ感じるこの感情は、二番目の孫のジョジアーナが生まれてさらに鮮明になった。何本かのDNAを人間にする複雑な工程は、人知の及ばない生物学的な力の産物だ。ときには間違えることもある。

ジョージーは賢く、可愛らしく、とても優しく、明るい少女である。けれども遺伝子に小さなランダムな変異があり、先天的なメラニン細胞母斑またはCMNと呼ばれる珍しい疾患を持つ。特に目立つ症状は、背中の大半をおおう大きなほくろ、母斑である。CMNは子どもの脳を侵し、発達上の問題を起こすこともある。さらに致死的な癌につながるリスクもある。(メラノーマの子を持つと、世間は人の悩みに無関心だという思い込みは払拭されるはずだ。)

私たちは幸運だった。ジョージーは二歳になるが、とても元気である。特筆すべきは、病気に伴う不安や懸念はあっても、私は彼女に感じていること、彼女の両親、おじやおば、そして祖父が、彼女に感じている愛おしさも、以前とまったく変わらないことだ。ジョージーの煙るようなブロンドヘア、顎の下の小さなくぼみ、人を惹きつける笑顔、動物への愛情、そして人生の大きな喜び、これ以上大切なものがあるだろうか。

そしてこれはもちろん、もっと重く難しい状況にある子どもたちの親にとっても同じである。

特定の人間に対するこうした特別な思い入れが生じることが、愛の不可思議なところであり、特に子どもへの愛を不可思議なものにしている。これは最も根源的なパラドクスの中心にあるものだ。社会的関係とは結局のところ、他人が実際に何をするか、お互いの利益と責任のやりとりで決まると考えている人は多いかもしれない。それはこれまでの経済学者の考え方だ。だとすると、偶然に起きたこうした状況の中で、特定の小さな子の存在がこれほどまでに大きくなるのは、注目すべきことだ。

そう感じるのは母親と父親だけだと思ってる人もいるかもしれない。だからもちろん私のオージーやジョージーに対する思いは、どれほど深いといっても、深み、重み、熱意、犠牲、執着など、どれをとっても父母にはかなわないと思われるかもしれない。あるいは人間の子の世話をするのは母親ばかりとは限らないので、私たちはみんな、特定の子だけではなく、子ども全体を大切にすると考える人もいるだろう。

しかしこうした特別な感情は、世話そのものと関わっているように思える。私が祖母になったのと同じ時期に、バークレーの学生と同僚四人も子どもを生んだ。（私たちの研究室では論文はあまり生まれないが、赤ん坊はたくさん生まれる。）みんなとても可愛くて頭がよく、私はよくその子たちを抱っこしてあやしている。けれどもその子たちは、私のオージーやジョージーとは違う。

もちろんそう感じるのは当然だと私は思っている。これは子どもの世話をするとき、必ず感じることだ。レイク・ウォビゴンの住人は人間性の縮図と言える（自分が属する集団が平均以上だと思い込む認知バイアスをレイク・ウォビゴン効果と呼ぶ）が、私たちはみんな彼らのように、自分の子どもは平均以上だと考える。（そういう人間が子どもについて話すと嫌がられるのは当然だ。子どもの研究をしている科学者として、私自身も子ども全般についての議論をせず、私の子どもについての議論にしてしまい批判をされた。そのため新米の祖母としては、オージーとジョージーがいかにすばらしいか語りたくなっても、唇を（それほどきつくではないが）噛んで耐えている。）

けれどもそこにはよくわからないことがある。なぜ子どもへの愛は、このように感じるのだろうか。なぜ特定の子だけを愛おしく思うのだろうか。生物学上の母親にとっては、答えは明白かもしれない。その子は自分の遺伝子を受け継いでいるからだ。けれどもこれまで見てきたように、人間の赤ん坊は、母親以外にもたくさんの人に世話されている。その中には直接血がつながっていない人もいる。父親や父方の祖母でさえ、世話している子が自分と同じ遺伝子を持つのか、確実なところはわからない。赤ん坊の世話をする人のほとんどにとって、世話することで赤ん坊との絆が生まれるのだ。

ここでも、恋愛同様の不可解な部分とのつながりがある。私たちは漠然と、この人でなければ誰か他の人と恋愛をしていたと感じてはいても、恋愛しているときは、この人こそ運命の相手、魂の双子、避けられない宿命という気持ちを持つ。少なくとも恋愛では相手を選んでいるという幻想を持っている。彼を愛しているのは優しいから、教養があるから、あるいは笑い方が素敵だからだと思うことができる。

けれども赤ん坊と幼児のパラドクスはもっと深い。自分が生む子ども、世話をする子どもは選ぶことができないにもかかわらず、私たちはその子たちを愛する。たとえ目が見えなくても、耳が聞こえなくても、あるいは障害があっても、たとえ気難しくても、病気がちでも、死にかかってさえいても、その子を愛するのだ。決して他の子と交換しようとは思わない。

ジョージーが生まれる前、二人目の子を生む前と同じように、果たして最初の子と同じように愛することができるか心配していた。けれども実際に生まれてみると、その特別な子への思い入れは、最初の子への気持ちと同じくらい強いと確信した。

もちろんこうした深い愛着や思い入れがまったく起こらないこともあるし、感じるまでに時間がかかることも多い。子どもの世話をしているのに、理由はどうあれ、無条件の愛情を感じないという親を責めるべきではない。けれどもそのようなケースは例外であり、親にとっても子にとっても悲しいことである。

ある子に対する特別な思い入れの、言葉にはしにくい経験的な感覚はむしろ、進化理論のテクニカルな問題に対する抽象的な数学的戦略を示しているのかもしれない[*22]。その問題とは、人間の進化の大きな謎から生じている。なぜ私たちは協力するのだろうか。なぜ利他的な行動するのだろうか。遺伝子コードの複製のためとはいえ、他者の心配をして、その生物にどんな得があるのだろうか。

この問題の古典的な説明は、有名な「囚人のジレンマ」である。銀行強盗の容疑者としてボニーとクライドが逮捕されたとしよう。警察はそれぞれに取引を持ちかける。もし相手が自白してあなたも罪を認めたら二人とも懲役五年。あなたが黙秘して相手が自白したら、あなたは懲役二〇年となる。しかし二人とも黙秘したら、警察はどちらの有罪も証明できず、どちらも放免される。ボニーとクライドは相手が裏切る可能性が半分以上あると考えたとしよう。合理的には自分(進化の視点からは自分の遺伝子)のことだけを考えて、どちらも自白するべきだ。しかしもちろん、二人とも自白すれば、二人とも黙秘する場合より悪い結果となる。

人生にはこのようなジレンマがたくさんある。個々のドライバーにとっては、空気中に炭素を増やすことが利益にかなっているのかもしれないが、蓄積されてやがてすべての人に甚大な被害をもたらす。国立公園に捨てられた一つのゴミはほとんど問題にならないが、まとまれば公園はひどい状態になる。草原で一頭の羊が食べる草の量はほんの少しでも、羊の数が多ければ草原は荒れ果ててしまう。

利他的行動と協力はいつもこうしたジレンマを解消していくことができる。利他的行動と協力の始まりは、すでに他の霊長類で確かめることができる。[*23] けれども人間に見られるような協力的行動が複雑化し発達したことは、人間にとって大きな強みの一つであることは間違いない。[*24] 人間の歴史は、協力体制をどんどん広げていくことで、しだいに難しくなっていく囚人のジレンマを解決しようとする試みの連続であると言えるかもしれない。

けれども、その解決策の詳細とはどのようなものなのだろうか。利他的でなかったコミュニティを、進化がどのように変えたのだろうか。進化理論の分野ではもっぱら、利他的行動が不正をしようとする者や乱暴者に邪魔されずに、進化の競争の中をどのようにして広がるのかが検討されてきた。

囚人のジレンマを長期的に解決する一つの方法は、それぞれの囚人が相手の囚人について、過去に裏切ったことがあるかどうか調べ、今後はそれと同じ対応することだ。この戦略は報復的対応と呼ばれるが、[*25] その理由は明らかだろう。ある動物の集団がこの戦略に従うと協力行動が生じることは証明が可能である。その理由はすぐにわかる。不正は一緒にゲームをしている人たちによって、あっという間に排除されるからだ。報復的な戦略が成功し、人間の進化は不正や仲間内での懲罰に気づきやすいメカニズムを数多く備えた、マキャベリ的な状況へと進んできた。

しかし報復的対応が、集団での協力態勢を築く唯一の戦略ではないし、最も効率的というわけでもない。常に他人の行動を監視することには代償がともなう。そして人間の生活の緊迫した状況を考えると、そこから抜けさせようとする誘惑が常につきまとっている。一つの裏切りで、協力して行う事業全体が崩壊する。誰もがその誘惑にさらされているなら、協力するという構造全体がやがて崩れてしまうだろう。

別の戦略としては、自分が協力したいと思う相手、そして自分と協力したがっている相手を確かめて、その後ずっと（よいときも悪いときも）協力を続ける。進化の高みからすれば、これがよい戦略だということがわかるが、今ここにいる人間の頭の中で実行するにはどうすればいいのだろうか。一つの考えとしては、私たちの深い思い入れと愛着の感情——特別な相手との間の互いへの愛——が、囚人のジレンマをもっと効率的に、そしてもっと長いタイムスケールで、解決する手段を与えてくれる。

子どもへの愛であろうがパートナーへの愛であろうが、その深い満足は愛が与えてくれる直接的な利益からは切り離されている。偉大なる作家アリス・マンローは、かつて冷淡にこう記した。「愛は決して確実な形で幸福に寄与しない」。けれども私たちはそれなしで生きてはいけない。愛は一人の特別な人に私たちを結びつける。そしてその人たちから与えられるものとは関係なく、その人のそばにいることに深い満足を覚える。このような深い愛着と思い入れの感情は、進化において愛すること自体への報酬とも考えられる。

皮肉なことに、このような理解を超えるレベルの献身は、交渉や堂々巡りの議論、報復的対応といったプロセスを通して得られるより、長期的にはよい結果をどちらの側にももたらす。もしボニーにとってクライドの幸せが自分の幸せと同じくらい大切と思えるくらい彼を愛しているなら、彼を裏切るという誘惑になびくことはない。たとえ短期的に裏切ることが彼女にとって得であっても。そうした長期的な協力により、人間の複雑で全身全霊をかけた事業が可能になる。

思い入れのルーツ

こうした特定の相手に尽くしたくなる感情で、最もわかりやすいのが、子どもとその世話をする人の間の関係である。子どもを相手に報復的戦略をとれば、結果は悲惨なことになる。大人が子どもにすることと、子どもが大人にすることはまったく釣り合わないうえ、大人からの投資に子どもからのリターンが返ってくるまで長い時間がかかる。私たちの子どもへの思い入れは、一人の人間の一生を越えて、自分がいなくなったあとの未来にまで続く。

特定の世話人と赤ん坊の間の特別な結びつきは、人間以外の動物にとっても重要である。多くの鳥類の雛は、生まれて初めて見た、動く大きなものについていくようになる。アヒルの子が母親の後をついていくのは誰もが知っている。そして生物学者のコンラート・ローレンツが、ガチョウの行列の先頭に立っている有名な写真もある。生物学上の母親と赤ん坊にとっては、このような特別な絆は遺伝子を引き継ぐという面で道理にかなっているし、出産という実際の経験に根差しているとも考えられる。この章の最初で説明した妊娠と出産という体験が、母親の特定の子どもへの思い入れとどう結びつくかわかるだろう。

しかし人間は他の動物よりも長く子どもの世話をして、そこに母親以外の人間も加わる。私たちは血のつながった子孫以外の子どもとも関わるので、人間以外の動物の親子のように、最初に見た動くもの、最初に触れた赤ん坊に愛着を持つといった、比較的単純な戦略は私たちには通用しない。世話をする人（父親、祖父母、アロペアレンツなど）の多くにとっては、遺伝的なつながりはあまりはっきりしていない。父親らには「自分の中にいたのと同じ赤ん坊を愛する」という、単純なテストが使えない。

父親、祖父母、アロペアレンツにとって、子どもを大切に思う気持ちは、社会的な背景、パートナーや親や他人をつなぐ愛情網、私たちが経験し信じそして学習することから生じる。他の動物たちよりも、人間は世話するという行為自体に反応するのだ。

赤ん坊の世話をすることは、その赤ん坊を愛する助けとなる。その赤ん坊が特別になるのだ。赤ん坊を抱いたり世話をしたりすると、オキシトシンのレベルが上昇する。心の中の温かい感情が高まるのだ。[*26] そして父親が赤ん坊の世話をするとテストステロンとそれに関わる攻撃性や怒りが減少する。[*27]

母親的な愛さえも、生物学的な本能だけで語れるものではない。私たちは出産の体験の記憶が薄れたあともずっと献身的に赤ん坊の世話をする。それは本当に長期にわたることがある。人間の子を育てるのは、翌週や翌年まで尽くせばいいというものではなく、将来にわたって関わることなのだ。

母親だけでなく多くの人が、こうした思い入れと愛着を感じている。私たちはそうした感情を、子ども以外の他の人々まで広げてきたのかもしれない。やはり人間が利他的行動を行うようになったのは、少なくとも一部には、子どもに感じる思い入れを取り込んで、それを一般化することが関わっていると思われる。[*28]

子どもへの愛は、特別な長期にわたる思い入れと愛着の一番純粋な形である。しかし人間が協力するのは、全般的にこの種の感情に根差している。私たちはパートナーや友人、自分たちの学校や生まれ育った街、そして国にもこのような感じ方をする。私は自分の大学であるバークレー校を、オージーやジョージーと同じように愛しているとは言えない。しかしそれに近い感情はある。

スタンフォードやハーバード、その他にもよい大学はある。けれどもそれは〝私の〟大学ではないのだ。

特別な思い入れのためのコスト

当然のことながら、そうした感情が進化に基づくものであっても、必ずしも正しいとは限らない。人を殺しかねないような嫉妬心も、他の民族の迫害も、過去には私たちが生き残る助けになっていたかもしれない。いつかまた私たちはそのような方向に向かってしまうかもしれない。

子どもに感じるような深い思い入れにはコストがともなう。損を減らして前へ進むべきときが来たあとも長く、有害で痛みをともなう関係（子ども、親、恋人、パートナー、友人などと）から抜けられない。

特に深刻なコストは、こうした感情が、集団内と外に世界を分断する人間の性質と関わっていることだ。愛する人に特別な深い思い入れを持つということは、裏返せば愛していない人にはそのような気持ちを持たないということだ。実験でも、自分と同じ集団内の人を信頼し愛するのを助けるオキシトシンが、外部の人に対しては寛容度を下げる働きを持つことが示されている。*29

同じように、たとえ血のつながりはなくても〝自分の〟子を献身的に世話したいという強い気持ちが、他の子への無関心につながることがある。いまの親たちにとっては、公立学校のシステムがわかりやすい例だろう。すべての子が公立学校に行くのはよいことだが、自分の子は私立学校に行くのがよいと思っていたりする。

すべての人に対して思いやりを持つべきだと漠然とわかっていても、現実には自分の幸せを優先する。ある種の功利主義など、こうした特別視は本質的に間違いであり、すべての生物の幸せを広く考えるべきだとする哲学の流派もある。

けれどももちろん、全体からすると、こうした感情は健全であり正しくもある。長期的な協力の問題は、進化によって先鞭がつけられていなかったとしても、私たちが直面する問題であっただろうし、特定の相手へ傾倒はよい解決策だろう。特別な思い入れを感じる感情は、人間の感情の中でもとても重要で深淵なものの一つだ。愛する人を、自分のためではなくその人のために世話をすることは、私たちの倫理的、さらには精神的生活を支えるものの一つである。

事実、多くの宗教やスピリチュアル系の流派が掲げる人間の理想の中心にはこれらの感情がある。理想としては、自分の子どもにはごく自然に感じている特別な思い入れを、他のすべての人へと拡張することだ。この自分のこのように他人を愛するという、菩薩か聖人のようなプロジェクトは、すべての人の幸せを最大限にするという、功利主義者のプロジェクトと同じくらい、実現は難しいかもしれない。それでも少なくとも私にとって、その理想はよりあたたかく好ましいと思える。

愛とペアレンティング

では進化の考え方からすると、子どもとその世話をする人たちとの関係はどのようなものなのだろうか。それはペアレンティングの描く状況とはとても違っている。人間はいくつもの適応を経て、数多くの大人が子の心配をし、世話をするように進化してきた。その中にはつがいの絆があり、祖母やアロペアレントの存在がある。これらの関係で重要なのは、それが世話そのものの結果であるということだ。

こうした適応によって新しい種類の感情や、大人と子どもばかりでなく夫と妻、祖父母と孫、そして子どもの世話をする多くのアロペアレントの間のつながりが生まれた。そうした感情は特定の相手にのみ向けられるもので、深く長期にわたる献身をともなう。

それらの感情はペアレンティングの考えと相反する部分がある。もし親になることの目的が、ある決まったタイプの子を育てることなら、なぜ自分の子だけに特別な思い入れを持ち、愛情を捧げるのか理解するのは難しい。人間の目指すところが、ある決まったタイプの大人を世に出すことだとすれば、周りでそのような大人になりそうな子どもを探しだし、その子たちを教育なり訓練なりすればいい。なぜ私たちが子どもを愛するかは、子どもの側の問題ではなく、私たちの側の問題なのだ。子どもを愛しているから世話をするのではない。世話をするから愛するようになるのだ。

第4章 見て学ぶ

私たちは子どもが親や他の世話をする人々から学ぶことを当たり前だと思っている。ペアレンティングの考え方では、さらに続きがある。親はその学習を意識的にコントロールできるし、そうすべきであるということだ。また学校教育に近い学習モデルをよしとしているように思える。一人の大人が特定の子どもに、よく考えられた特別な行動を行うよう指導する。その行動はある種の知識とスキルを生み出すようにできている。その結果として子どもが学習するというわけだ。

しかし子どもは親から何を学ぶのだろうか。そしてどのように学ぶのだろうか。最近の研究では幼い子が他人から学ぶことは、想像していたよりはるかに多いことが示されている。そして特筆すべきは、意識的で計画的な教育から学ぶのはごくわずかであるということだ。

前の二つの章で説明した生物学的な議論では、子どもとそれを世話する人、そして人間の学習には特別な関係があることが示唆されている。人間の子ども時代は長く、保護されているため、全般的に長期的な学習が可能になる。しかし子どもと世話する人との関係は、特に文化的な学習をするのに都合がよくできている。

人間の子ども時代が長く、幅広くさまざまな人が深く子どもに関わるという、まさにそのために、子どもたちは前の世代が発見したことを利用することができる。特に祖父母から学ぶことは多い。さらにその情報を自分たちの経験と組み合わせて、新しいものを見つけることもできる。学習の中心にあるパラドクスは、伝統と革新の間の葛藤である。

そうなると子どもには、自分たちの経験から、そして他人から学ぶための強力な装置が備わっていると思うかもしれない。それは最近の多くのすばらしい研究にも示されている。誕生の瞬間から、赤ん坊は他人、特に世話をしてくれる人からの情報を敏感に察知している。

しかし話はさらに込み入っている。他人からの情報を敏感に感じ取るといっても、一方的に影響を受けているわけではない。人々が何をして、なぜするのかを、自分から進んで考え理解しようとしているのだ。そしてその情報を自分たちの経験で得た情報と、とても高度な方法で組み合わせる。場合によっては、大人よりうまく行うことがある。子どもたちは世界の仕組み、そして周囲の人々の心理と社会的な関係を理解していく。そしてそれは驚くほど、時によっては気味悪いほど正確である。

少なくともある意味で、あなたの子どもは実はあなたについて、あなたよりよく知っているかもしれない。子どもたちは、親が自分で気づいてさえいない行動を細かく知っている。たとえば就学前の児童でも、あなたが「これが何をするか見てみましょう」と言ったのか「これが何をするか見せましょう」と言ったのかがわかる。

近年では中産階級の人々が親になるとき、教育を受けた経験は多いが、子どもの世話をした経験はほとんどないという状況だ。そこで親や為政者が学者から、子どもがどれほど多くを学ぶかを聞かされると、もっと子どもに教えなければならないと考えてしまう。学校で教えるようなやり方でだ。しかし子どもたちは、意識的に行うペアレンティングのテクニックよりも、世話をしてくれる人たちが無意識で行っている行動からより多くのことを学んでいるのだ。

ここに興味深い皮肉がある。学校教育は近代の発明であり、局地的にしか行われていなかった。私たちが知っているような学校が現れたのは、ほんの二〇〇年ほど前のことだ。それは一九世紀のヨーロッパに起きた工業化のみに対応したものだった。

科学的な研究では、他のタイプの社会的学習のほうがより高度で本質的であることが示唆されている。それらの学習法は進化の面からも根が深く、早くから存在し、広く普及している。世界中の歴史、文化的伝統の中で、はるかに重要な位置を占めてきた。

にもかかわらず、私たちの文化の特異性から、中産階級の親たち、それを取り巻くペアレンティングの文化は、学校についてはよく知っていても、その他の社会的学習については、実際に自分の子どもを持つまであまりよく知らない。

この章と次の章では、過去何年かの重大な研究で取り上げられてきたテーマである、二つのタイプの社会的学習について論じる。子どもたちは周囲の人々を見て、それを真似て学ぶ。心理学ではそれを観察学習と呼ぶ。また他の人が世界の仕組みについて話していることを聞いて学ぶ。これは証言からの学習（learning from testimony）と呼ばれる。

小さな役者[*1]

ほら、彼の足もとには小さな見取り図や地図。

人の生活について見た夢の断片が、

彼が新たに学んだ技でつくりあげられる

結婚式でも祭でも
悲しみでもお葬式でも
彼はそれに熱中し
それに向けた歌を自分でつくる
そして仕事や愛や対立を
うまく語れるようになる

けれどもすぐに
その役を手放し
新たな喜びと自信を胸に
小さな役者は別の役を演じる
おりおりに「滑稽舞台」に立ち
あらゆる人物を演じる。それこそ体の動かない老人まで
人生が馬車と従者を引き連れてもたらすものすべてを
まるで彼のなすべきことすべては
永遠に真似ることであるかのように

ワーズワースのこの詩は、幼い子どもたちが大人の行動のごく細かいところまで真似るさまを表現している。オージーがパンケーキをつくるのに卵白の泡立てを手伝ってくれるとき、私の「手首の動きで決まる」のジェスチャーを正確に再現している。それでキッチンの壁に卵白のフレスコ画を制作してしまうという副作用が生じる。ジョージーは落ちたパンケーキの残骸を、おばあちゃんがやっているように、大きすぎるほうきで掃除すると言って聞かない。家族の中では、おばあちゃんが孫たちを大げさに褒めるとき、最後に必ず「これは科学者として言っているの。客観的にね」と言うのがジョークになっている。そしてオージーはかわいい声で、私とまったく同じ重々しい調子を真似て「客観的にね」と繰り返す。

この種の真似は特に文化の進化の見地からとても興味深い。これから論じていくが、子どもが世話をしてくれる人の真似をするとき、大人の行動の目的と意味を実に深く理解していることがわかる。しかし真似ることはただ他者の行動を理解しているというだけではない。他の人がしていることを取り込んで、その行動を自分の演目に加えることも含まれる。

私たちが人の真似をするとき、リアルな意味で私たちはその人になっている。大人でも〝ペテン師症候群〟を体験することがある。自分が本当は有能な大人ではなく、ただ周囲の有能な大人を真似ているだけという感覚だ。ペテン師症候群の面白いところはもちろん、たとえ真似しているにしても、他の人たちと同じように、実際に有能な大人として振る舞っているということだ。実はペテン師症候群の治療法は、他の人たちもみんな腕のいいペテン師であると気づくことなのだ。

ワーズワースは先ほどの詩の前の部分で、真似をしているのは「六歳の可愛い子」と書いている。しかし子どもはいつから真似を始めるのだろうか。一九七八年、心理学者のアンドリュー・メルツォフが、とても幼い子、新生児ですらも、他の人の顔の表情を真似ることを発見した。新生児の前で舌を突き出すと、その子もあなたに向かって舌を突き出す。口を開ければ、赤ん坊も同じことをする。[*2] この驚くべき結果を再現した研究は何十もある。[*3]

つまりある種の模倣は、まさに生まれたときから始まっている。しかし新しい研究では、他人から学ぶ能力はきわめて複雑で精緻なものであることが示されている。

ミラーニューロンの神話

真似は単純そうに見える。真似は自然なプロセスで、思考や知識があまりなくてもできるものだと思われているかもしれない。真似する側は何も考えず、本当に理解することなく、ただ群れの中の鳥のように、他人と同じことをしているのだろうか。

この考えでとりわけよく知られているが誤解を招きやすいのが、〝ミラーニューロン〟に関わるものだ。このニューロンは動物が行動するとき、そして他の動物が同じように行動するのを見たときに発火する。このシンプルな神経メカニズムが、何らかの形で、模倣や共感、利他的行動、言語など、高度な人間の行動を決めていると考えられている。[*4]

念のため言っておくと、ミラーニューロンの研究をしている科学者のほとんどが、模倣、共感、言語の神経学的な基盤がいかに複雑なものであるか認識している。しかしミラーニューロン説は、科学ではなく大衆文化の領域に入ってしまったように見える。一種の神経科学神話になっているのだ。一般的な神話と同じように、神経科学における神話はよくできた比喩で、人間の条件に関する私たちの直感をとらえる。この分野にはたくさんの神話がある。〝右脳・左脳〟も、こうした科学的な創作神話の一つである。私たちは昔から、直感と理性の間には深い人間的な葛藤があるという感覚を持っていて、それをイメージを通して表現する。たとえばアフロディーテとアテネ、心と頭、右脳と左脳。しかしこれらの比喩は本当に複雑な二つの脳半球の機能の差とは、ほとんど関係ない。

同じように、私たちは直感的に他の人と特別に結びついていると感じる。私たちが持つミラーニューロンのイメージは、ある人のニューロンの樹状突起が別の人のところまで伸びている図だ。響きのよい名前もひと役買っている。グルーチョ・マルクスがかつて英語でいちばん美しい響きの言葉は〝セラー・ドア（地下室のドア）〟であると言ったが、〝ミラーニューロン〟は僅差で二位につけるはずだ。

なぜこのイメージが間違っているかを理解することは、真似についてより明快に考える助けとなるだけでなく、心と脳の関係についてもっと明快に考える助けともなる。ミラーニューロンに関する誤解は、世間に流布している神経科学全体についての誤解の好例である。

誤解されやすい理由の一つには、マウスやサルを使った実験結果を人間にも当てはめたくなることがあげられる。重要な神経科学の実験の多くは動物を使って行われている。それはそのほうが楽に実験をコントロールできるからだ。たとえば実験用マウスはすべて同じ遺伝子を持っている。

ミラーニューロンの存在を示す証拠は、もともとマカクザルの研究で得られたものだ。このような細胞は、生きている動物の脳のニューロンに（苦痛はないとはいえ）直接電極を挿入しないと見つけることができない。[*5] 人間では脳の手術を行っている患者を調べた研究はあるが、ふつうそのようなことはできない。[*6]

問題はマカクザルは人間の言語や文化のようなものを持たないということだ。マカクザルは意図的に他のサルの行為を真似ることさえないということが、ていねいな実験によって示されている。そしてもちろん人間の幼い子がするような、豊かできめ細かい真似をすることはない。マカクザルよりも認知力の高いチンパンジーでも、この領域の能力は限られている。[*7] 類人猿は実際あまり真似をしない。マカクザルにミラーニューロンが存在するという事実が、これらの細胞だけで人間の社会的行動を説明することができないという証拠になっている。[*8]

第二に、この神話では脳の構造は生来のものだということになっている。私たちはこの、他の人たちとつなぐ特別な細胞を持って生まれてくるのだと。人間が他人の真似をするのはおそらく持って生まれた性質なのだろう。けれども成体のマカクザルにミラーニューロンが見つかっても、それを証明することはできないし、裏付けにもならない。真似が生来のものだと証明するには、新生児の研究に目を向ける必要がある。誰かがミラーニューロンのことを考えつくはるか以前に、生来的な模倣行動があったことを示した研究だ。

実は、脳の中のほぼすべてのもの、特に個々のニューロンは経験によって変化することがわかっている。何かを学ぶたびに、物理的に脳が変化するというのは本当なのである。

ミラーニューロンは、サルの経験からどのように生じたと考えられるだろうか。サルが手を動かすと、その動いている自分の手がほぼいつも目に入ることになる。これは視覚による経験が実際に動いている手の経験と、密接に関連していることを意味する。ニューロンは関連づけで学ぶのだ。「一緒に発火する細胞は、強くつながる（ファイア・トゥギャザー、ワイア・トゥギャザー）」という言い回しどおりだ。つまり見ることとすることの関連そのものが、ミラーニューロン――どちらかの経験をしているときに発火する細胞――の出現につながった可能性がある。これらの細胞の一つが、他の動物の手が動くのを見ればやはり発火するだろうと考えられる。

第三の誤解は、一つのタイプの細胞、あるいは脳のたった一つの部位が、一つのタイプの経験の原因となるというものだ。どんな経験や行動もたった一つの種類、あるいは数種類の細胞が起こすものではない。四〇年以上前、科学者たちは電極を使ってネコの視覚系の個々のニューロンの活動を記録した。彼らはある種の形に反応する一群の細胞を見つけ、それはエッジ検出細胞と呼んでいる。私たちに形が見えるのは、エッジ検出細胞が発火するおかげと思うかもしれない。しかし何十年もの間の研究によると、話はもっと複雑である。ものを見るというようなごく単純なことでも、多くの違ったタイプのニューロンの相互作用の、とても複雑なパターンから生じている。*9

さらに最近の研究では、それぞれのニューロンと脳の部位が、状況に合わせてその時々の反応のしかたを変えることが明らかになっている。これは比較的シンプルで安定した、視覚系でも当てはまる。*10 模倣のような社会的行動を起こすのに、いかに多様なタイプのニューロンの相互作用や変化が必要か想像がつくだろう。

私たちは他人と深く特別な形でつながっているという直感的な洞察はもちろん正しい。そしてそれが脳に起因していることは間違いない。私たちの経験はすべて脳に起因しているのだから（決して私たちの大きなつま先や耳たぶに起因するものではない）。しかしミラーニューロン信奉者が提唱しているのは、一個の細胞におけるインプットとアウトプットの、とても単純な一つながりが、とても高度な人間の社会的行動を起こしている可能性があるということだ。しかしそれは科学的な見解とは大きく食い違っている。発達に関する研究では、まったく逆のことが示唆されている。模倣は、たとえ赤ん坊のものでさえも、とても知的で複雑で繊細なものになりうる。

模倣の誕生

赤ん坊や幼い子が他人の真似をしているとき、ただ機械的に同じことをしているだけではない。模倣は子どもが二つの大切なことを学ぶ助けとなっている。一つは物体の仕組みを知ること。もう一つは人がなぜその動きをするかを知ることだ。

この進化上の利点とは何だったのだろうか。これについては二つの主要な仮説がある。一つは穴掘り用の棒や抱っこひもなど、物理的な道具を使えるようになったこと。[*11] もう一つはマキャベリ的仮説と呼ばれるもので、心理的な道具を使えるようになったことだ。それはたとえば他人の気を引くためのまなざしや、狙いすました侮辱などがある。[*12] 人間が進化において有利だったのは、物と人のどちらも操る術を身につけたからだ。他の動物もこれら二つの道具の使用については、これまで思っていた以上に長けていることがわかってきた。けれどもやはりこれら二つについては人間が突出していることは疑いがない。

物理的なものにしろ心理的なものにしろ、道具を使用するには因果関係を知らなくてはならない。一つのことをするとどうして別のことが起こるのか、知っておく必要がある。模倣はそうした因果を学習するための強力な手段であることがわかった。

原因と結果について学ぶ方法は二つある。試行錯誤、そして他の人や出来事を観察することだ。試行錯誤による学習は、すべての動物にとって基本的な学習法である。ごく単純な生物（ハエ、ナメクジ、カタツムリ）でも、前に行ったとき報酬につながった行動を繰り返す。試行錯誤では、自分の行動がどんな結果を引き起こすかを確かめ、どうすれば別の結果につながるか学習することができる。

チンパンジーやカラスなど、もっと知的な動物は、自分で行動せずに他者の行動を見ているだけで学習してしまうことがある。[*13] しかし人間は他の動物よりも、こうした直接的でない観察学習によって学ぶことが圧倒的に多い。そして子どもは、この方法でとりわけ多くのことを親から学ぶ。

世界について学ぶ

アンディ・メルツォフとアナ・ワイズマイヤーと私は、生後一四ヶ月の子どもが模倣を通して、簡単な機械の使い方をどのように学ぶかを調べた。[*14] 私たちは子どもに、次の絵のようなセットを見せた。テーブルの上にはおもちゃの車があり、両脇に箱が一つずつ、そして真ん中に光るおもちゃが置いてある。受験者が車をテーブルの上で動かして、どちらかの箱にぶつけると、真ん中のおもちゃが光る。もう一方の箱にぶつけたときは何も起こらない。実験者はそれを何度か

繰り返した。
　生後二四ヶ月の子はうまくいく行動は真似するが、うまくいかないものは真似しなかった。自分たちでも、すぐに光るほうの箱に車をぶつけた。それだけでなく、おもちゃが光る前にそちらのほうを見ていた。まるで光ることを予期していたかのようだった。これは当然に思えるかもしれないが、ミラーニューロンに起因するとした場合の無意識の反応をはるかに超えている。幼児は何でも真似をするというわけではない。面白い結果がもたらされる行為を真似するのだ。
　その種の模倣は試行錯誤による学習の域も超えている。実際この実験の子どもたちは車を両方向に動かす必要はなかった。実験者の様子から、どちらがうまくいくか学んでいたのだ。
　しかし特に面白いのはここからだ。私たちは子どもに、もう一度同じものを見せた。車が動いておもちゃが光るのは同じだが、今度は実験者が動かすのではなく、車がひとりでにどちらかの方向へ動き、正しいほうにぶつかるとおもちゃが光る。車が動くこととおもちゃが光ることの間にはやはり強い関連性があるにもかかわらず、この実験に参加した二四ヶ月の子たちは車を動かそうとしなかった。私たちがおもちゃを光らせてごらんと言ったときでさえ、ただ座っていただけだった。車が動いているときは、おもちゃのほうを見ようとさえしなかった。本当に車の動きがおもちゃを光らせるとわかっていないようだった。

子どもたちは最初、原因と結果の関係は、常に他の誰かがしたことの結果であると考えた。他の人の行動を見て、その結果から因果関係を導き出すことが、その子どもたちが自分で何かをすることを学ぶときの中心的な方法だった。まったく同じことが起こっても、そこに実験者の行動がないと、子どもたちはそこからあまり学ぶことがなかったのだ。

子どもたちは道具の仕組みを理解するために模倣をする。うまくいく行動は真似するが、うまくいかないことは真似しない。ただし他の人がしていることすべてを真似するわけではないし、他の人がしてうまくいくことでも、すべて真似するわけでもない。子どもたちは意図的な行動だけを真似する。ただの行為というだけでなく、その行為をしている人が望んでいることを再現しようとするのだ。

たとえば誰かが子どもに、意図的な行動(箱を開けるためにボタンを押すなど)と、まったく同じ行動を、偶然した(箱に手をぶつけてたまたまボタンに触れた)ところを見せたとする。一歳児だと偶然のときより意図的に行ったときに真似る可能性が高い。*15

別の形でも、子どもが他の人の意図をくむことはある。たとえば生後一八ヶ月の子どもに、誰かが組み立て式のおもちゃのダンベルを二つに分けようとするところ見せたとする。しかし指がすべってうまくいかない。子どもは指がすべるところは真似しない。自分で二つに分けるという知的な解決策を取る。

しかし勝手に動く車からは学習しないように、ロボットのような機械が人の手とまったく同じような動きでおもちゃのダンベルの端をつかんで引っ張るのを見たら、子どもたちはそれと同じことをしようとはしなかっただろう。それは人でなければならないのだ。[*16]

もう一つ別の実験について考えてみよう。[*17]生後一八ヶ月の子が、腕に布を巻いていて手を使えない人が箱に頭をぶつけ、その箱が光ったのを見たとしよう。そして手を自由に使える人が、同じように箱に頭をぶつける姿を見る。

手に布を巻いている人を見たあとだと、子どもは箱を自分の手で叩いて明かりをつける。頭は使わない。他の実験でも、子どもたちはまるで人の行動の目的を理解しているかのようにふるまう。「彼女は手が使えないから頭を使っているんだ。でも私は手を使えるからもっと楽なやり方がある」と考えているかのように見える。

一方で、手が使えるのに頭で押しているほうを見ると、子どもはその真似をして頭で箱を押す。「手を使えるのならそうしたはずだから、頭を使ったのには何か理由があるはず」と考えているかのように。

子どもが大きくなると、こうした論理的思考がさらに洗練される。他の人から学んだことと自分の経験から学んだ情報を組み合わせるのだ。

ある実験で、三歳児たちが引き出しを開けようとしていた。[*18]簡単に開けられるときもあれば、かなり苦労するときもあった。その後、他の人がボタンを押すと引き出しがすぐに飛び出して開くところを見た。開けるのに苦労した子のほうが、苦労していない子よりも、その人の真似をする傾向があった。つまり子どもたちは、他の人がどのくらいうまくやったかを考慮するだけでなく、行動を変えることで自分がどれくらいうまくやれるかを考えているのだ。

道具を使用するには、多くの細々とした動きを組み合わせる必要があるが、それらの動作には重要なものもあれば、それほど重要でないものもある。それで他の人から学ぶことがきわめて難しくなる場合がある。私がピーナツバターとジャムのサンドイッチをつくるのを見ているとき、オージーはビンの蓋を時計回りでなく反時計回りに回さなければいけないと理解する必要がある。しかし同時に他の細かいこと、たとえばピーナツバターとジャムのどちらを先に塗るかなどはあまり問題でないことや、瓶に指を突っ込んでジャムの味見をするのは必須ではないことを、知らなければいけない。

私の研究室で、四歳児に複雑な一連の動作をさせる実験を行ったことがある。[*19] 実験者はおもちゃに対して三つの行為を行う。振る、握る、片方にあるリングを引く。その後、おもちゃから音楽が流れることもあれば、流れないこともある。実験者は毎回、行為の順番と音が鳴るかどうかの結果を変えて、これを五回行った。

実験者は必ず三つの行為を行うが、三つすべてが必要に思えることもあれば、一つか二つだけで目的を果たせるように思えることもある。たとえば実験者が最後にリングを引けば必ず期待どおりの結果になるが、リングを引かなければ、他の行為とは関係なく期待どおりにいかない。つまり必要なのはリングを引くということだけだ。

もし子どもたちが結果だけを気にしていたのなら、（実験者が腕に布を巻いていた実験、開けにくい引き出しの実験のときのように）、子どもたちは必要な行為だけ、この場合ならリングを引くという行為だけを真似するはずだ。そして実際にそうなった。

しかしこの実験には、もう一つ面白いひねりがあった。特定の行為の組み合わせで、ある結果の出る確率をコントロールしたのだ。驚いたことに、子どもたちは無意識のうちにその確率を計算しているように見えた。思いどおりの結果につながることが多い行為、あるいは行為の組み合わせを真似たのだ。

これはつまり、ごく幼い子でも、ただ世話する人の真似をしているわけではないということだ。その人の行為の意図を読み取っている。その人が何をしようとしているのか理解しようとしているのだ。行為そのものではなく、その行為の目的を真似ている。子どもたちは、実験者が効率よく目的を果たそうとしていると推測する。そして目的と目標に合わせて行動を調整する。そのときには、統計的な計算と確率も考慮に入れる。

こうして模倣は道具の仕組みを学ぶための、きわめて強力で役に立つ方法となる。泡立て器からほうき、車をぶつけるおかしな装置に iPhone まで。そして他人の行為を見ることで、それを理解して熟練するにはどの行為がいちばん重要なのかを検討することができる。

大人より子どものほうがうまいとき

実を言うと、状況によっては大人より子どものほうがこの手の観察学習に優れているときがある。私たちはだいたい、子どもは大人ほど問題解決がうまくないと考えがちだ。何しろ、子どもは昼食をつくることもできないし、靴ひもを結ぶこともできない。おまけに長い割り算も、入試

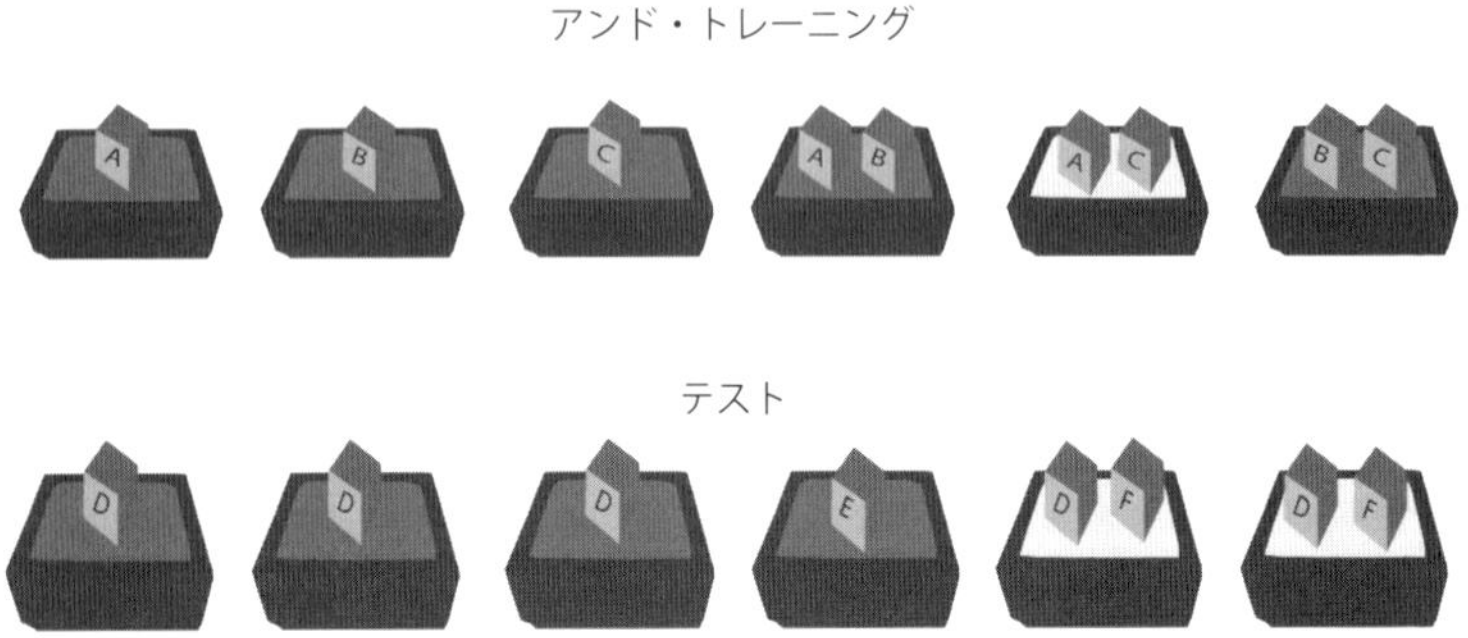

でよい点を取ることもできない。しかしその一方で、どの親も思わず「なんで**そんなこと**がわかったの！」と、叫んでしまうことがある。

私たちの研究室の実験で、四歳児が大人よりも学習能力が高いことがあると示したものがある。[*20] その実験を行うために、私たちはブリケット探知機と呼ばれる機械を考案した。これは特定のブロックの組み合わせを置くと、箱から音楽が流れるという装置だ。ブロックの組み合わせが違うと音楽は流れない。私たちは子どもたちに、違う種類のブロックを置くと装置に何が起こるか見せた。そして子どもたちがその機械の仕組みについて、どのような結論を引き出すか調べた。子どもたちはまるで小さな科学者のように、とても上手に統計的データを分析し、因果関係についての結論を引き出すのだが、彼らはそれを直感的かつ無意識に行っている。どのブロックがブリケットであるかを突き止め、それを使って機械を動かしている。

クリス・ルーカス、トム・グリフィス、ソフィー・ブリジャーズ、そして私は、自分たちのブリケット探知器を使った。皆さんもやってみてほしい。あなたは知的な大人で、私が丸いブロック（上記の図のD）を装置の上に二回置くのを見る（上図ではブロックがすべて四角形になっているが実際には異なる」。何も起こらない。円柱形のブロック（E）を置いても光らない。しかし正方形のブロック（F）をDの隣に置くと二回とも光った。つまり四角いFなら光り、丸いDでは光らない。それが正解だろうか。

必ずしもそうとは限らない。それが正しいのは、ブロックの種類ごとに、装置を光らせる性質があるかどうか決まっているときだけだ。たとえばDを置けば必ず光る。あるいは絶対に光らないというように。これはわかりやすく、大人なら最初に思いつくことだ。しかしこの装置はもっと複雑な操作が必要なのかもしれない。たとえば二つのブロックを組み合わせる必要があるといったことだ。家の面倒くさい電子レンジが、〝調理〟ボタンと〝スタート〟ボタンの両方を押さないと動かないように。

また、三角のブロック（A）を置いたとき、そして長方形の（C）を置いたときは何も起こらなかったが、両方を一緒に置いたときは光ったとする。上記の「アンド・トレーニング」の図のように。これを見ると、この仕掛けは一つのブロックで決まる単純なルールではなく、複雑な組み合わせルールに従っていることがわかるだろう。それがわかったとき、正方形のブロック（F）と丸いブロック（D）についての考えが変わるだろうか。

私たちはこのようなパターンを四歳児と五歳児、そしてバークレー校の学部生に見せた。まず三角と長方形の両方を置く〝アンド〟パターンを見せた。これは機械が複雑な組み合わせルールを採用していることを示唆する。その後、もっと単純な、丸と正方形のどちらかを置くパターンを見せた。

子どもはすぐにわかった。この装置が複雑な方法で動いていることを理解したのだ。子どもたちは両方のブロックをブリケットと呼び、両方のブロックを一緒に置かなければならないと悟ったのだ。しかし優秀な学生たちは、装置がわかりやすいルールに従っているかのように行動した。私たちが違う可能性を示しても、それは変わらなかった。

これはブロックと装置だけに当てはまる話ではない。私たちは他の実験で、同じようなパターンを見た。幼い子のほうが年長者より、思いがけない選択肢を見つけることに長けているのだ。私たちはこれが一般的な大人と子どもの違いを反映しているのではないかと考えている。[*21] 子どもはとりわけ、可能性の低いことを考えるのが得意なのかもしれない。やはり大人は世界の仕組みについて、膨大な量の知識を持つ。すでに知っていることをもとに考えるのは理にかなっている。

このような子どもと大人の違いは、前に私が取り上げた、〝探索〟と〝利用〟の対立を反映している。〝利用〟としての学習では、私たちはいますぐ使えそうな解決策を短時間で見つけようとする。〝探索〟の学習では、思いもよらぬものも含め、すぐに効果はなくても、数多くの可能性を試そうとする。込み入った世界で生き残るには、どちらのタイプの学習も必要である。

やはり子ども時代は新しいものと創造力を生み出すための時期のようだ。大人は効果が証明されたものにこだわる。四歳児には変わっていて不思議なことを探すぜいたくが許されている。

過剰な模倣

これらの研究では、子どもは観察という手段で、ものごとを効果的かつ効率的に行う方法を見つけることが示された。そして子どもはとても創造性に富んでいる。しかし他の研究の中に、この印象と相反する結果が出ているように思えるかもしれないものもある。幼い子の模倣の面白いところは、他人が行っていることの役に立つ部分だけではなく、重要でない余計な部分まで真似をすることだ。オージーは私の大げさに手首を返す卵の泡立て方や、「客観的に」と言うときのお堅い口調を正確に再現する。

子どもの模倣に関するもっと体系的な研究でも同様のことが示されている。子どもは単に真似するのではなく、過剰に真似をするのだ。ある古典的な研究で、ヴィクトリア・ホーナーとアンドリュー・ホワイトンは人間の子とチンパンジーに、中に食べ物が入った問題箱と、それを開けるための棒を見せた[*22]〔問題箱は何らかの動作で開く仕掛けの箱で、心理学実験でよく用いられる〕。棒でできること、たとえば箱の前面の窓をスライドさせるなどが、食べ物を取るために重要であるのは明らかだ。しかしたとえば、箱の上の穴に棒を差し込むなど、食べ物を取り出すことにはあまり関係ないと思われることもあった。子どもは食べ物を取るのにどうしても必要なことだけでなく、実験者が行ったことをすべて真似た。チンパンジーはやり方が違い、ある意味、人間の子よりも知的に対応した。正しい結果につながる行動だけを真似したのだ。

これは人間の子どもは何も考えず無意識に他人の行動を再現したということなのだろうか。実はそれとはまったく逆の可能性がある。過剰な模倣は子どもたちが高度な知性を持っている証拠かもしれない。他人の行動の不必要な細かい部分まで真似ることが、意味を持つこともある。

たとえば観察している対象が、何かのやり方を正確に見せようとしているエキスパートなら、それを過剰なまでに真似ることにも意味があるだろう。おばあちゃんがブルーベリーパンケーキのため、必死になって卵白を泡立てているとき、彼女は卵の泡立て方について、決して簡単ではない、とても大切なことを伝えようとしているのだ。

これには実用的な理由がある。卵を強く泡立てるとより多くの空気が含まれる。しかしおばあちゃんである私がそれをする本当の理由は、ひいおばあちゃんも同じようにしていたからだ。（ただしひいおばあちゃんの料理のレパートリーであるチキンローストとリボン型パスタから判断するに、この系譜は、さらに遡るとゴプニック家の前の世代ではなく、国民的料理研究家ジュリア・チャイルドに行き着く。）

オージーは細かいところまでよく見ることで、すでに知っていること以上の何かを学んでいるのだ。彼は卵をかき混ぜれば白身と黄身が混ざることを知っている。しかし卵を泡立てると、特にツノが立つくらい泡立てれば、ふわふわになることはまだ知らない。

このようにエキスパートが教えてくれていると考えれば、細かいところまで過剰に真似することも理にかなっている。私も iPhone の使い方について息子のテクニックを覚えようとするときにこれをする。その中には、なぜそんなことをするのかわからないくらい、不要と思えるものもあった。しかしオージーにとっては、少なくともいまはまだ、おばあちゃんはエキスパートということになっているのだ。

この考えを検証するため、前に説明した実験をもう一度、私の研究室で行うことにした。（音が鳴る）おもちゃと二つの行為の実験だ。[*23] ただし今回は、実験者がエキスパートであるという設定に変更した。もともとの実験では、実験者はそのおもちゃの仕組みをまったく知らないように振る舞っていた。「このおもちゃはどうすれば動くのかな。よくわからない。おかしいな。こうしてみようか」などと話をしていた。今回は次のように話す。「このおもちゃの仕組みなら知ってる。やってみせるね」。

実験者がおもちゃについて何も知らないと言うのを聞いたとき、子どもたちは効率的、知的、そして創造的に行動した。つまり必要な行為だけを真似したのだ。けれども実験者が自分はエキスパートだと言ったときは、子どもたちは、必要なものであろうとなかろうと、実験者が行った動作をすべて忠実に真似た。

もちろんここには一種のパラドクスがある。子どもたちは教師の意図を敏感に察知すると、少なくとも察知できないときよりも、愚かに見える行動する。言い方を変えれば、教える側についての知識、教える人が何を望んでいるか理解する賢さを持つと、実際の学習がうまくいかなくなったのだ。(大学教授なら誰でも、これは三歳児に限ったことではないと知っている。)

幼い子どもは、明らかに違うという証拠がない限り、他人は世界について重要なことを教えてくれると思っているように見える。特に教えようとしているかどうかを伝えずに、実験者がおもちゃをいじっているところを見せたときも、子どもたちは不要な行動も真似をした。まるで子どもにとって大人は特別な専門知識を持ち、それを伝えようとしていると、当たり前のように思っているかのようだった。これで子どもがチンパンジーと違って、重要でない行動を再現することを示した、ホーナーとホワイトンの研究を説明できるかもしれない。

儀式的行動

過剰な模倣が意味を持つ状況は他にもある。人間は形の決まった儀式的行動を行う。日曜の朝のフットボールからアフタヌーンティー、そして真夜中のミサ。儀式的行動そのものにはほとんど意味はないが、重要な社会的機能を果たしている。厳格に決められた特別な行動を行うことで、自分のアイデンティティを築き、属している集団の一員であることを確認できる。

実際、ある儀式的行動を行うことで、人は違う種類の人間になれる。私はおかしな服を着て、指輪を使っていくつもの複雑な動作をして妻となった。クリストファー・ウレンが設計した、荘厳なオックスフォード大学の建物の廊下をゆっくりと歩き、おかしな服を着た男に杖で軽く頭を叩かれて博士となった。（儀式ではおかしな服が重要な役割を果たすらしい。）

儀式的行動の特筆すべき点は、それはその行動が特定の結果を求めるものではないということだ。それらが力を持つのはまさに、一般的な効率の原則――上述の実験で子どもたちの模倣に意味を持たせる種類の効率性――から切り離されているからだ。（私は以前、喉が渇いてお茶が欲しいときに日本のお茶会に参加するという重大な間違いを犯した。儀式化された作法の美しさは、現実的な結果を求めていないときのほうが、より深く味わうことができる。）

私が食べ物を取るのに棒を使ったら、それは効率的な道具の使い方を知っているということだ。けれどもアラブ人のように、右手だけ使って左手を決して使わないことは何を意味するのか。あるいはたいていのアメリカ人と同じく、右手でフォークを持って食べる一方、食べ物を切るときも右手しか使わず、切るたびにフォークとナイフを持ち替えることはどういう意味を持つのだろう。

食事中の変わった作法は、食べることの役には立たないが、自分についての何か、たとえば民族、宗教、国民性、そしてその集団のルールに従っているか、あるいは否定しているかがわかるのは確かだ。（アメリカ人のスパイが、前述のようにヨーロッパ人と違うナイフとフォークの使い方をしたため、身分を見破られるという映画を少なくとも二本見たことがある。意識すらしていないかもしれないが、次に秘密の任務を遂行しようとするときは覚えておいたほうがいいことかもしれない。）

作法を伝えることは、文化の進化において、テクノロジーを伝えることと同じくらい重要である。むしろ**作法とはテクノロジーである**と言えるかもしれない。しかしそれは社会的なテクノロジーであり、物理的なものではない。道具を使うとき、あなたは物理的な世界に影響を与えている。それはフォークで食べ物をさして口に持っていくというだけだ。しかし儀式的な行動しているときは、社会的な世界に影響を与えているのだ。フォークを左手から右手に持ち替えると、あなたがアメリカ人であることがわかる。儀式的な行動は特に、あなたがある特定の社会的集団に属していることを他人に伝えるのだ。[*24]

ごく幼い子でも儀式的行動は感知できる。子どもは特定の結果と結びつく行動がないことを儀式的行動の証にする。ある実験では、大人がわかりやすい結果を伴う複雑な一連の行動をするところを、子どもに見せた。たとえば空中でペンを振り、それを回し、そのあと箱に入れる。子どもたちはだいたいそのままペンを箱に入れる。

しかし特に目的がないように見えるときは——たとえば実験者がテーブルに置いてあるペンを取り、何度も回して、また元の位置に置く——子どもたちはその行動の細かいところまで真似ようとすることが多い。

子どもたちが他人の行為をこのような形で真似るとき「この仕組みを知っているよ」とか「あなたはこれについて知ってるよね」とかだけでなく「あなたはこういう人だとわかっています」と言っているのだ。

三歳児を対象としたある実験では二人の大人が、問題箱がどのような仕組みになっているかを見せた。[*25] 一人は結果に関係ある操作だけをして、もう一人は関係ない操作も加えた。そして大人たちは部屋を出る。しばらくして一人だけ戻ってきて、子どもにおもちゃをあげる。おもちゃをくれたのが不必要な操作をしたほうであれば、子どもは不必要な操作も真似をする。しかし必要なことしかしない大人であれば、子どもも不要な行為の真似はしない。子どもたちは「こんなことやる必要はないんだろうけど、彼女はそうしているのだから、ご機嫌をとっておこう」と考えているように見えた。

真偽は定かでないが、ある女王についての（ヴィクトリアかエリザベスかウィルヘルミナか）こんな逸話がある。その国の作法を知らない外国人（アフリカ人かアメリカ人かペルシャ人）が王宮の晩餐会の席で、フィンガーボウルの水を飲んでしまった。その無作法を見た女王は、自分もゆっくりとフィンガーボウルから水を飲んだ。すると周りにいた人々もすべてがそれに倣った。私たちの実験に参加した三歳児は、女王と同じ配慮してくれたのだ。

また子どもは、自分に似た人のやることは正確に真似ることが多い。実験者が箱に頭をぶつける実験を覚えているだろうか。同様の研究で生後一四ヶ月の幼児に、その子と同じ言語を話す人と違う言語を話す人のどちらかを見せた。[*26] 実験者が同じ言語を話す人なら、子どもは頭をぶつけた。そっくり同じことをするのは、自分に似た人だけにするべきだと思っているかのようだった。

総合すると、これらの実験では、とても幼い子どもでも他人の行動の現実的で実用的な面に加え、象徴的で儀式的な面を理解していることが示された。

子どもの模倣は単純なものまねではなく、実に鋭く複雑で文化的な学習を可能にするものなのだ。ごく幼い子どもは他人を見て世界の働きについての情報を得る。彼らは因果関係と確率に気を配る。自分の経験と他人の観察を組み合わせて、知的で効率的な方法でものごとを行う。大人よりも創造的で革新的な方法で学習しているとさえ言える。

子どもたちは自分が真似ようとする相手の意図、目標、目的を敏感に察知する。その人が何を望んでいるのか、その人は専門知識を持っているのかを知ろうとする。これらはすべて、子どもたちが前の世代からの最も重要な道具と技術を学び、前の世代が獲得した情報を利用するのに最適な立場にいることを意味する。

しかしその文化は物理的な世界についての情報も伝えると同時に、社会的な世界についての情報も伝える。私たちの人間としてのありかた、属している集団、守っている伝統、従っている作法（どのようにフォークを持つか）といった情報を受け渡していく。赤ん坊や幼児は社会的事実を理解できる。誰の側にいるか、その人が自分に似ているかどうかによって、真似の仕方を変えている。

文化の差を越える模倣

これまで説明してきた実験に参加してもらった子どもたちは、アメリカとヨーロッパの中産階級の子どもたちだ。心理学ではＷＥＩＲＤ（White, Educated, Industrial, Rich, and Developed　白人、高学歴、工業化、裕福、先進的）と呼ばれる文化圏である。[27] 他の文化圏の子どもについてはどうなのだろうか。比較文化心理学者のバーバラ・ロゴフは、おそらく他の文化圏や昔の子どもたちのほうが、観察と模倣を通して学んでいると主張している。[28]

ロゴフは正式な学校教育があまり行われていない、小さな農村で調査を行った。その一つがグアテマラに住むマヤ族の一部であるキチェ族だった。キチェ族の親は、幼い子でも他人のやることを見て複雑な作業を学べると考えている。そしてその親たちの考えはおそらく正しい。マヤ族の子どもたちは、意識を集中し、模倣し、危険で難しい大人向きのスキル、たとえばトルティーヤをつくるとか、なたを使うとかいった、私たちが幼い子に教えようとは思わないスキルを身につける。

こうしたコミュニティの親たちは、子どもたちが真似しやすいよう、動作をゆっくりと大げさに行う。しかし子どもたちに教えるために、特別な動作をつくることはしない。彼らはものごとを片づけるために行動し、その間に子どもたちが学ぶ。

ロゴフらは体系的な研究で、こうしたコミュニティの子どもたちが、アメリカ人の子どもたちよりもうまく観察と模倣を通して学習することを指摘した。[29] 五歳から一一歳の子どもたちが、きょうだいが大人たちから折り紙の折り方を習っているところ見る。大人たちはその子に、次は君の番だからそれまで待つようにと告げる。マヤ族の子はアメリカ人の子よりも、きょうだいが習っているところを熱心に観察していた。そして自分たちの番が来たとき、すでに折り方のほとんどをわかっていて、残りもすぐに覚えてしまう。アメリカの子どもたちは、先生が自分に注目してくれているときだけ、学んでいるように見えた。先生が他の子を見ているときはあまり集中していなかった。

もう一つ別の実験では、三人の子どもが一人の先生から同時に教わっていたマヤ族の子どもたちはアメリカの子どもたちよりも、自分のしていること、大人がしていること、他の子がしていることに、いっぺんに注意を払うことができた。

何かを一緒にする

これは親にとってどのような意味があるのだろうか。私が（行うようにではなく）言うようにしなさいという、昔ながらの命令は、幼い子どもにはあまり効き目がない。子どもは親がやるようにやるというだけでなく、親がやろうとしているように、親がやるべきように、そして親にとって最も意味があるようにやる。親が自分で何をやっているかわかっているときも、何もわかっていないときでさえ、子どもたちは自分がやるべきようにやる。親がよきアメリカ人、あるいはよきアラブ人になろうとして、その作法に則って行動しようとしているとき、子どもたちは親がやるように行動する。そして親の行動のわずかな違いを区別する。

ペアレンティングの実践者はよく、自分と子どもだけでいるとき、親（ふつうはどちらか片方、だいたいは母親）がするべき一連の行動を決めておく。親はその子だけに向けた行動をするべきだと考えられている。他の状況では親がしないこと、たとえばカードを掲げて、そこに書かれた物の名前を読み上げるといったことだ。そのような助言を親にメールで送ってくれるアプリすらある。

しかし子どもにとっては、何かを上手に行っている親や他人を観察し真似ること自体が教育である。おもちゃの車をぶつける、頭で箱を押す、トルティーヤをつくる、薪を割る、料理やガーデニングをする、子どもの世話をする、大人に話しかける、お茶を飲む、フォークを使う、どんな行動にも当てはまる。そして子どもたちは他人から学ぶだけでなく、その他人についても学ぶ。人が何か行うときのさまざまなやり方を見ることは、世の中にはいろいろな人がいることを子どもたちに教え、自分がどんな人間になりたいかを決める助けになる。

もちろんこれは言うは易し、行うは難しというものである。特にあなたが私のように、子どもに見せられる高度なスキルといえば、キーボードで文字を打ち出すことぐらいという場合には、どうすればいいかわからない。しかしそんな私のように情けない世話係でも、料理や掃除、散歩や買い物、本の読み聞かせや庭いじりはできるし、歌ったり話しかけたりすることはできる。そして幼い子をこうした日常的な活動に巻き込むのは、それほど難しいことではない。ただしマヤ族の親たちのように、多少スピードを落とす必要はあるかもしれない。とはいえそれは私たちみんなにとって、いいこともある。

赤ん坊や幼児とのこのような暮らし方を見ると、前に私が述べた「子どもの世話は愛の一形態、関係性であって、仕事の一形態ではない」という説が裏づけられているように思う。もう一度、結婚のためのマニュアルや、友達をつくるためのマニュアルを想像してみてほしい。結婚生活を妻や夫への影響力で測ろうとはしないように、その人だけに向けた特別な活動を設定し、その活動が望ましい効果をもたらしたか、調べようとはしないだろう。いまあなたが考えている活動でも、それは同じである。やはりそこでも共同で行う調和した行動が肝心なのだ。

実践的な愛情のカギは、何かを一緒に行い——仕事でも育児でもセックスでも、散歩をすることでも、ケーキを焼くことでも——双方の強さも弱みも受け入れる形で、世界に参加することだ。

子どもの世話を仕事や学校教育とは違うものとして考える方法がもう一つある。一部の進化理論学者は、音楽とダンスは社会的関係を促進するために生まれたと考えている。[*30] ただ相手に決まった動きをさせるだけではダンスとは言えない。ダンスにはお互いを見て、相手に合わせる動きが含まれる。それぞれの人がしていることを細かく調和させるのだ。

観察と真似を行きつ戻りつすることは、目標達成のための活動というよりは熟練ダンサーによる協調に似ている。ダンスと同じように、これは仕事ではなく愛の一つの形なのだ。

第5章 耳から学ぶ

動物はほぼどんな種でも（ナメクジでさえも）試行錯誤しながら世界について学ぶことができる。カラスや霊長類のような頭のいい動物は、他者を観察して学習することが可能だ。これまで見てきたように、人間の子どもは観察と模倣による学習を、まったく新たなレベルにまで引き上げた。子どもたちは周りの世界、他の人たち、そしてその文化がどのように動いているかを理解するために、あらゆるところで模倣を利用している。しかし他にも人間独特の学習方法がある。私たちは言葉を使っているので、他の人に話をして教えることができる。そして聞いて学ぶことができる。

知識の多くは、聞くこと、読むこと、画面を見ることで得ている。私たちはずっと昔にずっと遠くで起きたことや、大きすぎたり小さすぎたりして直接観察できないことについても知っている。コロンブスは一四九二年に航海に出た。地球は丸い。こうした基本的な事実は、誰かの証言によって伝えられる。

言葉によってしか伝えられない種類の知識はたくさんある。言葉そのものについての知識、たとえば単語や文の意味は、言葉を通してしか入ってこない。またそれは架空の話や神話、宗教的な知識を得るための唯一の手段である。私はハリー・ポッターに稲妻の形の傷があるのを知っているが、それは間接的にしか知り得ないことだった。

模倣が簡単に思えるのと同じように、他人の発言から学ぶことも簡単に思えるかもしれない。しかし考えてみると、これは本当はとても複雑なことなのだ。世の中には信頼できる人もいればできない人もいる。うさん臭くて浅薄な人よりは、誠実な専門家の話を聞いたほうがいい。そして一人の人間には、よく知っていることもあれば無知なこともあり、ある事実を確信していることもあれば疑っていることもある。他人が言っていることが、すでに自分が知っていることの場合もあるし、相反する場合もある。そして言葉から学ぶものの多くは間接的である。私たちは話し手のイントネーション、仕草、単語の選び方、文の組み立てなどの細かい部分から、繊細で複雑な計算を経て結論を引き出す。

最近の研究によると、かなり幼い子でもこうした細部にきわめて敏感で、他人の言葉から多くを学ぶということがわかっている。これは話すことや読むことが子どもにとってよいことであるという、一般的な考えとも一致する。そしてこれは子どもの世話をする人が、実際に効果があることをしようと意識的に決められる数少ないケースである。ベティー・ハートとトッド・リズリが一九七〇年代に行った有名な研究は、家族ごとに会話と使う言葉の量に大きな違いがあり、それが子どもの言葉に反映されていることを示した[*1]。中産階級の親は、あまり恵まれてない親よりも多く話す傾向があり、それを受けて子どもたちも多く話し、語彙をたくさん身につける傾向があった。

しかしそれ以上に話すことを意識するのはあまり現実的ではないうえに、さらに子どもによい影響を与える可能性は少ない。実は子どもはあなたが言っていることと、あなたが言おうとしていることを（この二つは同じでない場合がある）、あなたより理解していることが多い。

証言から学ぶ

過去一〇年間、子どもが他人の発言から学ぶことを集中的に調べたすばらしい研究プログラムがある。[*2]基本的な方法は、子どもに二人の人物からそれぞれ相反する情報を与える。たとえば子どもに金物屋で買った珍しい道具を見せる。一人がその道具の名前は〝フェップ〟だと言い、もう一人は〝ダックス〟だと言う。子どもはどちらを信じればいいだろう。どちらを信頼するべきか。どちらの言うことを聞くべきか。

結果的に、幼児はあまりよく知らない人よりも、自分がよく知っている人、たとえば親や幼稚園の先生の言葉を信じることが明らかになった。[*3]二歳になる前から、お母さんがその道具を〝フェップ〟と言えばそう呼び、他の人の言うことは無視する。

意外だったのは、子どもと世話をする人の関係も、誰を信用するかの決定に影響するということだった。心理学で〝アタッチメント〟という言葉が〝愛〟を意味し、アタッチメント研究者は、赤ん坊が世話してくれる人に対してどう感じているか、特に愛についてどう感じているかを調べる。その方法は、一歳児が世話してくれる人と離れ、あとで再会したときにどのような行動するか観察する。[*4]

〝安定型〟の子どもは母親がどこか行ってしまうと不機嫌になり、戻ってくるとうれしそうにする。ところが〝回避型〟の子どもは母親がいなくなるとき目をそらし、あとで戻ってきたときも母親を見ようとしない。何も気にしていないように振る舞う。しかしこれは心理学の中でも、特に切ない実験結果の一つだと思うが、回避型の子どもの心拍数を測ると、その子が本当はとても動揺しているのがわかる。自分の感情を隠すことをすでに学んでいるのだ。一方で〝不安型〟の子は母親がいなくなったときも戻ってきたときも、慰めようがないほど落ち込んでしまう。むやみに愛情を欲しがる恋人のようなタイプの子だ。

こうした実験はだいたい母親で行われるが、父親や祖母や、他の世話をしてくれる人でも同様の結果となる。*5 そして相手によってアタッチメントの種類も変わることがある。父親に対しては安定型でも、母親に対しては不安型になることもある。アタッチメントのパターンは子どもの性格と、その子に対する大人の反応との複雑な相互関係の結果である。*6

子どものこうした反応の違いは、後々まで見られる。少なくとも統計上は（例外は常にたくさんある）、その子の将来の恋愛事情にまで相関を持つ。*7 おそらくあなたの知っている人の中にも、回避型や不安型の人がいたのではないだろうか。

驚くのは、こうした幼いころの関係で、数年後の学び方も予想できるということだ。研究者たちは一歳児の集団でアタッチメントのパターンを調べる実験を行った。*8 そしてその子たちが四歳になったとき、〝道具の名前〟の実験をした。お母さんが道具の名前は〝フェップ〟と言い、知らない人が〝ダックス〟と言う。彼らは種類の違う動物を一つにした絵を見せるという別の実験もした。その動物は、ほぼ鳥の形をしているが、見方によっては魚にも見える。お母さんはそれを魚と言い、知らない人はそれを鳥だと言う。どちらの答えも間違いではないが、知らない人の答えのほうが正解に近く思えるようにしてある。

道具の実験で、安定型の子は〝フェップ〟と言った。どちらかが正しいとき、知らない人ではなくて母親の意見に従ったのだ。ところが鳥と魚の実験では、知らない人の答えのほうが正しいと思えたのか、子どもたちはそれを〝鳥〟だと言った。

ところが一歳のとき回避型だった子の行動は違った。〝フェップ〟と言う子と、〝ダックス〟と言う子が同じくらいいたのだ。母親だけでなく、知らない人の意見を受け入れる余地があったのだ。不安型の子の行動はまた違った。鳥と魚の実験のように母親が間違っている可能性が高いときでも、母親の言葉を選んだ。

つまり世話をしてくれる人への感じ方で、子どもの学び方も違ってくるのだ。ペアレンティングの規範では、子どもたちに覚えてほしいことを教えるための話し方がある。しかし子どもたちは聞こえてくることを自分たちなりに解釈している。そしてそれは意識的にコントロールすることができない一般的な情報に基づいて行っている。そして親の言うことの細部より、安定した愛情の基礎のほうがはるかに重要に思える。

自分に自信を持つ

子どもが大きくなると、他人の話し方のもっと何気ない部分にも敏感になる。子どもたちは話している人がどのくらい確信を持って話しているかもわかる。[*9]二人が相反する主張をしているとき、三歳児でも自信のある話し方をしている人に同調する。四歳児でも、あまりものを知らない人の話より、博識な人の話を信用する。[*10]そして五歳児はより具体的な知識を考慮に入れる。医学のことについては医者の話を、機械のことについてはエンジニアの話を信頼する傾向がある。[11]

子どもは数の力にも敏感だ。ある主張をしているのは何人で、別の主張は何人かに注目する。[12]三人が例の道具を〝フェップ〟と言い、一人が〝ダックス〟と言ったら、子どもたちはそれを〝ダックス〟ではなく〝フェップ〟だと思う。ほとんどの場合、これはよい戦略である。やはり多くの人が信じるものが本当である可能性が高い。しかしいつもそうだというわけではない。大きな社会的圧力がかかると、大人でも子どもでも自分自身の目を信じられなくなることがある。

発達心理学者のポール・ハリスは三歳と四歳児に三本の線を見せて、いちばん長いものを選ばせる実験を行った。[13]子どもたちはとても優秀だった。大人が間違って二番目に長いものを選ぶのを見ても、子どもたちはいちばん長いのを選んだ。しかし三人の大人すべてがみんな間違えて、二番目を選んだら何が起こるだろうか。約四分の一の子どもが意見を変えて、大人と同じものを選んだ。困ったものだと思うかもしれないが、これは子どもに限った話ではない。大人でも同じことをする。社会心理学ではこうした〝同調効果（conformity effect）〟に関する研究が数多くある。[14]少なくとも一部の大人は何人かに反対されれば、自分が見たものについての意見を変えるはずだ。

あなたは誰を信じるか

三本の線の例では、子どもも大人も自分の経験を信じるべきだった。けれどもそれは簡単なことではない。だいたい私たちは自分の経験から一般的原則を学び、それを使って将来を予測する。哲学者ヨギ・ベラが野球について言ったとされているように、特に将来について予測するのは難しいのだ。哲学者デイヴィッド・ヒュームなら、こう付け加えるかもしれない。確実かどうかよりどのくらい可能性があるかを予測するのは特に難しい。そして野球以外でも、人生で起こるほとんどのことは不確実である。

私の研究室では、子どもがそうした確率的予測をどのように学ぶのかを調べている。前にブリケット探知器の実験について話をした。[*15] 子どもたちはどのブロックが装置を動かすか、実験者の行動を観察するだけで、きわめて正確に判断をする。

もちろんどのブロックを置けば装置が動くか誰かが教えてくれれば、それは大きな助けとなるだろう。私たちは子どもがそうした言語的な情報と、自分で観察して得た統計的情報をどう組み合わせるか知りたいと思った。

私たちは特に、子どもたちが相反する情報と不確実にどう対応するかに興味があった。[*16] マルクス兄弟の映画『我輩はカモである』で、チコが不信の目を向けるマーガレット・デュモンに「君はどっちを信じる？　僕か君自身の目か」と尋ねる場面がある。私たちは子どもに同じことを尋ねた。

実際はどのブロックでも動くのだが、子どもがそれを知る前に、実験者の二人のうち一人が部屋に入ってきて、ブロックについて話をする。一人は自信ありげにこう言う。「私はこの装置を知ってる。遊んだことがあるから。赤はだいたいいつもうまくいく」。もう一人はあまり自信がない様子で「私はこのブロックで遊んだことがないから、どういう仕組みかわからない。でも赤はいつもうまくいくみたい」。

この場合、子どもたちはたいていどちらも信じた。実験者が自信なさげで、ただそう思うと言うだけでも、青より赤のブロックを選ぶことが多かった。しかし前に説明した研究結果のとおり、答えを知っていると自信ありげな人のほうが、知識がない人よりも信じられる傾向があった。つまり幼い子は大人よりも信じやすく、疑わしいときでもとりあえず信じるという姿勢がある。しかし四歳児でも、ただ信じやすいというわけではない。話している人がどのくらい自信があるように見えるかで区別しているのだ。

私たちはその研究をさらに拡大し、実験者の発言が子どもの経験と相反していたら何が起こるか調べようとした。そのために青いブロックでは三回に二回は装置が動き、赤いブロックでは六回に二回しか動かないようにした。[*17] そして子どもたちにブロックを与え「動かせる？」と言った。他の実験では、生後二四ヶ月の幼児でも、装置が動く確率の高いほうのブロックを選んだ。まだ足し算も引き算も習っていなくても、確率のパターンを使って合理的な将来の予測をしたのだ。

しかしこのときは、そのパターンが前に実験者が言ったことと相反している。子どもたちは自分の目で見たことと実験者の発言との違いに、折り合いをつけているように見えた。実験者が装置のことを知らず自信なさそうであれば、自分が見た事実に基づき判断する。しかし装置のことを知っていて自信ありげな人の発言を聞いたあとだと、子どもたちは頭を悩ませているように見え、「適切な」ブロックを選んだ回数は半分だけだった。自信ありげな人に対してはある程度、疑わしくてもとりあえず信じるという姿勢を保っていた。それでもやはり〝三本の線〟の実験とは違って、そのブロックで装置が動くかどうか、はっきりとは言えなかった。

この結果が、次の機会にその人を信用するかどうかの判断に、どのくらい影響するだろうか。他の実験で、四歳児でもその人がどのくらい信頼できるかに注目するということがわかった。[*18] たとえば二人の人が、フォークやナイフのような見慣れた物体の名前を次々と言っていくところを子どもに見せる。一人は正しい名前を言い、もう一人はたとえばナイフをフォークと言ったりフォークをナイフと言ったり、間違った名前を言う。そして今度は子どもに見たこともない変わった道具を見せる。そしてそれまで正しい名前を言っていた人が「それはフェップ」と言い、間違ったことを言っていた人が「それはダックス」だと言う。この場合、たとえ三歳児でも、その道具はフェップだと言う。子どもたちはそれまで正しいことを言っていた人を信頼する。自信ありげな人や知識のある人、そしてエキスパートを信頼するのと同じである(単にいちばん好きな人を信頼することもある)。

それを検証するため、私たちは元の実験者とともに、新しい二つのブロックについて判断する実験を行った。実験者が間違っていることを言ったあとでは、子どもたちはその人を信用しなくなり、その人が選んだブロックを選ぶことは少ない。

しかしここで実験にもう一つひねりを加えた。自信がある人を信頼することは理にかなっている。しかしもし話し手が自信満々なのに間違えることが多い場合は、どうなるだろうか。(そういう人はたくさんいる。特にアカデミックな世界には多い。)その種の人よりは、自分の限界について現実的に認識している謙虚な人を信頼するだろう。汝自身を知ること、汝が本当に知っているかどうかを知ることは、赤のブロックと青のブロックについて知ることと同じくらい重要である。

自信満々なのに間違う人に対して、子どもはどのように反応するだろうか。実験の最後に、実験者が二人とも部屋に戻ってきて、同じくらい自信ありげに「このブロックについては知っている。赤いほうがいい」と告げる。理論的には、前のとき自信満々だったのに間違っていた人は信頼しない。しかし子どもたちは、自信過剰の人も、謙虚な人と同じように信頼した。子どもは大人よりもだまされやすいようだ。[19]

人間の長い子ども時代について進化の面から説明すると、子どもは前世代から学ぶようにできているということになる。

新しい研究では、子どもは他人から聞いた情報をすばやく取り入れることが示されている。子どもはスポンジだとよく言われるが、何でもかんでも吸い込んでしまうスポンジではない。ごく幼いころから、ある人が信用できるか、あるいは信頼に足る人かどうか判断している。そして他人への理解が進めば進むほど、どのくらい信用できるか、疑うべきなのかまで計算できるようになる。

物語を語る

子どもは現実の世界を他の人の話を聞いて学ぶ。しかしフィクション、宗教、神話や魔法といった、非現実の世界も学ぶ。[20] 人間の文化において物語はどこにでも見られる。そして物語を口にするのは、子どもにとってごくふつうのことだ。

人類学者のポリー・ウィエスナーは一九七〇年代にボツワナとナミビアでジューホワン族と生活を共にした。彼らはそのころ、私たちの先祖のように採集によって生活をしていた。ウィエスナーは彼らの話を記録した。

彼女が『米国科学アカデミー紀要』に書いた記事は、かつて同誌に掲載されたものの中で最も詩的な記事に違いない。その中で彼女は、少なくとも五人が参加している、ジューホワン族の会話の録音を分析した。彼らが昼間話していることと、夜に話していることを比較したのだ。

昼間の会話は、現代の職場で行われている会話ととてもよく似ていた。ジューホワン族は、やらなければならない仕事の話やうわさ話をして、下品なジョークを言っていた。会話の三四パーセントは、ウィエスナーがCCC（criticism, complaint, conflict　批判、不満、対立）と呼んだ内容、つまりおなじみのぼやきや不平不満で、ときどきそれが直接的な憎しみに変わる。それはいつの時代も変わらない職場の駆け引きに見えた。

しかし日が沈んで男も女も老人も若者も火の周りに集まってくると、話の内容は一変する。話をしている時間の八一パーセントは物語になるのだ。知っている人の話、昔のこと、離れた村にいる親戚のこと、霊界の様子、そして人類学者という奇妙な人間のことまで。

昼間あまり働けない年老いた男女は特に、夜の物語の優れた語り手となる。その話に心奪われた聞き手は、子どもたちも含め、みんな笑い、泣き、歌い、そして踊っているうちに眠りへと落ちていく。午前二時ごろ、何人かが再び目を覚まし、残り火をかき混ぜてまた話をする。

夜の語りには、何よりも人間的な能力が関わっている。それは想像力、文化、精神性、そして〝心の理論〟。ジューホワン族は火を囲んで、時間も空間も可能性も超えた場所にいる人々について話をしていた。文化の知恵と歴史の知識を次の世代に伝えていたのだ。そして他人の心の謎めいた心理的ニュアンスに思いを巡らしていた。

ジューホワン族の子どもは、大人と同じように夢中になって話を聞くので、そうした物語がその後も長い間、子どもの生活の中でとても重要な役割を果たしてきたことがうかがえる。おそらく人間が現れてからずっと。子どもは物語に夢中になるが、自分でもお話をつくる。その能力は大昔からある根源的なもののようだ。子どもは生後一八ヶ月からごっこ遊びをして、空想的な架空の世界に浸る。この能力がその年齢で現れる理由は明確ではないが、おそらく言葉を話し始めることと関係しているだろう。

私の思い描く天国とは、暖炉のそばのソファに三歳の子と座り、ココアを飲みながら何冊もの絵本を読むことだが、庭に置いた大きな籐椅子に座ってレモネードを飲むのもすばらしい。私のように、何時間も子どもに絵本を読んでやったことのある人は、子どもはどうやって現実と空想を区別しているのか不思議に思うことがあるのではないだろうか。

絵本を一冊読み聞かせている間に、オージーは実在してなじみのあるもの（イヌやネコ）、実在するがなじみのないもの（ワニやキリン）、かつて存在していたもの（恐竜、騎士、蒸気機関車）のことを聞く。そしてもちろん、恐ろしい歯を鳴らす怪獣や、朝のケーキを真夜中の台所でつくる料理人、青い上着を着てカモミールティーを飲む、ピーターという名のウサギのことを聞く。

私はイギリス旅行中、スカイプでオージーにどんなことがあったか尋ねた。彼は重々しく、きかんしゃトーマスがテルフォード車庫で眠っていると言った。父親や母親についてのありきたりなニュースは後回しだ。三歳にして彼はトーマスに夢中なのだ。あの、遠い昔にどこか遠くの国にあった人間のような機関車である。それがいったい彼にとってどんな意味があるのだろうか。

大人にとって、フィクションとファンタジーの世界は、事実と現実の世界とは違う（哲学用語で言うところの）存在論的状況にある、つまり存在のありかたが違う。ピーター・ラビットもきかんしゃトーマスも、ある意味で存在しているが、オージー、お父さん、おばあちゃんの存在とは意味が違っている。

形而上学的にはそれよりさらに込み入っている。フィクションと想像の間、そして事実と現実の中間に存在すると思われる世界がいくつかある。誰かが魔法を信じていると言うとき、その気持ちには何か特別なものがあると考えている。超自然的なものを信じることは、ふつうの事実を信じることとは違うが、ただのごっこ遊びや、フィクションに入り込むこととも違う。

宗教的な信仰心にも同じことが言える。信仰心を持つ人のほとんどは、それは特別な状況であり、世界についての一般的な事実とは違うと考えている。実はこれこそが、信仰心を意味深く重要なものにする要素なのだ。もし宗教的な事実が他の事実と同じものなら、信者にとってそれほど重要ではなくなるだろう。

しかし子どもたちはこれらすべて――現実、フィクション、超自然的なものを信じること――を他人から聞いて学ぶ。彼らはどうやってそれらを区別しているのだろうか。

長い間、心理学者は子どもたちが基本的にすべてのカテゴリーを混同していて、事実とファンタジー、あるいは現実と魔法の区別はできないと考えていた。それをまだ信じている親も多い。いまだ子どもに事実とファンタジーの区別を教えることが、ペアレンティングの目標とされることもある。

しかし最近の研究では、ごく幼い子でも、歴史、事実、現実が、基本的にファンタジーやフィクションと違うことを、わずかな手がかりから感じ取っていることが示されている。

ジャクリーヌ・ウーリーと同僚たちは、子どもがファンタジー、現実、魔法を理解することについて先端的研究を行っている。ウーリーは子どもがごっこ遊びをできるようになるころから、ごっこ遊びと現実、事実とフィクションを混同する様子はないとしている。子どもは本物のネコは触れられるし、みんなに見えるが、ごっこ遊びや想像上のネコはそうではないとわかっている。私たちの研究室では、子どもにさまざまな出来事の書いてあるカードを見せて、それを「本当のこと」と「つくり話」に分けさせる実験を行った。三歳児でも、樹木に話しかけるといった出来事は「つくり話」、木にぶつかったといった出来事は「本当のこと」のほうに入れた。

子どもが混同しているように見えるのは、自分でつくったものも含め、感情的に強く物語に反応するからだ。ベッドの中でクローゼットの怪獣を指さして震えている子どもが、本当は怪獣がいると信じていないと考えるのは難しい。けれども、こう考えてみてほしい。私自身、ハンニバル・レクターをとても怖いと感じたり、ミスター・ダーシーに夢中になったりする。若いころの私にとって、ナターシャ・ロストワ〔『戦争と平和』の登場人物〕とエリザベス・ベネット〔『高慢と偏見』の主人公〕は、現実の友人と同じくらい大切なものだったが、いまエリザベス・ベネットのEメールを探したり、ハンニバル・レクターが刑務所にいるかどうか調べたりはしない。幼い子どもも同じように、現実の因果関係から、つくり物の世界を締め出している。*21

さらに子どもたちは、違う架空の世界を互いに排除しているように見える。たとえば架空の世界のバットマンは、架空の世界のスポンジ・ボブと会うことはできないなどと言う。四歳児はこれらのキャラクターが本当にはいないと知っているが、それでもバットマンはロビンには会えても、スポンジ・ボブには会えないと言うのだ。

フィクションやごっこ遊びの世界は、哲学では反事実の世界と呼ぶ。それは可能性の世界であり、そこでは現実ではなく仮定の話からものごとが起こる。子どもたちもごく幼いころから、こうした違いを理解し考慮しているようだ。きかんしゃトーマスやピーター・ラビットなどが、明らかに因果の法則に違反しているという事実そのものが、その物語がフィクションであるという証拠なのだ。

記録に残されている大昔の物語である神話や伝説は、ほぼ現実にはありえない話だ。現実からはほど遠い。フィクションの構造をとりながら、現実の因果律に従うという小説の考え方は、わりと最近現れたものだ。神話や伝説のような子ども向けの物語も、現実からはかけ離れている。それが子どもがフィクションであると理解する一つの手段になっているのかもしれない。

物語が本当ではないことを示すシグナルは他にもある。親は無意識のうちに、子どもにつくり話をするとき特別なシグナルを使う。一種の〝ふり言葉（pretendese）〟で話すのだ。私たちは「トーマスはシュッシュッと言いました」と、間の抜けた声で言い、手を振り、歯をむき出して説明する。そして子どもも同じことをする。私たちは空想の世界の空想的な性質をはっきりさせる手助けをする。そして子どももそれを問題なく理解する。現実の世界では、本物の原因に本物の結果がある。フィクションの世界では、原因も結果もあくまで可能性である。次の章で見ていくが、就学前の児童でもそれを理解して、現実の世界と架空の世界での正しい結論を引き出すことができる。

子どもは超自然、魔術、宗教といった第三の領域についても判断することができるようだ。*22 ただしそれは一方で事実や歴史、そしてもう一方で空想やごっこ遊びについて深く理解してからの話だ。子どもはこの第三の領域が単なるフィクションやファンタジーとは違って、——少なくない大人がそう信じているように——現実の領域と共存できると信じる可能性がある。

魔術の問題は、目に見えず触れることもできず、因果の法則に反しているもの、フィクションとの共通点が数多くあるものが、現実的な結果をもたらすとされることだ。目に見えず、手で触れられない妖精が、人に悪いことをすると子どもに教える文化は世界中に数多くある。西洋の代表的な二つの言い伝え、歯の妖精とサンタクロースが、どちらもはっきりとした現実の結果をもたらすことは、とても興味深い。子どもが朝起きると前夜に枕の下に置いた歯がなくなっていて、本当にプレゼントが置いてある。

（長男のアレクセイが五歳くらいのとき、クリスマスのサンタクロースの話は受け入れていたが、明らかに大人を見下して調子を合わせているようなところがあった。スマートなモントリオールのジャーナリストであった父親は、サンタのためにアメリカのピューリタン流のミルクとクッキーではなく、コニャックのグラスを用意した。もちろん子どもが寝たあとに、彼がそれを飲み干す。朝、グラスが空になっているのを見たアレクセイは、目を丸くしてこう叫んだ。「やっぱり本当にいるんだ！」）

子どもはもう少し大きくなるまで、こうした魔法について考えを整理できないようだ。特に見えない妖精が現実に何かをもたらすような、宗教的・魔術的なケースにはどんなものがあるかについての理解は少しずつ進んでいく。さらに一見同じように見えても、魔法とは違う科学的な現象と区別しなくてはならない。たとえば目に見えない細菌や気体のような不可思議な存在が現実に影響を及ぼすケースなどだ。

子どもがこれらのケースへの対処法を学ぶにはしばらく時間がかかる。しかし一〇歳ころには、たとえ宗教的なコミュニティで生活していても、事実と科学的な話、フィクションやごっこの話、魔法や宗教の話を、区別して考えられるようになる。酸素や大腸菌などが含まれる科学的な主張についても区別はできる。

子どもがどんな手がかりを使って科学と魔法を区別しているのか、まだ完全に明確になっているわけではないが、いくつかの可能性が考えられる。一つは大人が「私は信じている」といったフレーズを使って、超自然的なことがあるとはっきり示している場合。*23「私はオレンジを信じている」とか「オレンジを信じる人もいれば、信じない人もいる」とか「オレンジはオレンジ色だと信じる人もいれば、青だと信じる人もいる」などという人はいない。しかし魔法や宗教的な信仰を説明するときは、こうした言い回しを使う。皮肉な話だが、あなたが「私は魔法を信じる」と言うことで、子どもがそれが本当だと思わなくなる可能性があるのだ。

関連するもう一つの可能性は、子どもは大人の合意があるかないかを感じ取るということだ。大人の間では、事実と架空の話のどちらについてもだいたいの合意がある。大人でも子どもでも、他人の多くと意見が一致しないとき自分が見たものを疑うことは、前に説明したとおりだ。しかし逆もまた真かもしれない。超自然や宗教を信じる気持ちは変わりやすく、それら受け入れている人でも、万人が信じるわけではないことを認めている。

魔法や宗教的信仰心が広く普及しているコミュニティで育った子どもは、八歳か九歳になると、多くの大人が持つそうした信心に、同じような〝二重意識〟を持つようになる。クリスティン・ラゲールとスーザン・ゲルマンは、南アフリカの都市部と田舎で、子どもたちがＡＩＤＳについてどう考えているのか調べた。*24 南アフリカの大人の多くが、ウィルスなどの生物学的要因が引き起こすという説と、魔術によって起きるという説の両方を信じている。

都市部と田舎のどちらでも、子どもは最初、魔術によるものという説より、生物学的な説明を支持していた。時間がたつと魔術という考えが強くなるらしく、実際には大人のほうが子どもよりも魔女の仕業と信じる傾向があった。一方子どもが魔女を信じるようになったころには、病気についてどちらの可能性もありうると考えていた。

質問と説明

コメディアンのルイス・C・Kは、三歳の娘との会話をこう再現している。「パパ、どうしてお外に行けないの?」「雨が降っているからだよ。」「どうして?」「空から水がこぼれているんだ。」「どうして?」「雲の中にあるんだよ。」「どうして?」「水蒸気のあるところに雲ができるんだ。」「どうして?」「わからない! これ以上は知らないよ。それで知ってること全部だ!」

三歳児と過ごしたことがある人なら、この果てのない「なぜなぜ攻撃」を経験したことがあるだろう。延々と質問答えの応酬が続き、やがてあなたがふだんどおりの冷静で抑えた声で「私がそう言うからそうなの!」と言わざるをえない瞬間が訪れる。

こうした終わりのない質問を、子どもは本気でしているのだろうか。それともかまってほしくて会話を長引かそうとしてるのだろうか。最新の研究によると、子どもたちは本当に質問に対する答えが欲しい、本当に納得のいく説明が聞きたいと思っていて、本当にそこから学んでいるということが示されている。*25

子どもは周囲の人々から大量の情報を吸収するが、おとなしく受け入れているだけではない。その人たちの行動の細かいところを見て、きちんと区別している。学ぶことについてはもっと自らコントロールしている。情報を吸収するだけでなく要求もしているのだ。[*26]

CHILDESのデータベースは発達心理学の財産の一つである。一九七〇年代、多くの言語学者が子どもたちの会話を広範囲にわたって記録するようになった。それらの会話が一つのデータベースにまとめられていて、誰でも自由に閲覧し、いまや自分の子どもがいるような年齢の大人たちの、かつてのかわいい言い回しや、思いがけない詩的な表現を見ることができる。データベースの中をさまよう行為には、どこか物悲しさがつきまとう。屋根裏部屋に置いてある古いおもちゃや本を見ているときと同じような気分だ。

研究者たちがこれらの記録を念入りに調べて[*27]、幼児のする質問を分析した。まず何よりも、子どもの質問の約七〇パーセントは、かまってもらうための駆け引き的な話ではなく、現実的に情報を求める問いかけであることがわかった。しかし特に注目すべきものは、純然たる好奇心の強さだった。就学前の子どもの一時間の平均質問数は七五前後だった。そこから推定すると、最初の数年だけで何十万という質問をすることになる。子どもは何でも知りたがることに慣れている親でさえ、これは想定外の数字ではないだろうか。私も計算してみて本当に驚いた。ときどき自分の名前をグーグルおばあちゃんにするべきではないかと感じていたのも仕方のないことだ。

CHILDESのデータベースには労働者階級の子どもたちのものもあり、その子たちも多くの質問をしているが、ほとんどは記録をした言語学者の子どもたちだった。しかしそれ以降、研究者たちがもっと偏りの少ない親の集団に、幼い子どもの質問を記録する日誌をつけてもらったところ、やはり同様の結果となった。カリフォルニア州の貧しい移民コミュニティの子どもも「どうして魚が水の中で溺れないの?」とか「ミミズが踏まれてもどうして潰れないの?」といった深い質問をしていた。[*28]

他にもある研究では親と子に水の入った洗面器といろいろなものを与え、どうして水に浮くものと沈むものがあるのか考えるよう言った。中産階級の高い教育を受けて親とその子どもたちは、それを学校の勉強のようにとらえた。沈むか浮くかよりも、この授業がどのように進んでいくかについて話している時間のほうが長かった。それほど裕福ではなく、学歴もあまり高くない親たちは、目の前の問題についてよく話し、子どもたちは深い概念的な質問をした。

子どもたちは話せるようになった直後から、自分たちの言葉を使ってもっと多くの言葉と情報を、親から獲得しようとする。最初のころの質問は、「何」と「どこ」の詳細についての事実を知るためのものだ。[*29]「あれ何?」は、子どもが最初に発する言葉の一つである。しかし子どもはごく幼いとき、二歳になる前から説明を求める質問をする。「どうして」「どうやって」という言葉も口にするようになる。

「なぜ」を連発するのは、ルイス・C・Kの子どもばかりではない。子どもの質問は次から次へと、一つの質問が次の質問を引き出すように思える。ある研究で、幼い子どもがする六千個以上の質問とそれに対する答え、そしてさらに重要な、その答えに対する子どもの反応を調べた。[*30]その結果、子どもたちは質問に対する答えが適切かどうかに、とても敏感であることがわかった。不適切な答えや意味のない答えには、別の質問をしたり同じ質問を繰り返したりする。適切な答えをもらえると同意を示し、確認したり、区別したり、さらに詳しいことを知るため、次の質問をする。

子どもを質問に駆り立てるものは何だろうか。別の実験的研究では、四歳児におかしな——筋が通らない——絵を見せた。たとえばスーツを着てピエロの鼻をつけた男や、巣の中に二羽の鳥とカメがいる図などだ。[*31] 子どもは特にこうした変則的な現象について質問することが多い。

実験者はこれらに対する答えを系統的に変えていた。「この人は多分ピエロとして働いていて、鼻を取るのを忘れたのよ」と言う場合もあれば、「そうだね、ピエロの鼻だね」と同じことを繰り返す場合もあった。大人が納得のいく説明をすると、別の話に移るか、さらに話を深めて「どうして人がピエロとして働くの？」といった質問をすることもある。大人がうまい説明をしないと、子どもは「この人はどうしてピエロの鼻をしているの？」と、最初の質問を繰り返す。

「なぜ」と尋ねるのはなぜ？

「なぜ」という質問は特に多いが、それはとても興味深く深い問題を提起する。「なぜ」には、どう答えるのがいちばんいいのだろうか。事実に関する質問ならば、どう答えればいいのかは明らかだ。あるものが「ダックス」という名前なら「それは何？」と聞かれたときは、そう答えればいい。しかし「なぜ」という質問に答えるのは、もっと面倒である。なぜ雨が降るのか、なぜ夜と昼があるのか、自転車はどのような仕組みになっているのか、赤ちゃんはどうやってママのお腹に入るのか説明しようとするとき、親はその難しさに気づく。

よい説明と悪い説明の違いはどこにあるのだろうか。そしてそのような説明が、大人にとって、あるいは子どもにとって何の役に立つのだろうか。ただ事実を言い換えるだけでは満足できないのはなぜなのだろう。子どもが本当に説明を求めているということは、そのような説明に特別な意味があると考えられる。それは何だろう。

ターニャ・レンブロゾは、「なぜ」の質問と、そこから引き出される説明は、子どもが深く広く世界を理解する助けとなると述べている。[*32] 何かを説明するとき、どうしてそうなったのか因果関係を述べるのがふつうだ。因果関係の説明が特に説得力を持つのは、それが新しい出来事について結論を引き出せるような形で説明されているときだ。あの男の人がピエロの鼻をしているのは、今朝ピエロの鼻をつけたからだという説明が当てはまるのは、この特定の出来事に対してだけだ。彼はピエロの仕事をしているからという説明は、この出来事を多くの他の出来事に結びつける。職業によって決まったコスチュームを身につける人は多い。実際、子どもが何かを説明すると、たとえ他者に向けた説明ではなくても、理解のレベルが深まることを実証した研究は数多くある。[*33]

たとえば四歳児に複雑なルーブ・ゴールドバーグ・マシン〔簡単にできることを手の込んだからくりを用いて、それらが次々と連鎖していくことで実行する装置。日本ではＮＨＫの番組からピタゴラ装置と呼ばれる〕にレゴのブロックと歯車を組み合わせたものを見せる。実際に装置を動かすのに使われているパーツもあるが（たとえば互いにかみ合った赤と緑の歯車など）、ただの飾りのものもある。歯車の上に乗っているが、何も動かさない青いレゴなど。

実験者は子どもたちに「この装置はどのような仕組みで動いていますか」あるいはただ「この装置について説明してください」と言う。そして装置をバラバラにして、もう一度組み立てるよう子どもに告げ、同時にどのパーツがどこにあったか、事実を尋ねる質問をする。仕組みを尋ねられた子どもたちのほうが機械の働きをよく覚えていて、組み立て直すのもはるかにうまかった。

これは仕組みを説明させたことで、子どもたちが装置をよく見るようになったということではない。ただ装置の説明をするように言った子どもたちも、機能には関係ない完全に飾りのパーツについてよく覚えていた。一方で、仕組みを説明した子は、装置の因果構造――どのように動かしているかを伝える情報――に目を向けていた。

これと同じパターンは、ブリケット探知器の研究でも見られた*34。たいていのものは内部のもの――バッテリー、歯車、心臓、脳――の働きで動く。私たちは四歳児に、見た目の色と形が違うだけでなく、内部が違うブロックを見せた。中に小さなピンが入っているものと、入っていないものがあった。これらのブロックを探知器にかけて作動させた。探知器がどのような仕組みで動くか説明するよう言われたとき、子どもたちはブロックの色や形よりも、外からは見えないピンについて話すことのほうが多かった。何が起こったかを説明するだけだった子は、外から見える表面的な出来事を中心に見ていた。

子どもは世界についてより多くの情報を求めるだけではない。世界をもっと深く幅広く理解するための、因果関係についての情報も求めている*35。そのような情報は将来の学習を可能にしてくれる。そして驚いたことに、そのような深い因果関係についての情報を持っていないとき、子どもはそのことに気づいて、それを手に入れるために力を尽くす。

子どもはみんな、聞くことからも見ることからも学ぶ。しかし子ども個人の資質、あるいは文化やコミュニティの性質によって、観察と模倣からより多く学ぶことがある一方、言語に頼る度合いが強い場合もあるという考えにも、説得力がある。仕組みについての説明を聞くことは、世界について深い因果的な知識を得る一つの方法である。けれども前の章で見たように、熟達した技を見ることによって、その仕組みを推定することもできる。ロゴフが調査したマヤ族の子どもたちは年長者のすることを見ているだけで、オージーが私を観察して学ぶよりも多くを学ぶことができた。*36

私は言葉の世界に生きているので、料理とガーデニングと子どもの世話を別にすると、身についている実用的スキルといえば、言葉をいじり回して駆使することぐらいしかない。カゴを編んだり、シカを探し求めたりするかわりに、私は文を組み立てて科学的な真実を探し求める。私に話しかけること、特に「なぜ」と延々と質問することは、オージーにとって必要な情報を獲得するための、とてもよい方法だ。それはまた、彼もいずれ入っていく言葉の世界で使うスキルの訓練にもなる。けれども彼が本当にカゴの編み方やシカ狩りの方法、あるいはスフレの作り方や妹の世話の仕方を覚える必要があるなら、模倣のほうがよい戦略かもしれない。

それでもあらゆる文化圏で、子どもが幼いころから自然に質問を始めるということは、模倣も含めて、世界についての情報を獲得する方法は生物学的にとても深いところに根差したものなのかもしれない。それは子どもたちが教えられるべきことではなく、実行していいと許されるべきものなのだ。

しかし子どもの質問すべてに答える必要があるわけではないし、ときにルイス・C・K的な反応をしてしまうことに、罪悪感をおぼえる必要もない。幼い子どもは粘り強い。自分が欲しい、あるいは必要な情報を求め続ける。

子どもたちは無意識のうちに、自分が持っている知識について、他人から得る知識はどのようなものか、きわめて敏感に感じとっていることが、研究によって示されている。子どもがあなたが言っていることの意味を、あなたよりもわかっている可能性があるように、彼らが知る必要があること、知りたいことを、あなたよりもわかっている可能性がある。

本質的な疑問

子どもたちは言語が持つ目に見えない機能のとても繊細な性質から学ぶこともできる。心理学で本質主義と呼ばれる性質の発達が、特に興味深い例である。スーザン・ゲルマンは子どもの本質主義を三〇年間も研究し、目覚ましい成果を上げている。*37 考える生物はすべて世界をカテゴリー分けする。「本質主義」とは、それらのカテゴリーは深く生来的で永続的であり、私たちの頭の中だけではなく周囲の世界に由来するという考え方である。

こうした本質主義者の傾向はどこから生じるのだろうか。大人の言ったことが、子どものカテゴリーの考え方に影響を与えることがわかっている。ちょっとした言葉遣いでも、子どもの世界の見方を左右することがある。むしろ本当にちょっとしたことが、子どもの考え方に大きな影響を与える可能性がある。きちんとした教育よりも強い影響力を持つかもしれないのだ。

子どもは世界を物理的なカテゴリー（テレビやティーポット）、生物学的カテゴリー（たんぽぽやアヒル）、社会的カテゴリー（男の子や女の子）に分ける。しかしカテゴリーには、表面上の便宜による分類もあれば、奥深い信念によるものもある。私はクローゼットの中身を自分で決めた基準によって、黒と白の服に分けたり、トップスとボトムで分けたりする。あるいは本を大きいものと小さいもの、ペーパーバックとハードカバーで分けたりするかもしれない。どちらにしても大きな問題はない。けれども何かもっと深い意味があると感じるカテゴリーが数多くある。

次のやや恐ろしい思考実験について考えてみよう。（おそらく哲学者が実際に行う必要はなかったためだと思うが、こうした実験は暴力的な面が出る傾向がある。）ネコのしっぽを切り落とし、もっと大きくふさふさしたものに変え、白いペンキを塗って縞模様にして、臭い匂いを出す腺を縫いつける。それは声も見た目も匂いもスカンクそっくりになる。ではこれはスカンクなのだろうか、それともネコなのだろうか

もちろん、私たちはそれをまだネコだと考えるだろう。けれどもその理由は説明しづらい。見た目も行動もスカンクと同じなら、なぜスカンクでないと言えるのだろう。中身――遺伝子や体内の化学物質か何か――が違うと言いたくなるかもしれない。そんなとき娘の質問に答えようとするルイス・C・Kのような気分になる。

子どもはいつから、カテゴリーをこのように考え始めるのだろうか。一般的な通念は、ピアジェからモンテッソーリそしてフロイトまで、子どもの思考は「今ここ」で感じていること、直接知覚できることに限られているということになっていた。ところが幼い子どもたちでさえ内面を見て、自分の周りにあるものの奥深い本質を理解しようとしていることがわかった。実のところ子どもが間違えるとき、その原因の多くは、何もないところで本質を追求しすぎることだ。[*38]

二歳や三歳の子でも、自然のカテゴリーの根底には永続的で目に見えない本質があるという、漠然とした感覚を共有しているように見える。[*39] 奥深く本質的なカテゴリーは、新たな予測をする

助けとなる。[*40] そこにあるものがアヒルである、それも見た目だけでなく本質的なアヒルらしさやアヒルの性質を備えていると知っていたら、それはアヒルのように歩き、アヒルのように泳ぐだろうと予測できる。たとえそれらが正確には何か知らなくても、他のアヒルがするようなことをするだろうと思うのだ。そこにいる少数のアヒルについて、まったく新しい知識——たとえばアヒルの羽が水を弾くのは体から出る油を塗っているからという知識——を得たら、それはすべてのアヒルに当てはまると考えるかもしれない。

未就学児でも、ある動物が特別な性質を持っていたら、それがたとえ目に見えない性質であっても、同じ種の他の個体もその性質を持っていると考える。子どもたちに、アヒルには「腹膜の網《オメンタム》」があると伝えると、それが何かよくわかっていなくても、他のアヒルにもオメンタムがあると言う。[*41] 理由を尋ねられると、アヒルの卵の中には大人のアヒルと同じものが入っているなどと言う。それは同じカテゴリーに属するものだから、というのがその理由だ。

子ども（そして大人）は、すべてのカテゴリーについてそう思っているわけではない。[*42] たとえば私がネコではなくティーポットを改造したとする。注ぎ口と把手をはずし、ふたを取り、角にやすりをかけ、色を塗り替え、砂糖をたっぷり入れる。すると私たちはそれはもうティーポットではなく、シュガーボウルになったと言いたくなる。同じように、多くのティーポットが磁器だと知っていても、すべてのティーポットがそうであるとは考えない。

内部は共通であるというあいまいな推定に加え、本質主義には生得的で永続的であるという含みもある。[*43] 幼児でさえ、アヒルは卵のときからずっとアヒルであると思っている。アヒルの雛が完全にイヌに囲まれて育っても、やはりアヒルのように歩き、鳴き、泳ぐはずだと考える。

この種の本質主義者の考え方は、物理的世界と生物学的世界を理解するうえで、実際に役に立つ。それでも自然のカテゴリーには思いがけない本質があると、科学が教えてくれる。イルカは魚のように見えるし魚のように泳ぐが、実際には魚ではない。そしてペンギンやダチョウは鳥だが、いかにも鳥らしいコマドリとは外見も行動も違っている。（もちろん、このような考え方には欠点もあり、進化論が人びとにとって受け入れにくいのもこのことに帰すことができるかもしれない。本質主義者のやり方で直感的に種について考えると、突然変異が起こり、変化しやすく、継続的であるという、種の進化の基本的な前提を理解するのが難しくなる。）

子どもたちは本質主義者的な見方を社会的世界にも広げるが、[44] それにはもっと大きな問題がある。子どもはまだ幼いときから、ジェンダー、民族、そして言語のようなカテゴリーまで、アヒルやイヌのようなカテゴリーと同じに扱う。そして社会的カテゴリーは生得的で、奥が深く、変わることがないと思っている。

子どもは偶然できた社会的集団でも同じ扱いをしているように見える。子どもにザズというグループとフラープと呼ばれるグループがあるとだけ告げる。するとそれら二つは他の面でも異なっている、そして悲しいことに、ザズは仲間のザズよりフラープを傷つける可能性が高いという結論を出すことが多かった。[45]

子どもは特にジェンダーについて、ごく早い時期から本質主義的な見方を身につける。私たちの文化では、民族に対する本質主義的な態度はもっとあとに生じるが、五歳以降になるとその萌芽が見られる。しかし四歳児でも、女の子はずっと女の子であり、男の子にはならないと言う。[46]

このような身体的なジェンダーの性質に関する本質主義は、もっともなことに思えるかもしれない。確かに大部分は正しい。しかし子どもたちは心理学的なジェンダーの性質についても本質主義者であることが多い。親があえて性差別を植えつけないように育てた場合でもだ。子どもは大人よりもジェンダーに対して疑いを持たない。[*47] パンツスーツを着た医者の母親に対してさえ、女の子はスカートをはいて、女性は看護師だと言う。

この本質主義はどこから来るのだろうか。生得的、あるいは進化の過程で獲得した部分もあるかもしれない。スコット・アトランという人類学者は、大昔に採集を行っていた人々は動物や植物の種を特定する必要があったために、本質主義的な傾向が生じたと主張している。[*48] これについては、採集生活をしている人々に、〝民族的植物（フォークボタニー）〟について尋ねてみればいい。彼らは実際に生物種を驚くほどよく知っている。植物の形や色といった表面的な性質に注目するだけではない。彼らの分類カテゴリーは、科学理論のカテゴリーに近い。

本質主義は周囲の世界の仕組みを理解したいという、子どもの意欲から生じた部分もあるかもしれない。ある動物や植物がこのあとどうするか、どうなるかを知りたい、あるいはそれに対して自分が何をできるか考えたいなら、表面的な性質よりも、根底にある本質を考えたほうがいいかもしれない。たとえ見た目は似ていてもマッシュルームと毒キノコには根本的な違いがあるという知識に、まさに命を救われることがある。

本質主義は言葉に表れることもある。たとえばある女の子について説明するのに「メアリーはにんじんを食べる（Mary eats carrots.）」という場合と「メアリーはにんじんを食べる人（carrot eater）だ」という場合がある。[*49] 三歳児に「メアリーはにんじんを食べる人（carrot eater）だ」と言うと、**本質的に**にんじん食いであり、いつもにんじんを食べているし、今後もずっとにんじんを食べると考える可能性が高い。ただ「メアリーはにんじんを食べる」というときは、その人のにんじんを食べたいという気持ちは、一時的なものだと考える。

しかし言語には特別な種類があり、言語学者はそれを総称的言語（generic language）と呼ぶ。[*50] 次の文を考えてみよう。「鳥は飛ぶ（Birds fly.）」「ネコは毎度ネズミを追いかける（A cat will chase a mouse every time.）」「シマウマは縞模様だ（The zebra has stripes）」。これらを次の文と比べてみよう。「一部の鳥は飛ぶ（Some birds fly.）」「ネコがネズミを追いかけた（A cat chased a mouse.）」「シマウマがトラから逃げた（The zebra ran away from the tiger.）」。

どちらも言葉は似ているが、意味は大きく違う。最初のグループの文は総称的であり、特定の個体ではなく、その動物全体についての話である。二番目のグループは、特定の鳥、ネコ、そしてシマウマの話だ。

総称的言語には例外も折り込まれている。「鳥は飛ぶ」という文は正しいが、現実にすべての鳥が飛ぶわけではない。それでもこうした文はあるカテゴリーの本質を伝えていて、そのために特別なものになっている。「鳥は南極に住む」「鳥は茶色だ」という文は間違っているように感じる。南極に住んでいる鳥や、茶色の鳥がたくさんいるとしても、これらの性質は、鳥全体を定義するものではない。

今度は次のような文を考えてみよう。「紳士はブロンドがお好き」「男の子は泣かない」「女の子は楽しみたいだけ」「イギリス人にとって家庭は城である」「おしゃれな人は、今年は短いゲートルをつけている」。これらも総称的だが、特定の社会集団の特徴を規定している。

モリエールの戯曲『町人貴族』で、ブルジョワのジュルダン氏は文学の教師に、あなたは生まれてこのかた散文を話してきたと告げられて驚愕した。「そんなこと思ってもみなかった」と、彼は言う。あなたもずっと総称的言語を話していると聞かされたら、同じように驚愕するかもしれない。

子どもはとても幼いころから、総称的言語を適切に使っている。CHILDESのデータベースには、二歳半のアダムが自信たっぷりに「アダムは昼寝をしない」と言っているものがある。[*51] 我が家でも、長男のアレクセイの四歳の誕生日に、『スター・ウォーズ』を見に連れて行ったとき、同じくらい興味深いことを言った。「四歳は怖がらない。もう四歳だもん。怖がらないよ」。

大人も子どもに話しかけるとき、総称的言語をたくさん使う。大人から総称的言語を聞いて、子どもたちは新しい予測をし、新しい結論を引き出す。たとえば「バントには縞模様がある」と言い、これまで見たことのない縞模様のある動物を見せれば、子どもたちはその動物がバントであると結論する可能性が高い。「このバントには縞模様がある」だとそうは考えない。

生後二四ヶ月の幼児でも、総称的な文から本質主義者のカテゴリーに移るように思える。ある研究で、実験者が子どもに二つの小さな動物のおもちゃ（一つはオレンジ色で、もう一つは青）とミルクの入ったカップのおもちゃを見せた。そして実験者はどちらかの動物にミルクを飲ませるふりをして、次のうちどちらかのセリフを言う。「ブリックはミルクを飲む」あるいは「このブリックはミルクを飲む」。その後、実験者は子どもに両方のおもちゃを渡して言う。「やってみてくれる？」

総称的な「ブリックはミルクを飲む[*52]」という文を聞いたとき、子どもたちはその動物すべてがミルクを飲むと考え、どちらのブリックにもミルクを飲ませた。「このブリックはミルクを飲む」

という総称的でない文を聞いたときは、オレンジ色のブリックだけにミルクを飲ませた。つまりこの特定の動物だけがミルクを飲むと考えたのだ。

総称的言語は社会的カテゴリーにも同様の影響を与えるだろうか。バントとブリックの話が、紳士とブロンドにも当てはまるのだろうか。ゲルマンと同僚たちは、ジェンダーについての子どもと母親の話に着目した。[*53] 彼女たちは子どもに、登場人物がステレオタイプどおりのことをする絵本と、逆のことをする絵本のどちらかを与えた。たとえばお裁縫をする女の子の絵本と、トラックを運転する女の子の絵本。

このとき、完全に男女平等を支持している母親でさえも、ジェンダーについて話すときに総称的な表現を使っていることに、彼女たちは気づいた。(たとえば「男の子はトラックを運転する」。ついでに言えば「女の子だってトラックを運転できる」。) いちばん年少の子どもたちは総称的な表現をあまり使わなかったが、その母親は使っていた。しかし子どもが六歳ぐらいになると、母親よりも多く、ジェンダーについての総称的表現を使うようになっていた。そして母親が総称的表現を使う回数と、子どもが使う回数の間には強い相関があった。

こうした苦々しい皮肉の一つだが、母親は性差別と戦おうとしているときでさえ総称的表現を使っていた。「女の子だってトラックを運転できる」という表現でも、女の子たちはみんな、深く根本的な本質を持つ同じカテゴリーに属していることを暗に伝えている。

総称的表現を使うことで、子どもが実際に社会的カテゴリーについてより本質主義的になることはあるのだろうか。別の研究では、四歳児に性別や民族などが多様な集団を見せた。[*54] そしてその人たちのやや変わった特徴を話した。そのとき「ザーピーはてんとう虫が怖い」といった総称的な表現か、総称的でない「このザーピーはてんとう虫が怖い」という表現で説明する。その後、他のザーピーはてんとう虫を怖がるか、ザーピーは常にてんとう虫を怖がるかなどの質問をした。子どもたちは総称的な説明を聞いたとき、本質主義的な答えをする確率がはるかに高かった。

実験者は大人に、てんとう虫を怖がるのはザーピーの本質的な部分である、あるいはそれはたまたま行った特異な行動であると告げた。大人はザーピーが本質的なカテゴリーであると思ったとき、総称的表現を多く使った。

大人の話し方のほんの少しの違いが、ザーピーについての子どもの考えに影響した。また子どもが本物のアヒルやリス、そして本物の男の子や女の子について話すことにも影響を与えた。あまり難しく考えなくても、子どもはこうした総称的表現を社会的集団（たとえばメキシコ人とアメリカ人、黒人と白人、フツ族とツチ族、セルビア人とクロアチア人）に当てはめたときも、同じように解釈するかもしれないということはわかる。

そいつが自分でどうにかするさ

これは親にとってどのような意味があるだろうか。ルイス・C・Kの別のネタで、古いことわざを改変して、ペアレンティングの技術を説明するものがある。ある男に魚を与えれば、その日に食べる魚を得られる。その男に魚の釣り方を教えれば、一生食べる魚を得られる。放っておけば、そいつは自分でどうにかするだろう。

親は重要である。子どもは親や他の世話をしてくれる人から学ぶ。観察して学ぶことも、他人の発言から学ぶこともある。子どもたちは親がやることを注意深く見て、親が言うことをやはり注意深く聞いている。子どもに話しかけ、子どもの話に耳を傾け、「なぜ？」と尋ね、「なぜ？」に答えることが、子どもが健やかに育つ助けとなる。

この章と前の章でとりあげた研究は、伝統と革新のパラドクスを鮮やかに示している。見て学ぶことと聞いて学ぶことは、蓄積された文化的知識を伝えるための重要な手段である。しかし子どもたちは他の人たちの好意や発言を、何も考えずにただ再現しているだけではない。情報を知的で思慮深い方法で取り入れている。観察を通して学んだことを、他の種類の情報と組み合わせる。そしてそれらを使って新しい道具、新しい技術、新しい物語、新しい説明を生み出す。

親の役割は、ペアレンティングの規範が示唆する役割とはかなり違っている。親をはじめとする子どもの世話をする人たちは、幼児にあまり教える必要はない。ただ子どもが自然に学ぶに任せればいい。幼い子は他人からすばやく楽々と学ぶ。そして必要な情報を得て、その情報を解釈するのに長けている。親は子どもに必要な情報を与えるために、無理して自分の言うことを変える必要はない。子どもの学習が影響を受けやすく繊細であることを考えると、意識的に操作しようとしても、おそらくうまくいかないだろう。たとえ私が望んでも、総称的表現を使っていたかどうか、あるいは〝ふり言葉〟をしていたかどうか、ずっと記録するのは難しい。そうしたことを意識的にコントロールできる可能性はさらに低い。そしてそうするべきであると考える理由は一つもない。

ペアレンティングの理論に代わる庭づくり理論では、親であることは基本的に関係性であり愛の一形態と考える。これは子どもが大人から学ぶことについて、違う見方を与えてくれる。そして実際、こちらのほうが研究結果とも一致している。

学習の素材としてより安定していて信頼できる世話人のほうが、あからさまに教えようとする世話人よりも価値がある。

アタッチメントの研究で、子どもが情報を集めたり、学んだりするやり方は、相手がどのような人間か、その人についてどう感じているかで違うことが明らかになった。教え方の戦略よりも基本的な信頼関係のほうが重要なのだ。

模倣がバレエのパ・ドゥ・ドゥなら、会話はデュエットのようなものだ。CHILDESの調査で、絵本を読みながらのちょっとした会話にも、きめ細かい演技、後退や前進、コール・アンド・レスポンスなどが含まれていることがわかった。たしかに私たちは、相手が子どもであれ大人であれ、意図的に特定の情報を伝えるために言語を使うことがある。しかし大人にとっても子どもにとっても、会話は互いの関係を築く、あるいは他者と一緒にいるための手段であることのほうが多い。冷やかしたり冗談を言ったり、愛称で呼んだり、自己分析したり、雑談をしたり、こうした行為の応酬ほどたしかな愛情表現はない。そして他者と話すのを拒絶することは、親密でないことを示す何より決定的な証拠となる。子どもたちは親密で自由で生き生きとした会話に参加することで学習する。

子どもたちは、多様なスキルを持つ多くの違った人々を観察・模倣することによって学ぶとともに、多くの違う人々が、多くの違うことについて、多くの違う方法で話すのを聞いて、自分の周りの世界について学んでいる。不可解なことではあるが、不正確だったり間違っていたりする情報を聞くことすらも、子どもが学ぶ助けになることがある。子どもは誰かが言ったことだけでなく、その人がどのくらい信用できるか、将来どのくらい信頼できるようになるかを学んでいる。

多様な人々が行っていることを、近くで観察する機会を子どもに与えることが、見ることによる学習を助けるいちばんいい方法である。多くの違う人々と話す機会を子どもに与えることが、聞くことによる学習を助けるいちばんいい方法である。

第6章 遊びの役割

ディケンズの『大いなる遺産』で、ミス・ハビシャムが古い邸宅の部屋に座って、主人公である貧しい少年ピップに「遊びなさい」と命令する、コミカルでありながら怖い場面がある。

「私はうんざりなの」とミス・ハビシャムが言った。「気晴らしが必要だわ。でも大人はもうたくさん。男でも女でもね。さあ、遊びなさい」

どんなに口うるさい読者にも、これがこの状況において、不幸な少年が命令されることとしては、この上なく難しいものであると認めてもらえるだろう。

「さあ、さあ」彼女は右手の指をいらだたしげに動かして言った。「遊んで、遊んで！」

ミス・ハビシャムは極端な例かもしれないが、ディケンズの冷ややかな喜劇には、遊びについての深い謎が表れている。

子どもは遊ぶ。子ども時代と遊びは切り離せない。そしてほとんどの親や教師は、遊びはいいものであると漠然と思っている。積極的に遊ばせることが、好ましいペアレンティングのテクニックだとさえ思っているかもしれない。

しかしこのことについて考えたとき、遊びをペアレンティングの目的とすることには、どこか矛盾がある。そもそも遊びは何の目的もなく行うものだからだ。遊びは目的を持たないことを目的とする行動である。それが大人の意向で決められるとしたら、それはもう遊びと言えないのではないか？　ミス・ハビシャムではなくても、子どもに遊びなさいと言えるだろうか？

遊びについては、科学的に見ても矛盾がある。遊びが学習にもいいという考えは、直感に訴える魅力がある。しかし遊んで頭がよくなったり、集中力が高まったり、他人をよく理解できたりするのだとしたら、もっと直接的なやり方で、頭をよくしたり、集中力を高めたり、他人に共感する力を身につけたりすればいいのではないか。なぜ遊びを通すという遠回りをする必要があるだろう。

現在までに得られてきた科学的証拠の中にも、これらの矛盾が見られる。つい最近まで、遊びは子どもの学習に役立つという直感的な考えを確認する研究は驚くほど少なかった。問題として、遊びにも学習にも、さまざまなやり方が数多くあるからだ。遊びといっても、探検もあれば荒々しい遊びもあり、ごっこ遊びもゲームもある。学習にしても、言語学習もあれば運動スキルを高めるのもあり、他人の心情の理解、実行機能の向上、日常的な理論の完成度を高めることまで、いろいろある。それぞれのタイプの遊びが違う種類の学習に関わる可能性はあるが、すべての種類の遊びがすべての種類の学習に関わっていると信じる理由はない。

この章では、いくつかの違う種類の遊びと、それが子どもの学習にどう役立っているかについて概略を説明する。けれどもまず最初に、進化の面から考えてみよう。動物はなぜ遊ぶのだろうか。[*1]

人間の幼い子どもは遊ぶが、オオカミ、イルカ、ラット、カラスの子も遊ぶ。タコでさえ、プラスチックのボトルで遊ぶらしい。オオカミの子は狩りのときに遊び、カラスの雛は棒で遊び、ラットの子はきょうだい同士で遊び、子ネコは毛糸玉で遊ぶ。

遊びが特によく見られるのは、子ども時代が比較的長く、親が手をかける必要があり、脳が大きい社会的動物だ。要するに私たち人間のような動物である。子ども時代が長い動物はほぼすべて、その長い子ども時代を遊んで過ごす。

しかし遊びをどう定義すればいいだろう。ごっこ遊び、取っ組み合い、ホッケーごっこ、ままごと遊び、すべてに共通することは何だろうか。ラットとそのきょうだい、カラスと穴を掘る棒、子ネコと毛糸玉、これらを結びつけるものは何なのだろうか。

遊びを定義しようしている生物学者たちは、すべての遊びに共通する五つの性質を指摘している。[*2] まず第一に、遊びは仕事ではない。格闘や狩猟、穴掘り、掃除に見えるかもしれないが、実は何も成し遂げていない。子ネコは本当に毛糸を食べているわけではないし、カラスの雛は本当に虫を掘り出しているわけでもなく、取っ組み合いをしているラットは、きょうだいを本当に傷つけているわけではない。おままごとをしても冷蔵庫に食べ物は増えないし、リビングルームがきれいになるわけでもない。むしろ反対のことが起こる。

しかし遊びはただの無駄な作業ではない。そこには現実の物事と区別する、特別な性質がある。ラットが遊んで取っ組み合いをしているときは、鼻を互いの首に押しつける。本当に戦っているなら脇腹を噛む。子どもがお茶を注ぐふりをするときは、大きな動きをする。それで本当にお茶を注いだら、注いだ量より周囲にこぼれる量のほうが多くなるだろう。そして当然ながら、狩りをする動物の子は家にベーコンを持ってこないし、楽しむためだけにセックスをする若者は子どもをつくらない。

遊びは楽しい。生後九ヶ月の子どもは、いないいないばあをするとケラケラと笑う。動物でも遊んでいるときは喜び、楽しそうにして、ほほ笑んだり大笑いしたりするような様子を見せる。たとえばラットは遊びでけんかをしているとき、高すぎて人間には聞こえない超音波を出して笑う。[*3]

ミス・ハビシャムには申しわけないが、遊びは自然発生的なものだ。動物が遊ぶのは遊びたいからであって、指示されたから、あるいは報酬を与えられるからではない。若いラットは実際に遊ぶために仕事する。バーを押して遊べるものがあれば、バーを押すことを覚える。遊びを奪われると不満がたまり、遊ぶ機会を与えられたとたん、それに飛びつく。人間の子どもも同じようなものだ。ようやく授業から解放されたときの、明るく歓喜に満ちた叫び声よ！[*4]

しかし遊びは他の基本的欲求、食物や水や温もりを求める欲求とは違う。動物は他の基本的欲求がすべて満たされたとき初めて遊びをする。空腹なとき、ストレス下にあるとき、遊びは減ってしまう。子ども時代全般に言えることだが、遊びも安全で保護されていることが重要である。

遊びには繰り返しと変化という特別な構造がある。ラットが遊びでけんかをするとき、攻撃と防御の違うパターンを互いに試す。生後六ヶ月の子がガラガラで遊ぶとき、大きく振ったり小さく振ったり、テーブルに強くぶつけたり弱くぶつけたりする。タコも瓶を水から出したり沈めたりする。イルカは輪に鼻を突っ込み、次は尻尾を突っ込む。この種の行動やバリエーションは、檻の中の動物やストレスにさらされた動物、ときには人間にも見られる、歩き回ったり揺れたりする繰り返しのパターンとはまったく違うものだ。遊びが生物学的にどこでも見られるものなら、動物の生活や動物の脳にとって、どのような役に立っているのだろうか。

荒っぽい遊びをするラット

荒っぽい遊びとは、取っ組み合ったり、転がったり噛んだり、押さえつけたりする、特に人間の男の子でよく見る悪ふざけである（女の子にも見られる）。三人の大きな息子の母親である私にとって、それが特にいらだたしいペアレンティングのジレンマの要因になっていた。愛するかわいい息子たちが、兄弟同士どころか友だちとも、めちゃくちゃにぶち合っているように見えたら、非暴力を強く信奉する平和主義者は、何をするべきなのだろうか。そしてその愛すべき子どもたちが、ママは何もわかってないと根気よく説明するのにどう反応すればいいのだろうか。彼らはややあきれたように、小さい男の子の世界で荒っぽいふるまいは友情の証だと、はっきり言ったものだった。

科学的研究を見ると、息子たちの言ったことは正しいようだ。人間の子どもは幼いころに荒っぽい遊びをすると、大人になってから社会的能力が高まる。当然のことながら、この関連性がどのような意味を持つのか、考えられることは数多くある。[*5] 社会的能力の高い子どもは、他の子どもと遊ぶ機会が多いというだけのことかもしれない。

しかし荒っぽい遊びをするのは人間の子どもばかりではない。若いラットも同類である。[*6] ラットの脳の発達についての研究のほうがはるかに進んでいるし、ラットを使えば、遊びがその発達にどう影響するか体系的に調べることができる。

その研究はまず、ラットが遊びで戦っているときの様子を注意深く観察し、本当の戦いとどう違っているか記録することから始まる。鼻を押しつけ合うか噛むかといった、明らかな違いもある。しかしもっと微妙な違いもある。遊びの戦いでは、若いラットはさまざまな攻撃と防御の形を試し、互いにチャンスを与え合って役割を交代する。ときどき抑えがきかなくなり、手足が絡まって一つの塊のようになるのも、人間の子どもと同じだ。

仲間と遊びながら成長したラットと、遊ばなかったラットを比較する研究もある。幼いときに隔離されていたラットは、成長したとき他のラットと関わるのが難しくなることがわかっている。しかしそれは社会的な接触をまったく持たなかったためではないのか。それとも特に遊ぶ機会がなかったためなのだろうか。

大人のラットは、　部の大人の人間と同じように、遊び方を忘れる。あるいは迷路を走って報酬を得る出世競争《ラットレース》に忙しすぎて、疲れているのかもしれない。大人のラットに囲まれている若いラットは、荒っぽい遊びをするチャンスはないが、他の社会的な接触は多くしている。これらのラットを、他の条件はまったく同じだが、他の子どものラットと遊んでいたラットを比較した研究がある。

遊ばなかったラットは、成長後の他のラットとの関わりに問題があり、その問題から私たちが学べるものがある。遊ばなかったラットも、遊んできたラットと同じようなことはできる。攻め方や守り方、交渉の仕方、逃げ方は知っている。しかしいつ何をするべきかを知らない。戦いにしろ求愛にしろ、荒っぽい遊びをしていたラットほどには、すばやく、柔軟に、あるいは臨機応変に対応することができない。そのようなラットはハチのように刺すかもしれないが、チョウのように舞うことはない。ここでチョウのように舞うとは、複雑な社会的な状況を一瞬でとらえ、直感的に対応できる能力を持つことであり、ラットでも人間でもそれが備わっていると頭がよくて社交的とみなされる。

それらの能力を支える脳のメカニズムの一部は特定できる。ラットでも人でも、社会的な協調には、前頭葉の特定の部位が重要な役割を果たしている。もしこの部位が傷つくと、遊びをしなかったラットと同じようになる。求愛や戦いの行動はできるが、柔軟で臨機応変な対応ができない。歌詞が正しくても、メロディーが正しくない。ステップが踏めても、ダンスはマスターできない。

遊ぶラットの脳の発達の仕方は、遊ばないラットとはやや違っているようだ。複雑になる部位もあれば、単純化する部位もある。どちらの変化も大人の社会的能力に、違う形で影響を与える。遊ぶラットはある化学物質、特にコリン作動性伝達物質と呼ばれるものを前頭葉の社会的な能力を司る部位に分泌する。この化学物質は脳の可塑性を高めると、神経科学者は言う。

神経科学において可塑的な脳とは、簡単に変化する脳である。より可塑的な若者の脳は、何かの経験をしたあとすばやく多くの神経を連結させるが、年配者の脳は変化がない。幼児期の遊びは化学物質をつくるだけでなく、のちのちそのような化学物質への感度を高めて、可塑性を維持するのを助ける。*7

これを実証するために、幼いときに遊んだ経験のあるラットと、遊びの経験のないラットに、ニコチンを投与する実験が行われた。ニコチンのような物質は、脳が学習する力を高める自然のコリン作動性物質によく似ている。タバコを吸うと目が冴えて集中力が高まると感じるのはそのためだ。ニコチンのような薬物は、脳を若いときのような柔軟な状態にするが、どのくらい柔軟になるかは人によって違う。幼いころに荒っぽい遊びを経験したラットのほうが、生真面目なきょうだいよりも、大きな影響を受けた。遊びを経験していたことで、大人になってからも可塑性が保たれていた。

どのラットの脳も成長すると柔軟さが失われた。しかし幼いとき遊んでいたラットは、成長してからも変わる力を維持していた。つまり脳の可塑性が高いのだ。遊びは何か一つのことができるようになるのを助けるというわけではない。多くのことをより柔軟に、違うやり方で行えるようになるのを助けるのだ。

遊びの効用

荒っぽい遊びはもともと社会的なものだ。取っ組み合いをするには二人必要である。しかし動物も人間の子どもも、物を使って遊ぶこともある。赤ん坊に小さな新しいおもちゃを与えると、口に入れ、振り、落とし、ひっくり返す。（さらに言えば、親が絶対に与えたくないと思うものでも同じことをする。たとえばカーペットの埃まみれになったビスケットのくずとか。）

一九六〇年代に、餌を与えきちんと世話をしているが、一般的な何もないケージで育てているラットと、遊び道具がたくさん置いてある〝豊かな〟環境で育てたラットとを比較する、優れた実験が行われた。*8 たいていのラットにとっては、〝豊かな〟環境のほうが自然に近い。捨てられた紙コップやピザの箱に囲まれた、典型的なニューヨークのラットを想像してみればいい。

どのような年齢層でも、脳の発達のどのような尺度を取っても、遊ぶ物をたくさん持っていたラットの脳のほうが発達がよかった。他のラットよりも脳が大きくなり、神経接続も多く、前頭葉が大きい。そして荒っぽい遊びをしたラットと同じように、何もないケージで育ったラットよりも、学習能力を高める化学物質を分泌する。他のラットと遊ぶことだけでなく、おもちゃと遊ぶことも、脳の可塑性を高めるのを助けるようだ。これは他の動物、たとえばサルでも見られる。

しかし幼い動物は本当におもちゃで遊ぶのだろうか。ウシの赤ちゃんは間違いなく遊ぶ。カラス、ミヤマガラス、ワタリガラスなどは、信じられないほど頭がいい。サルと同じくらい、チンパンジーとも肩を並べるかもしれない。さきほど、遠く離れた太平洋の島である、ニューカレドニアにしか生息しない、きわめて利口なカラスについて話をした。そのカレドニアガラスは、サルや類人猿と同じように道具を使うことができる。それだけでなく一つの道具を使って別の道具をつくり、新たな工夫を次世代に伝えることができる。これは動物にはあまり見られない能力だ。

これらの動物の子ども時代がきわめて長いのは偶然ではない。カレドニアガラスは二年間も雛の状態で過ごすことがある。鳥の一生においてとても長い時間だ。この長い子ども時代にいったい何をするのだろう。人間の子どもと同じように遊びをするのである。ただしレゴや人形ではなく、棒やヤシの葉を使って遊ぶ。

前で説明したとおり、成鳥のカレドニアガラスは自然の中でその高い知能を使い、ヤシの葉で穴掘りの道具をつくる。穴を掘るとげのある棒も使うし、実験室でも針金を使って、穴から虫を釣り出すための道具をつくる。

ではその幼鳥はどうか。幼鳥もパンダヌスという植物の葉を使って遊ぶ。しかし幼いだけに、まったく成果は上がらない。幼鳥はまっすぐなほうではなく尖っているほうをくわえたり、曲がっているほうを上にして穴に突っ込んだりするため、虫を釣り上げることができず、めちゃくちゃに棒を動かすことになる。

この間、親ガラスは辛抱強く、自分で捕まえた虫を子どもに与える。そして子どもが寄ってきて棒と葉を持っていくのを許す。他の成鳥には決して許さないことだ（あまり知能が高くない他のカラスの種では、子どもに対してもそれほど寛大ではない）。カレドニアガラスの親は、実質的に子に遊ぶためのおもちゃを与えているのだ。

幼いカラスの行動には意味がないように見える。そして確かに何の成果も上げていない。しかし葉っぱと棒であらゆる可能性を試すことができる。うまくいくこともあればうまくいかないこともあるし、感心するようなやり方もあれば、まったく無駄に見えるものもあるだろう。それを繰り返すことで知能が発達し、少なくとも棒の使い方に関して、あっと驚くカラスの行動が生まれる。

他にも驚くほど複雑な行動をする鳥はいる。しかしそうした鳥の多くは、生まれながらにそのような性質を持っているので、それは自然選択によって身についたものと思われる。たとえばひよこは孵った直後から、きわめて高度で特殊な知識とスキルを見せる。[*9] そのスキルのおかげでニワトリは、とてもうまく穀物をつつくことができる。しかし他のことは、あまりうまくできない。カラスについて特筆すべきは、その柔軟さである。自然環境に針金がなくても、実験室のカラスはわずかな針金でフックをつくることを覚えてしまう。

哲学者のアイザイア・バーリンはかつて哲学思想家をキツネとハリネズミに分けた。これは「キツネは多くのことを知るが、ハリネズミは一つの大きなことを知っている」ということわざに基づいている。[*10] ひよこはハリネズミのように、一つか二つの大きなことを知っている。とてもとても幼いときから。カラスはキツネのように、新しいことをたくさん学ぶことができる。

キツネとハリネズミはなぜこれほど違うのだろう。バーリンはほとんどの哲学者と同じく、子ども時代についてはあまり考えなかった。[*11] しかし生物学では、その違いはその動物が幼いときにどのくらい遊んだかによって生じる可能性が示唆されている。

ハリネズミはキツネに比べて子ども時代がはるかに短い。ハリネズミは生後六週間で親から離れている。キツネは生後六ヶ月になるまで母と父が必要だ。キツネの夫婦は一緒にいて、父親は子どものために食べ物を取ってくるのを手伝う。ハリネズミの父親は交尾したあと姿を消す。

キツネの子はハリネズミの子よりもたくさん遊ぶが、そのやり方はやや変わっている。母親は最初、自分が吐き戻した食べ物を子に与える。しかしやがて、まだ巣から離れられないうちから、生きた餌（ネズミなど）を持ってくるようになる。そして子ギツネはそれを追いかけて遊ぶ。[*12]

バーリンはプラトンやアリストテレスの父親が献身的だったか怠け者だったか、あるいは彼らが子どものころ遊ぶ時間がたっぷりあったかについて語ることはないだろう。しかし見守ってくれる大人たちに囲まれ、保護された状況で追いかけっこをして生きた餌を食べることは、哲学の大学院のセミナーに参加したことがある学生たちにとっては、なじみがあると思えることだろう。

しかしバーリンが理解していなかったとしても、それよりもっと前に名もない哲学者が、知性と親の労力と遊びとのつながりを理解していた。四歳児ならみんな大好きな『キツネ（The Fox）』

という詩が最初に書かれたのは、一五世紀の書籍『哲学者の言葉（Saying of the Philosophers）』の表紙の見返しだった[*13]。近年のなじみのある歌詞はこうなっている。賢いキツネが町へ行き、農夫を出し抜き、ガチョウを背負って逃げていく。

キツネは走ってあたたかい巣に戻った
そこには子どもが八、九、一〇匹
子どもはこう言う。またそこに行って
そこはきっと、とってもすてきな町だから
キツネと妻は苦もなく
ガチョウをナイフとフォークで切り裂いた
そんな豪華な食事は初めて
子ギツネたちは骨にかぶりつく

名もない哲学者の彼（彼女かもしれない。匿名の作家は女性であることが多い）は、その賢くて社交的な肉食動物はホモ・サピエンスすら出し抜くと言っているだけでなく、キツネは巣にいる子どもたちのために餌を持って帰ってくる動物であることも指摘している。ガチョウは豪華な食事であると同時に、認知訓練とスキル形成の材料でもある。

動物の中では、人間は当然ながらキツネよりもキツネ的である。

ポップビーズとポパー

最近ローラ・シュルツとＭＩＴの学生たちが、幼い子が人間にとってのパンダヌスの葉とも言うべき、巷にあふれるＩＴガジェットの使い方をどのようにマスターするかについて調べた、すばらしい研究を発表している。未就学児に面白そうな新しい道具を与えて一人にしておくと、それで遊び始めるのは驚きではない。しかし驚くのは、その道具の仕組みを理解するために必要な情報を調べるようなやり方で遊ぶことだ。その子たちにとって、遊びはまさに実験なのだ。

たとえばある実験では、四歳児にブリケット探知器――上にあるものを置くとライトがついて音楽が流れる――を与えた。[*14] ただし置くものはブロックではなく、ポップビーズという、くっつけたりばらしたりできるプラスチック製のビーズだった。

まず実験者が子どもに、バラバラのビーズで特定のものを置いたときしか装置が動かないことを見せる。その後、つながっている新しいビーズを子どもに渡して、一人にして遊ばせる。すると子どもは注意深くビーズを引っ張ってばらし、一つずつ装置の上に置いてみる。実験者がこっそりビーズを二つずつ糊づけしておくと、子どもたちは器用に、くっついているビーズを傾けて片方を装置につけ、次に向きをひっくり返してもう片方をつけ、それぞれのビーズでうまくいくか試した。

別のバージョンでは、どのビーズでも装置が動くようになっていた。それで実験者が子どもにつなげてあるビーズを与えて遊ばせると、子どもがそれをばらすことはあまりなかった。くっついたままのビーズをまとめて装置の上に置いた。この場合ビーズをばらしても、何も新しい情報がないと知っているようだった。

もう一つ別の実験では、もう少し年長の子どもたちに、シーソー型のバランス棒を与えた。[*15]支点があり、両端に重りを足していくことができる。そこで六歳の子は、このバランス棒について、誤ってはいるが知的な認識を持っていることがわかった。六歳児は支点が棒の真ん中にあれば、両端の重りの重さがどうあれ釣り合うと考える。

七歳か八歳になると、子どもたちはもっと正確な質量の理論を考え出すようになる。釣り合う点は、両端の重さによって変わることに気づく。片方の端にブロックを乗せると、支点をそちら側に動かさないと釣り合わない。

実験者は磁石で細工をして、重りの重さが違うのに真ん中で釣り合いが取れる棒と、逆に釣り合わないはずなのに、支点が真ん中からずれたときに釣り合うようになっている棒を渡す。そしてその子が、支点が真ん中なら釣り合う派か、質量理論派かを確かめる。そして仕掛けのあるバランス棒と新しいおもちゃを置いて、子どもを一人にする。

〝支点が真ん中なら釣り合う〟派の子は、支点が真ん中からずれている棒で長く遊んだ。つまり自分の理論に反しているときだ。予期していたとおり、真ん中でバランスが取れる棒には、あまり興味を示さなかった。一方で、〝質量理論〟派は、正反対の行動をとった。両端の重さが違うのに、真ん中で釣り合いが取れるように見える棒で長く遊んだ。そしてどちらのグループも、棒で遊んだときのほうが、遊ばなかったときよりも、磁石の仕掛けを見破る可能性が高かった。

つまり子どもは、そのバランス棒について学べるような遊び方をするのだ。しかしその遊び方は、バランス棒の仕組みについて、その子たちがすでに知っていることで変わってくる。偉大な科学哲学者であるカール・ポパーは、優れた科学者は自分たちの理論が正しいと確認する証拠よりも、その理論と対立する証拠のほうに興味を持つと指摘した。この幼い子どもたちは、ポパーの言葉に従っているのだ。自分たちの理論に反する証拠を見たとき、実験せずにはいられなくなる。ただそれを遊びでやるのだ。

ごく最近の研究では、赤ん坊にもそれが当てはまることが示されている。エイミー・スタールとリサ・ファイゲンソンは、生後一一ヶ月の赤ん坊は、科学者と同じように予想を裏切られたとき特に注意を払うため、結果的によく学習し、何が起こったのかを解明する実験まで行うことを体系的に示した。[*16]

彼女らは赤ん坊が、予期していなかったものを見たとき、長くそれを見つめるという古典的な研究から始めた。赤ん坊にありえない現象（ボールが硬いレンガの壁をすり抜ける）か、ごく当たり前の現象（ボールが何もない空間の中を動くだけ）を見せる。そのときボールからきしむような高い音を出すと、赤ん坊は予期しなかった現象を見たときのほうが、ボールから音がしたことを覚えている。

第二の実験では、一つのグループの赤ん坊には、消えてしまう不思議なボールか、ごくふつうのボールを見せた。しかし他の赤ん坊には、棚の上を転がるボールか、棚の端から転がり落ちて空中で止まっているように見えるボールを見せた。そして実験者は子どもたちにボールを渡して遊ばせた。子どもたちは予期しなかった現象を見たときのほうが、じっくりとボールを調べた。その調べ方にも違いがあった。壁の中に消えてしまったのを見たときはボールを叩くが、空中に止まっているのを見たときは、ボールを落とす。それはまるで、ボールが実在していること、重力に逆らっていないことを、確かめているようだった。

こうした実験結果を見ると、赤ん坊は大人よりも優秀な科学者でないかと思えてくる。大人は確証バイアスにとらわれていることが多い。私たちはすでに知っていることと一致することに注目し、予測を裏切ることは無視する。ダーウィンは自分の理論で説明できない事実を集めていたことは有名だ。そうでもしないと、それらを無視したり忘れたりしてしまうことを知っていたのだ。

しかし赤ん坊は、予期せぬことが起きるのを歓迎する。カール・ポパーの言う理想的な科学者のように、子どもたちは自分の理論の誤りを正す事実を常に探している。そして遊び調べることでそのような事実を発見する。

ふりをする

ラットやキツネ、そして人間の子どもは荒っぽい遊びをする。カラスやイルカ、そして人間の子どもは物で遊ぶ。しかし人間の子どもはもっと変わった遊びをする。おそらくこれをするのは人間だけだろう。自分でないもののふりをする、ごっこ遊びをするのだ。[*17]

子どもはちょうど一歳になったころからごっこ遊びを始め、三歳か四歳でそれがピークに達する。オージーが私の庭に来るようになってから、アボカドの木の中にトラが住み、サボテンの間にモンスターズ・インクに出てくるような怪物が隠れ、太陽ランタンには三人の妖精が住み、風鈴の音に合わせてダンスをする場所になった。おばあちゃんの手をちゃんと握っていられるならば、夜になってからそこへ出かけていってもかまわない。

ごっこ遊びの内容は壮大なファンタジーから、もっと現実的なままごとや狩りまで、さまざまだ。[*18] 世界には、アメリカも含めて、親が子どものごっこ遊びをやめさせようとするコミュニティも存在する。そうは言っても、すべての文化で、やはり子どもは、少なくともある時期はごっこ遊びをする。[*19] それはどの時代でも変わらないようだ。[*20] 青銅器時代の子どもの遊び場から出た四千年前の人形とミニチュアのキッチン用品を復元した考古学者もいる。

しかしなぜごっこ遊びをするのだろうか？　荒っぽい遊びや探検型の遊びの利点はわかる。幼い子が大人になったときに必要なスキルを磨く、あるいは棒やブリケット探知器について新しい発見をする機会を得る。しかし本当ではないことばかりか、ありえないことを考える練習をするのはなぜなのだろう。

過去にピアジェなどの心理学者は、子どもたちがごっこ遊びをするのは、現実とファンタジーの区別がつかないからだと考えていた。しかし本書でこれまで書いてきたように、子どもたちはそれらをきちんと区別している。彼らは愛すべき架空の友だちや恐ろしい敵が、現実には存在しないと、ある程度まで知っている。

それなら、なぜ子どもはごっこ遊びをするのだろう。遊びはもう一つの人間独特の能力に深く関わっている。それは仮定の、あるいは事実とは違うことを考える能力、別の世界の可能性を考える能力である。そしてそれこそが、強力な人間の学習能力の中心をなすものだ。

赤ん坊はベイズ主義

ベイズ主義は、人間の学習について近年で最も影響力を持つ考え方だ。[*21] その名の由来は一八世紀の神学者で確率理論のパイオニアである、トマス・ベイズである。ベイズ主義では、学習は科学の進歩のようなものだと考える。私たちはさまざまな仮説、世界がどう動いているかについていくつもの違ったイメージを思い描く。他の仮説よりも可能性は高そうな仮説はあるが、本当であると断定できるものはない。私たちが、ある仮説が本当だと思うと言うとき、いまのところそれは、いちばん可能性が高そうな推定だという意味になる。

ここで私たちが新しい実験、あるいは新しい観察をすると考えてみよう。新しい証拠が出れば、いちばん可能性が高そうな推測について再検討するかもしれない。新たなデータについて、もっとうまく説明できる違う仮説があるかもしれない。その仮説が本当なら何が起こるだろう。その新しい仮説が、古いデータについても新しいデータについても、うまく説明できるのであれば、実際にそちらが本当である可能性が高いと考えるだろう。それが、まだ不確かではあるが仮の真実として、前のアイデアに取って代わる。

子どもは実験や観察を行うが、私たちはそれを「何にでも興味を持つ」と表現する。シュルツの研究室での実験で、子どもたちはポップビーズをばらしたり、ブリケット探知器に一つずつ置いて試したりしながら、装置の仕組みを知るための新しいデータを集めているのだ。そしてバランス棒の実験では、自分の予想とは反する新しいデータに特に興味を示した。

同じように、ソール・パールムッターと助手の実験物理学者たちは、電波望遠鏡でいろいろなものを見ているうちに、宇宙は私たちが考えていたよりずっと速く膨張していることを発見した。(彼らが使ったおもちゃはたいへん高額だが、そのおかげで、彼らはノーベル賞を受賞できた。)

新たな発見のための第一歩は、自分のいまの仮説が間違っていると気づくことだ。しかしこのプロセスにはもう一つ別の段階がある――他の仮説を考えることだ。パールムッターの発見で、理論物理学者たちは別の説明を探すようになった。そのためには何が必要か少し考えてみよう。まず仮説を立て、それが本当だとしたら何が起こるか考えなければならない。たとえば本当に多元宇宙があったら、あるいは宇宙定数があったら、どんなデータのパターンが現れるだろうか。それはパールムッターの予期しなかったものになるだろうか。

このプロセスはごっこ遊びにとても似ている。まずあなたがいま誤りだと思っている説から始める。おそらくバークレーの裏庭のアボカドの木にトラはいないだろう。しかしその本当ではない現象の結果について考える。**もしトラがいたら**、オージーはこの上なく慎重に近づく。トラが寝ていたら、おばあちゃんと一緒に、トラを起こさないよう忍び足で通り過ぎるのが賢明だ。

もちろん、オージーのトラと暗黒エネルギー理論の間には違いがある。物理学者は、いまは信じられなくても本当かもしれない理論を探し、オージーはトラが本当にいてもいなくても気にしてないように見える。しかしそれは他の種類の遊びにとてもよく似ている。生物学者の定義によると、遊びとは幼い動物がたとえ直接的に役立つ結果が生じなくても、役に立つスキルを練習しているときに起こることだという。

このように事実に反することを考えるのは、人間の大人にとって大いに役立つスキルである。それこそが想像力と創造性の力である。事実と違うことを考えるのは、世界について学ぶために重要だ。学ぶためにはいま考えていることが間違っている場合もあると理解し、世界にどのような違いが生じるか想像する必要がある。

しかし事実と違うことを考えることは、世界を変えたいと思うときも重要だ。世界を変えたいなら、違う世界を想像して、本当にそうなるように仕向ける必要がある。実際、いま私が座っている部屋にある織物の生地や木製の椅子、そしてもちろん電気やコンピュータは、大昔の採集生活をしていた人々から見れば夢のようなものだ。いまの私たちの世界は、祖先の頭の中の事実とは違う想像の世界から始まったのだ。

ごっこ遊びについての考え方の一つは、高次の心的スキルを安全に練習するための機会を与える、ということだ。フットにとっては取っ組み合いが戦いや狩りを練習するための機会となり、探検型の遊びがカラスの雛にとって棒の使い方を練習するための機会になるのと同じだ。[*22]

しかしこれが本当であることを証明できるだろうか。遊びを研究室で調べるのは簡単ではない。それはまさにミス・ハビシャムの原理のためだ。決まった形で遊ばせようとすれば、この研究の意味がなくなってしまう。しかし私の教え子の大学院生であるダフナ・バックスバウムが、子どもたちが自発的に、事実と違うことを考える巧みな方法を考案した。[*23]

まず彼女はおもちゃのサルを見せ、今日はそのサルの誕生日だと子どもたちに伝える。彼女はサルに「ハッピーバースデー」を歌ってあげるための特別な装置も持っている。これはおなじみのブリケット探知器の変形バージョンで、ザンドと呼ばれるブロックを置くと装置を動かすことができる。子どもはすぐにその装置の仕組みを学び、ザンドをうまく使えるようになる。たとえば緑のブロックはザンドだが赤は違うといったことがわかる。

そして私たちは、装置について仮定の質問をする。もし緑のブロックがザンドでなかったら何が起こりますか。そして赤いブロックがザンドならどうなりますか。質問に答えるために、子どもたちは理論物理学者のように、そもそもの前提が間違っていたらどうなるか考えなければならない。

驚いたことに、三歳児と四歳児のほとんどはこれができた。しかしすべての子どもというわけではない。子どもの約三分の一は、厳格で熱心な直解主義者だった。つまり、彼らは違う状態だったらどうなるかではなく、実際に起こるであろうことを報告した。

ここからがこの実験の肝となる。ドアにノックの音がして、急いでいる様子の偉そうな人物が部屋に入ってきて、ハッピーバースデーを歌う装置をよこせと言う。この人物は実験の協力者である。ダフナはもちろん困ったふりをするが、その人物は装置をどうしても持っていくと言う。ダフナはがっくりと肩を落とし、同じくらい困った顔した子どもたちに向かって言う。「これじゃ、サルに歌を歌ってあげられない。どうしよう」。突然、彼女はすばらしいアイデアを思いつく。「わかった。こう考えましょう」。彼女はふつうの段ボール箱と近くにあった二つのブロックを持ってきた。「この箱が装置でこのブロックがザンドだということにしましょう」。子どもたちはこの、機転の利いた考えにのってきた。(この話はややシェークスピアの『お気に召すまま』の筋立てに似ている。オーランドーはロザリンドを愛していたが、森で会ったとき彼女は少年のふりをしていた。彼女の正体に気づかずに、オーランドーはロザリンドの話を始める。そこで彼女はオーランドーに、彼女を女の子だと思うよう提案する。それだけでなくロザリンドだと思えと言うのだ。この筋立ては無理があるように思うが、子どもたちはオーランドーのように、簡単に信じてしまう。)

ミス・ハビシャムの問題を解決したダフナは、子どもたちにふりをするよう頼んだ。特に念を押したのは、そのブロックがザンドだと思うことだ。子どもたちは楽しそうにブロックを箱の上に置き、その箱から音楽が流れるふりをした。ハミングしたり一緒に歌ったりすることまであった。

ダフナは次に、そのブロックはザンドではないふりをするよう言った。装置にブロックを置いたとき、音は出ていないふりをするのだ。（この最後の注文は考えてみるととても難しい。子どもたちは本当に音楽が流れていない箱を前に、音楽が流れていないふりをしなくてはならないのだ。本物のロザリンド前に、その人がロザリンドだと思い込もうとするオーランドーのように。）

大半の子どもたちは、ただふりをするだけでなく、自発的に前提をさらに複雑化させていた。庭で遊ぶオージーのように、大人よりも先を行っていたのだ。

装置から違う曲が流れていると言ったり、きちんと包んである架空の見えないプレゼントを、サルにあげたりしていた。そして自発的に「実験を行い」、架空の違うブロックを装置に置いては、架空の結果を報告していた。

しかしここでも三分の一の子どもは厳格な直解主義だった。実験者には本当のことだけを告げる。つまり音楽が流れていないということだ。

興味深いのは、そう言った子は、前の仮定の質問に対して、事実だけを答えたのと同じ子どもだったことだ。ごっこ遊びは、他の可能性を考える能力と強く結びついている。

しかしそれならごっこ遊びができる子のほうが頭がいい、あるいは事実だけを答えようとする衝動に逆らえるということになるのだろうか。二番目の実験では、子どもそれぞれの全般的な認知能力と実行機能についても調べた。するとそのような能力と、ふりをしたり事実と違うことを考えたりする能力には、関連性がないことがわかった。しかしふりをすることと他の可能性を考えることの間には、特別な結びつきがあった。そして私たちがその後に行った実験で、まず子どもたちにごっこ遊びをさせると、あとで事実と違う推論がうまくできるようになることもわかった。他の子よりもごっこ遊びをする子がいるのはなぜなのか、はっきりとはわかっていないが、私たちは現在、それは他の人たちがごっこ遊びをするのを見た経験と関わりがあるかを調べている。

心の種類

他者のふりをすることが学習のために特に重要な、事実と違うことを考える練習になるのなら、ごっこ遊びを多くする子どもは、より多くのことを学習すると考えたくなるかもしれない。確かにそうである証拠はいくらかある。ただしごっこ遊びが、学校で習うような学業スキルを向上させるという証拠はあまりない。しかしそのような勉強が、幼い子どもにとって（私たち大人にとっても）最も重要であったりやりがいがあったりするわけではない。

幼い子どもにとって、それよりはるかに重要で興味深い問題は、他人の心の動きを理解することだ。心の理論と呼ばれるものは、他人の欲求、ものの見方、感情、信念を理解する能力である。これこそが人間が行う学習の中で最も重要なものかもしれない。

これがいかに重要であるかは、自閉症の人々を見るとよくわかる。自閉症スペクトラム障害（A

SD）は複合的な症候群だが、中心的な問題の一つと考えられているのが、ASDの子どもたちは他人の心の動きを理解するのが困難であるということだ。[*24] それがこの障害の特徴であり、社会での生きづらさにつながる。

ごく幼い赤ん坊でも、他の人と自分の心の動きについて、いくらか理解していることもある。そして人は二〇歳（三〇歳、四〇歳、五〇歳）になっても学習を続ける。しかし生後一八ヶ月から五歳までの間は、心の理論の発達のための大きな分岐点である。[*25] 子どもは人間の欲求や感情や信念についての基本的な事実を学ぶ。人はそれぞれ違うことを望んだり信じたりすることを学ぶ。そしてその違いのせいで、人の行動はそれぞれ大きく違い、とてもややこしくなることも学ぶ。

子どもたちは現実の世界について、事実とは違うことが起こっているふりをするが、自然に行っているごっこ遊びは、人が（あるいはトラや怪物や妖精のような、人に似た存在が）行うことに関わっている。オージーと私が月明かりに照らされた庭を忍び足で歩いているとき、私たちはタイターニアやアリエルやティンカーベルといった、不可思議な存在の行動を予測している。

想像上の友だちは、この種のごっこ遊びの特に生々しい例である。想像上の友だちは、とても魅力的であると同時にある種の気味悪さがあり、それは天才性か狂気、あるいはその両方の表出とみなされることが多い。しかしその種の友だちを持つのは珍しいことではない。心理学者のマージョリー・テイラーは、未就学児の六六パーセントが想像上の友だちを持っていることを明らかにした。それらはだいたい友好的だが恐ろしいこともあり、そして全般的に奇妙なところがある。大きなまだらのしっぽを持つ恐竜だったり、床までお下げ髪を垂らした南極に住む女の子だったりする。[*26]

想像上の友だちがいる子のほうが頭がいいとか変わっているとかいうことはない。[*27] しかしテイラーは、ある人を別の人であるかのように扱うことと心の理論の間に、とても明確で強固な関係があることを発見した。たとえば誤信念課題という、よく知られた実験がある。まず子どもにバンドエイドの箱を見せると、子どもは中にバンドエイドが入っていると思う。ところが実は中にはバンドエイドではなくクリップが詰めてある。その後、箱の中に何が入っていると思ったか、そして他の人は中に何が入っていると思うか尋ねる。幼い子は、ずっと中にクリップが入っていると思っていたので、他の人もきっとそう考えるだろうと言う。しかし五歳になるころにほとんどの子は、自分も以前は間違っていたことを覚えていて、他人も間違うだろうと理解できるようになる。しかし自閉症の子は、この種の問題を解くのにとても苦労する。

ごっこ遊びを多くすることは、他人を理解するのに大いに役に立つ。[*28]「誤信念課題」の成績がはるかによくなる。そして想像上の友だちを持っている子どもに、その利点が特に顕著に表れる。

事実でないことを事実であるかのように振る舞うことは、大人にとっても人間心理を知る助けになる。大人にとって、フィクションの小説や演劇はごっこ遊びや想像上の友だちに当たる。そして小説を読むことは、他者のふりと同じ利点があるということが、研究によって明らかになっている。小説をたくさん読む人はそうでない人よりも他者を理解することに優れている。大人版の心の理論の課題の成績が、同じ量のノンフィクションを読む人よりよくなるのだ。

それは因果関係なのだろうか。それとも単なる相関関係なのだろうか。ある研究では、被験者に文芸小説、通俗小説、ノンフィクションの一節を読ませた。[*29] そして登場人物が何を考えているかを、その行動に基づいて読み解く、あるいは誰かが感じていることを、顔の表情をもとに考えるように告げた。文芸小説は心の理論の問題を解く力を一気に向上させた。通俗小説とノンフィクションでは、そのような効果はなかった。（つまりもし人間心理を理解する能力を向上させたいなら、この本を読むのをやめてすぐにジョージ・エリオットの『ミドルマーチ』を読むべきなのだ〔『ミドルマーチ』は、社会や登場人物の心理描写に定評のある、イギリスの作家エリオットの代表作〕。）

踊るロボット

荒っぽい遊びは動物や子どもが他者と交流するのを助ける。探検型の遊びは動物や子どもが物事の仕組みを学ぶのを助ける。そしてごっこ遊びは子どもが可能性について考えたり他の人の心を理解したりするのを助ける。

しかし私たちはまだ、**なぜ**遊びが役に立つのかという問いには答えていない。その答えの一つは心理学ではなくエンジニアリングで見つかるかもしれない。母なる自然は、やはり新しい創造物をつくるマニアックな専門家と同じテクニックを使うことがある。

あなたはロボットをつくろうとしていると考えてみてほしい。つくりたいのは、同じことを何度も繰り返す大きな工業用ロボットではなく、変化を続ける世界で人間や動物のように適応できるロボットだ。どうすれば、それができるだろうか。

一つのことをするロボットをつくるのはわりと簡単だ。変化する環境に対処できるロボットをつくるのは、はるかに難しい。歩くロボットはつくれても、それが倒れたり、壁にぶつかったり、膝を壊したり、肢を失ったりしたら、どうなるだろうか。こうした変化に生物は柔軟に適応する。傷病兵が歩き方を調整して、義足で歩くばかりか走れるようになることを考えてみてほしい。しかしふつうのロボットではどうにもならない。

コンピュータ科学者のホッド・リプソンは一つの戦略として、ロボットに自分自身がどのような仕組みで動いているのか、その内的イメージを持たせることを考えた。[*30] そうすればロボットは自分の内部、あるいは外の世界が変化すると何が起こるか予測できる。これはベイズ主義の子どもが、ブロックがザンドだったら何が起こるか調べるのに似ている。そしていちばん効果的なのは、ロボットに遊ぶ機会を与えること——ランダムに違う動きを試して結果を分析させること——だった。

リプソンのロボットは最初、結婚式で酔っ払った親戚のように、わけもわからずでたらめに踊るばかりで、役に立つことは何もしようとしない。しかししばらくすると、楽しく踊りながら集めた情報を使って、予想外のことが起こったときに、どう動くかを決めることができる。エンジニアがロボットの肢を一本取り外しても、まだ歩くことができた。最初は役に立たないと思えたダンスのおかげで、ロボットはのちにもっと強くなれたのだ。

このロボットが、子どもにとっての遊びの利点についての手がかりを与えてくれるかもしれない。遊びで子どもたちは、さまざまな行動やアイデアをでたらめに試して、結果を分析することができる。それと同じことをリプソンのロボットは自分のボディーの動きを試すことで、幼いラットはさまざまな形の攻撃と防御をやってみることで、カラスの子は棒をひっくり返して正しいほうを上にすることで、子どもはバランス棒をもて遊ぶことで行っているのかもしれない。

また、ごっこ遊びでは、実験はもっと内的なものかもしれない。子どもや小説を読む大人は、世界が現実と違ったら何が起こるか考え、その結果を予測しようとしている。もし今日がサルの誕生日だったら、ナターシャの初めてのダンスパーティーだったら、ピエールの初めての戦いだったら。

演じることは、一見でたらめで奇妙でばかばかしく思えるが、だからこそ大きな効果をあげる。リプソンはロボットの子があらゆる状況で何をするべきか、前もって考えておくこともできた。それは私たちが子どもに対してやりたくなることだ。しかしそれでは予想されたことが起こったとき何をするべきかの情報しか与えられない。遊びは、思いがけないことが起こったときにどう対処するかを教えてくれる。

それは遊びに関するもう一つの不思議な事実を説明するのにも役立つかもしれない。なぜ私たちは遊びという行為を楽しく感じるのだろうか。目標に向かう行動には価値があるということはすぐに学習する。何しろ目標に到達すれば報酬を得られるのだから。しかし、進化があらかじめ予期できないような事態に、動物や子どもが対処可能であることを保証するには、どうすればよいか。私たちは常に、膝のケガや新しい格闘(あるいは求愛)の動き、同じ人間から投げかけられる心理的サプライズなど、思いがけないことに直面する。エンジニアリングの研究では、ロボットや動物や子どもに、遊ぶ機会を与えることが解決策であると示唆されている。幅広く調べ、でたらめに行動し、ばかげたことを試し、理由がなくても何かをするのだ。

しかしそのためには、結果は関係なく、調べること自体が楽しいものでなくてはならない。それは少し、セックスとその結果に似ている。一個人の視点では、セックスに求めるものは快楽であり、赤ん坊は副産物である。しかし進化の視点からは、それが逆になる。生殖が最終的な目的で、快楽はそのための誘因にすぎない。

私たちは認知機能を強化するために遊ぶのではない。たとえそれが進化上の動機であったとしても。私たちはただ楽しいから遊ぶのだ。

ミス・ハビシャムを超えて

まだ多大な研究の余地はあるが、遊びと学習は同時進行する。それはラットにとってもアリス・マンローの読者にとっても同じである。子どもを遊ばせることが重要なのは明らかだ。しかし子どもの世話をする人の役割について、さらに語るべきことがあるだろうか。親は子どもがもっとうまく遊べるよう、どうにかして手助けできるのだろうか。

あまり言いたくはないが、実は親はむしろ遊びの妨げになることがあるとわかった。エリザベス・ボナウィッツと同僚たちは、ポップビーズを使った遊びながらの学習と、学校での直接的な指導を比較した[31]。彼女らは未就学児に、違う機能を持つプラスチックのチューブをいくつも組み合わせたおもちゃを与えた。あるチューブは押すと高い音が鳴る。別のチューブは中に鏡が仕込んである。三つ目は明かりがつく。四つ目は音楽が流れる。

半分の子どもたちには、実験者がおもちゃを持ってきてこう言う。「この面白いおもちゃを見て。おーっと」と、たまたまチューブを押してしまい、それが高い音を立てる。残りの半分の子に対しては、実験者が先生のようにふるまう。「この面白いおもちゃを見て」と言い、意図的にチューブを押して高い音を立てる。そして子どもたちだけにして、そのおもちゃで遊ばせる。

どちらのグループの子どもたちも、すぐにチューブを押して音を出す。音が出る仕組みを学習していたのだ。問題は、このおもちゃの他の機能についても学習していたかどうかである。実験者がおもちゃをたまたま動かしたとき、子どもたちは夢中になって遊び、でたらめにあちこちいじって、すべての仕掛けを発見した。しかし実験者が先生のような態度をとったときは、子どもたちは音の出るチューブを何度も何度も、飽きるほど押して、新しいことをやろうとしなかった。意図的に実験者が教えようとしたときよりも、たまたま音の出るチューブを押したときのほうが、子どもたちは長く遊び、違う行為を試し、〝隠れた〟仕掛けを見つけた。

つまり教えることはもろ刃の剣なのだ。前の章で見たとおり、子どもたちは教えられているという事実をきわめて敏感に察する。しかしここでは教えることで逆に、このおもちゃの他のすべての可能性を発見しようという、子どもの意欲を減らしてしまったようだ。子どもたちは自分たちで探そうとせず、熱心に先生の真似をしていた。（私のような大学教員は、こうした傾向が大人になっても続くと知ることになる。）

そして模倣の章で説明した、三つの行動を組み合わせた実験を思い出してみよう。その実験では、大人がおもちゃを振る、つぶす、リングを引く、あるいは叩く、ボタンを押す、ひっくり返すといった行為を、順番を変えて行っているところを見せる。*32 するとおもちゃから音楽が流れることもあれば、流れないこともある。そのパターンから、音楽が流れるようにするにはもっと簡単な方法があると考えられる。たとえば本当はリングを引くだけでいい、というように。

大人がそのおもちゃの仕組みについて何も知らないと言うと、子どもは自分でもっとうまい理屈を考え出す。しかし実験者が先生のようにふるまい、おもちゃの使い方を教えると言うと、子どもは先生のやることすべての真似をした。

　では大人の先生が口を出すと、すべてがだめになるということだろうか。必ずしもそうではない。自発的な遊びは、そもそもの性質として、目的がなくて気まぐれである。しかし学校のように、特定の何かを子どもに教えたいときはどうだろうか。

　ある研究で、未就学児童に難しい幾何の概念、形のことを教えようとした。[*33] 未就学児童はまだ幾何にとって重要な形についての基本原則を知らない。最初は三角形が辺の長さや角度は関係なく、三つの辺を持つ形であると理解していない。

　その研究では、子どもにさまざまな形が書いてあるカードの束を渡した。正三角形や正方形など、よく見るものもあれば、あまり見ない平行四辺形などもあった。一つのグループはただそのカードで遊ぶ。

　二番目のグループには実験者も加わった。探偵の帽子をかぶり、これからみんなで形の秘密を見つけると説明する。そして三角形や五角形など幾何学的な絵を見せ、それらに共通する秘密は何か子どもたちに尋ねる。子どもたちが反応すると大人はその答えを詳しく説明し、ゲームの一環として質問をする。私がトラや妖精についてオージーに詳しく説明するのと同じだ。子どもだけでタイターニアやアリエルという名前を思いつくことはないだろう。

　三番目のグループの子どもたちには、実験者が先生のようにふるまった。二番目のグループの実験者とまったく同じことを言うが、子どもたちに自分たちで秘密を考えるよう促すのではなく、ただ秘密が何かを伝えた。

　一週間後、子どもたちに新たにいくつもの図形を見せ、ある幾何学のルールに従っている〝本物〟の形と、そうではない〝偽物〟に分けるよう指示した。二番目の「ガイド付きの遊び」[*34]をしたグループの子どもたちは、他の二つのグループの子どもたちよりも、はるかに成績がよかった。その子たちは形の性質をより深く学び、原理を完全に理解していた。

この種のガイド付きの遊びは、教師や教育者のモデルにもなる。科学者はこのような相互関係を説明するのに、〝足場（scaffolding）〟という言葉を使う。大人が子どものために知識を築くということではない。大人が足場を築き、子どもはその足場の助けを借りて、自ら知識を築く。このガイド付きの遊びの研究は、前に説明した子どもが聞いて学ぶこととの研究に似ている。

世話をする人が子どもに遊ぶよう命令しなくても、遊びに寄与する、あるいはどう遊ぶかをコントロールする方法はいくつもある。第一に、動物の研究で得た重要な教訓がある。遊びは人間の子ども時代に不可欠なものであり、どんなにひどい状況でも行われる。子どもたちはナチスの強制収容所の恐怖の中でも遊んでいた。しかし安全で安定した環境のほうが遊びが生まれやすいのは明らかだ。子どもを世話する人は、そのような環境を生み出すための助けを探すうえで、誰よりも重要な役割を担う。それは簡単ではないし特に楽しいわけでもなく、完璧にできる人もいないが、子どもを遊ばせることは人間に与えられた一つの能力である。

第二に、世話する人は子どもの世界を豊かにするのにひと役買うことができる。違う文化に生きる子どもたちは違う遊びをするが、それは周りにある遊び道具が、棒や石から、とうもろこしの軸、iPadまで、いろいろ違ったものがあるからだ。大人はこうした遊び道具を用意することができる。自分たちの文化で特有の道具の使い方を、子どもたちが身につけるチャンスを与えられる。カラスの親が子どもたちを、棒と葉っぱで遊ばせているように。

『ワイアード』誌の二〇一二年の記事では、棒切れは史上最高のおもちゃにランキングされている。しかしそこに鍋釜などのキッチン用品、じょうろや植木鉢、金魚、芋虫、iPhoneやタブレットまで入れてもかまわないと思う。

そして大人もときには、遊びに加わってもかまわない。子どもたちが他人の心を知ろうとしているなら、本当の他人の心は最高のおもちゃではないか。「ガイド付きの遊び」はよい例である。大人は子どもに主導権を与えるが、そこにいて提案をしたり説明をしたり（ばかげた探偵の帽子をかぶったり）する。

しかし子どもと一緒に遊ぶのにはもっと重要な理由がある。遊びは大人にとっても楽しいということだ。それは子どもたちが元気に遊ぶための十分なリソースを集めるという、あまり楽しくない仕事へのちょっとしたご褒美だ。正直に言えば、私は庭の妖精たちをオージーと同じくらい楽しんでいるが、孫がいなければ、そんな気恥ずかしいほど可愛らしいゲームに熱をあげるとはとても考えられない。ライトニング・マックィーンの車〔映画『カーズ』に登場する〕をカーペットの上で走らせることもなく、鍋にブロックをいっぱい入れてスープに見立てることもなく、童謡の五匹のサルのようにベッドで飛び跳ねることもなかっただろう。まだ小さなジョジアーナにいないないばあをしたり、小さなクモさんの手遊びをするのもけっこう楽しい。特に彼女の笑い声を聞いていると、こちらもうれしくなってしまう。

皮肉なことに、現代の中産階級の親は、それがペアレンティングという仕事の一部であると納得できたときだけ、自分も遊ぶことを許しているのではないか。アメリカにはピューリタン的なところがある。食べ物から散歩、セックスに至るまで、他の文化圏の単純な快楽を取り入れて、とても大変なプロジェクトにしてしまう。ただスパゲティとトマトを食べるのではなく、地中海式ダイエットに従う。食事のあと散歩するのではなく有酸素運動を行う。『ジョイ・オブ・セックス』を実践するのは……読んで字のごとく性の快楽《ジョイ・オブ・セックス》のためだが。

子どもに（自発的に、でたらめに、そして子どもだけで）遊ばせることは、学習の役に立つと考えるには、それなりの理由がある。しかし進化の話のもう一つの側面は、遊びはそれ自体が満足を与えてくれるものである、ということだ。喜びや笑いをもたらし、子どもだけでなく大人にとっても楽しい。他に論理的根拠がなくても、楽しいことはそれだけで人が遊ぶ立派な理由になる。

第7章 成長する

これまでは主に六歳くらいまでの、とても幼い子どもについて話をしてきた。幼い子どもは特に気まぐれで創造力に富むが、まったく秩序がない。そんな子どもたちの世話をするのは本当に大変だ。一方子どもが大きくなるとどうなるだろうか。

人間の子どもたちについて言えば、当然ながら学校教育が始まる。年長の子どもたちの世話は学校が担うことになる。心理学の教科書では子どもを就学前と後に分けていて、まるで学校が基本的な生物学的な違いを生じさせているように見える。しかし〝学校教育〟の歴史は、〝ペアレンティング〟の歴史より少し古いだけなのだ。学校ができたのはほんの二〇〇年ほど前、人間の歴史の中では一瞬である。

近代のペアレンティングのジレンマは、同じくらい強烈な学校教育のジレンマと似たところがある。教育者も親と同じように、学習と発達について科学的に間違った概念を持っていることがよくある。実を言えば、ある間違った概念を共有している。それは教育とは子どもを決まった形の大人に育ててあげるためのものである、という考えだ。それをよく表しているのが、標準化されたテストの普及である。学校の仕事は、標準テストでよい成績を取れる子を育てることになってしまっている。

少なくともペアレンティングの事業には、実現のための明確な処方箋はないにしても、子どもを幸せで成功する大人に育てるという良識的な目標がある。しかし現実を見ると、そうした原理をよそに、学校教育はテストでの高得点、A評価、上の学校への入学といった、恣意的な目標に向かっている。

ペアレンティングの誤解は学校教育の誤解と似ているだけでなく、相互に影響し合っている。学校教育がさまざまな形の成功のカギとなっている世界では、ペアレンティングは必然的に、子どもが学校でよい成績を取ることを目指すようになる。

学校が年長の子どもについて誤った考えを広めているとすれば、正しい考えとは何だろうか。科学的な視点からすると、学習はテストの点がすべてということは決してない。学習とは自分の周りの世界の現実を把握することだ。すべての子どもは自然に、世界の正確なイメージをつくり、そのイメージを使って予測をし、説明を考え、別の選択肢を想像し、計画を練ろうとする。子どもたちはみんな、世界を理解したい、理解しなければならないとまで思っている。

しかし六歳の子の学習法が、それより幼い子のやり方とずいぶん違っていることは確かである。だいたい六歳から思春期までの期間は、乳児期や幼児期初期と同じくらい独特な時期である。そこでは乱暴で理屈が通らず空想的な未就学児から、穏健で落ち着いた七～八歳児への、驚くほどの現実的な変化がある。平均的な八歳児は、地上で最高にまともで落ち着いた生物かもしれない。

進化によって与えられた未就学児の仕事は、できるだけたくさんの可能性について、できるだけ幅広く調べることだ。そのような探索によって、世界がどのように動いているかの基本的な原則に気づくことができる。その原則は、大人になってからの能力の基礎となるだろう。

学齢期の子どもの仕事は、彼ら自身が有能な大人になろうとすることだ。この年齢の子どもの進化上の課題は、自分たちが住む文化に特有のスキル、特に社会的スキルを、大人の庇護という安全な繭の中にいる間に練習して習得することだ。

この新しい種類の学習への移行は、学校への移行によって強化される可能性がある。しかし学校が現れる前の時代や、学校があまりない文化圏でも、子どもが六歳か七歳になると、何かが変わると人々は気づいていた。この年ごろは昔から、子どもが大人を見習いながらハンターや騎士や料理人になる勉強を始める時期だった。子どもはこのころから仕事を始めると言える。そして初聖体拝領〔通常八歳前後で行われる〕のような儀式――伝統的なカトリックにおける〝道理がわかる年齢〟の始まり――も、人生の新しい段階に進んだことを示す。永久歯が生えてくるとともに、大人としての責任も生じるようだ。

幼いころに見られる学習方法で、少し大きくなってからも重要であり続けるものもある。幼い子と同じように年長の子どもも、世界の仕組みについての直感的な理論を編み出しては修正していく。彼らは自然に物理学、生物学、そして心理学の新しい概念を進展させる。たとえば子どもは一〇歳くらいで濃度の概念を理解し始め、濃さと重さを区別するようになる。[*1] 六歳から七歳で生物学を新たな方法で理解し始める。[*2] 四歳児は死ぬことはただ違うところに行くことと考えるが、もう少し大きくなると、死は不可逆のプロセスであるという悲しい事実を理解する。それは特にペットを飼っていたり、農場で育っていたりすると顕著である。[*3、*4] さらに年長の子になると、皮肉やジレンマといった、わかりにくい心理的概念を理解し始める。あることを口にしたとき、

それがまったく違うことを意味する場合があったり、悲しみと幸せを同時に感じたりすることを知るのだ。[*5、*6]

七歳や八歳の子どもは、赤ん坊や就学前に多く見られる冒険や発見的な行動も行う。さらに年齢が上がると、合理的な模倣や観察的学習もうまくなる。他人のさまざまな発言——周囲の大人から聞こえてくる、多くは矛盾している情報——の意味を理解できるようになる。そして気まぐれ、乱雑さ、ごっこ遊びは、子どもたちがたくましく、柔軟に、そして創造的に学ぶことを助けてくれる。

けれども学齢期の子どもたちは、いわゆる完全習得学習（マスタリー・ラーニング）も行うようになる。これはそれまでの発見学習とは違っている。完全習得学習は新しいことを学ぶというよりも、すでに学んだことを完全に身につけることだ。以前解いた問題を考えなくても解けるようになれば、そのスキルを難なく、素早く、効率的に駆使できるようになる。完全習得学習は利用することであり、探索することではない。

これら二つのタイプの学習の間にはトレードオフがあるかもしれない。子どもが新しいことを大人よりも楽に学ぶことがあるように、ある種の学習については、就学前児童のほうが学齢期の子どもよりも得意である。特に学齢期に身につけた知識はどんどん深く植え付けられ、無意識に出てくるようになるため、より効率的に行動できる。しかしまさにそのために、変えるのも難しくなる。

ある意味では完全習得学習は頭をよくするというよりも、愚かになることである。私たちは学んだことをごく自然に、頭を使わず行えるようになる。それにより意識をそこに集中させず、新しい発見のために使うことができる。

習熟度を上げるための行動は、発見を促す行動とは異なる。知っていることを無意識に行えるようにするものは、あなたが演奏家としてカーネギーホールに行くのに必要なもの、つまり練習につぐ練習である。ある特定の情報を利用する、特定のスキルを何度も何度も行うことで、人は考えることさえ必要ないレベルにまで達する。ある状況、たとえばバーバラ・ロゴフが研究を行ったグアテマラの村では、こうした練習を自然に行っている。一年間毎日トルティーヤをつくれば誰でもかなりうまくつくれるようになる。[*7]それは貧富を問わず、私たちの文化圏の子どもにも当てはまる。ビデオゲームで何時間も続けて行えば驚くほど上達する。[*8]

これら二つの種類の学習の基本的メカニズムは異なっていて、関わる脳の部位までも異なっているようだ。子どもは発見学習のあとに完全習得学習を身につける。赤ん坊は発見学習については頭のいい大人と同じくらい得意であり、大人より得意なこともあるかもしれない。しかし完全習得学習については大人になるほど得意になる。

特にすでに見てきたとおり、子どもが大きくなると、脳の重役室ともいうべき前頭前野がしだいに、脳の他の部位を制御することが多くなる。[*9]赤ん坊や幼児は面白くて有益なもの何にでも注意を向け、その結果として学習する。しかし年齢が上がるごとに、特定の目標に向かって学習するようになる。完全習得学習には一種の管理された目標が求められるが、それは幼児にはできないことだ。

他にも完全習得学習を可能にする変化がある。[*10]神経結合が広範囲にわたって刈り込まれるのだ。多くの結合が消滅する。残った神経接続、特によく使われるものはしだいにミエリンという物質で覆われて、より効率的に仕事を行えるようになる。同時に脳もどんどん分化していく。一般的に問題解決を行うとき、幼い子どものほうが、年長の子や大人よりも脳の広い範囲を使う。

これらの変化すべてが、幼い脳を変える要因となる。就学前の子どもの脳は、とても柔軟ですぐに変化するが、余計なものも多い。学齢期の子どもの脳ははるかに効率的で有能だが、融通がきかない。

完全習得学習ができるようになる理由の一部は、これらの変化にあると思われるが、あるスキルの習得するために練習したり制御したりする経験自体が脳を変化させる。同じ神経結合を何度も繰り返せば（たとえばピアノで何度もスケールを練習すれば）、その結合はどんどん強く手早く行われるようになる。何度もボールを投げることで、肩の筋肉が強化されるのと同じだ。しかしそれとともに変えることは難しくなる。これら二種類の変化は相互に作用している可能性が高い。脳が変化すると新しい経験ができるようになり、その新しい経験が脳をつくり変える。[*11]

見習って覚えるスキル

人はどのようにしてスキルを習得するのだろうか。人類の歴史の大半では、六歳から一二歳くらいまで（小児期中期）の学習とは、学校ではなく周囲の人々を見て学ぶものだった。子どもたちは家族、あるいは家族以外の人々たちを見ながら、非形式的にスキルを身につけ、のちにもっと形式的な教えを受けた。ほとんどの人たちが採集や農業で生計を立てていたので、子どもたちもそれを手伝いながら学んでいた。それはいまでも変わらない。[*12] 子どもたちは商人や職人の弟子となって、より専門化したスキルも身につけた。

　就学前の子どもたちが周囲の大人たちの真似をするとき、そうした見習いとしての萌芽が見られる。人類学者や文化心理学者、そして言うまでもなく親たちは、子どもはごく幼いころから、大きなナイフの扱いからパンケーキを焼くことまで、大人たちがやることを何でも真似したがることを知っている。しかし就学前の子どもたちが大人たちのスキルを真似るのは基本的には遊びとしてだが、学齢期になると本格的にそれを身につけるようになる。二歳の子と一緒にパンケーキを焼くのは、一人でするよりたいへんだが、子どもが八歳や九歳になると本当に家族の仕事の助けとなる。見て覚えることは遊びであると同時に一種の仕事でもあるのだ。

　学齢期の子も幼児と同じように周りの人がしていることを観察して真似をする。しかし特によく習得するのは、腕のいい大人と交流して試行錯誤を繰り返せたときだ[*13]。見習いは師匠のやり方をじっと見つめ、そのスキルの簡単な部分をやってみようとする。それはスープストックの鍋をかき混ぜることかもしれないし、型紙を切ることかもしれないし、木の枠を組み立てることかもしれない。そして今度は師匠が弟子の作業を見て（だいたい厳しく）批評し、もう一度やらせる。真似る、練習する、批評されるというサイクルを繰り返すごとに、学ぶ側はどんどん腕をあげ、どんどん難しい作業（ベシャメルソース、ウエストのダーツ部分の縫いつけ、ほぞ接ぎ）に挑戦していく。

　こうしたやり方でスキルを身につけるには、厳しい練習が求められる。日本のある禅物語に、柳生又十郎という男が、偉大な剣客である広田伴蔵という師匠に弟子入りする話がある[*14]。伴蔵は剣術は教えず、又十郎に台所で野菜を料理させた。初日に又十郎が大根を切っていると、伴蔵が突然どこからともなく現れ、大きな木刀で彼を打ち、無言で去って行った。これが何ヶ月も続き、伴蔵はどんどん思いがけないところから現れるようになった。三年が過ぎるころには、又十郎は台所にいる間、一瞬たりとも隙は見せず、木刀をすぐかわせるようになっていた。そうなって初めて、伴蔵は剣を教えると告げた。又十郎はもちろん、日本一の剣客となった。

ラジオのニュースの原稿を書いていた知り合いのジャーナリストからも同じような話を聞いた。コピーライターの中で一番若く下っ端だったころ、彼は誰もいないニュース編集局で徹夜で原稿を書いていた。白髪混じりでひどく気むずかしい年配の編集者が、半ば酔っ払って、テレタイプの機械（大昔の話なので）から出てくる紙を破り、それをもとにラジオで読む原稿を書けと新米に命令する。それで彼は必死になって原稿をタイプして、その編集者に戻す。五回に四回は「こんなものはクズだ」と編集者に言われ、ゴミ箱に捨てられてしまう。しかしときどき編集者が不機嫌そうな顔をしながらも、原稿を自分の書類箱に入れることがあった。しだいにその箱に入れられる原稿が増え、捨てられることは減っていった。そしてとうとう半分が採用されるようになった。剣客の弟子と同じように、このジャーナリストもいつのまにかラジオのニュース原稿の書き方を学んでいたことに気づいた。

もちろん学校でこのような教え方をするのが望ましいというわけではない。しかしこれらの話は、見習いをすることによってスキルをどう学ぶかについての、わかりやすい寓話になっている。現代の学校でも、有能な教師の多くがこうした見習い制度の要素を取り入れている。しかし皮肉なことに、そのような教師は必修科目ではなく〝カリキュラム外〟の講座を持つことが多い。厳しいが慕われている野球のコーチや、注文は多いが熱心な音楽の教師などが、子どもにこのようなやり方をさせる。

都市の貧しい地区の子どもたちはスポーツと音楽に集中的に取り組むことが多いが、これらのスキルは数学や科学のスキルに比べて、生計を立てるのに役立つ可能性が低い。おそらくここには文化に根差した非現実的な期待が反映されている。しかし同時にスポーツや音楽は、数学や科学や文学よりも、見習い制度のやり方で覚えやすいという事実が反映されているとも思える。

バレエやバスケットボールが見習いで覚えられるのに、なぜ科学や数学だとそうはいかないのかについて、特に納得のいく理由はない。どんな科学者でも、科学はピアノやテニスと同じように、苦労して身につけたスキルが重要だと言うだろう。実際に私たちが科学を教えている大学院では、シェフやテイラーと同じやり方を用いている。学生たちはまず論文の簡単な部分を担当したり、助成金を受けている大きな研究の一部の計画を立てたりすることから始め、時間をかけてレベルアップして、やがて自分自身で一つの研究、あるいはオリジナルの実験を行えるようになる。

私のもう一つの職業である、書くことについても同じである。書くことは、特によい編集者の助けを得て、何度も何度も書くことによってうまくなる。（ジョン・ケネス・ガルブレイスは、批評家が気に入っていた彼の自然な文体は、だいたい第九稿で出てくると言っていた。）

しかし実際に科学や数学、論文の執筆を練習したり、プロの科学者や数学者、ライターの仕事の様子を見たりできる学生がどのくらいいるだろうか。平均的な野球のコーチが野球を教えるのと同じレベルで、科学や数学や論文の書き方を教えられる教師が公立学校にどのくらいいるだろうか。たとえ専門的スキルを持つ教師が一人いたとしても、その教師が論文を書いたり、新しい化学実験計画を立てたり、見たことのない数学の問題を解くところを見られる生徒がどのくらいいるだろうか。

野球を科学を教えるのと同じやり方で教えたらどうなるか。一二歳になるまで子どもは野球の技術と歴史について学び、ときどき偉大な野球選手の感動的な話を聞く。野球のルールについてのテストを受ける。大学生になると、厳しい監視のもと、歴史的に有名な試合を再現させてもらえるかもしれないが、実際に試合をやらせてもらえるのは、少なくとも大学院一年か二年になってからだ。こんなふうに野球を教えたら、リトルリーグ・ワールド・シリーズは、現状の子どもたちの科学の成績と同じくらいお粗末なレベルになるだろう。

又十郎やラジオのニュース記者は、剣術の入試やニュース記事執筆の期末試験に合格するために学んでいたわけではない。彼らの場合、学習の過程と結果を区別することができない。野球を学ぶことは野球選手になる心構えを身につけることではなく、野球選手になるためのスキルを身につけることだ。

学校で教えるスキル

見習い学習の大半は、学校教育に取って代わられた。公共の一般教育が生まれたのは最近のことで、産業革命と連動していた。それは工業化された世界で成功するために必要な新しいスキルを、人々に提供するようつくられている。学校は子どもたちに、読む、書く、計算するといった技術をおぼえさせるために生み出された。そしてそれが、人類史上初めて家から遠く離れて仕事をするようになった大人が出かけている間、安全な場所を子どもに与える場所になったのも偶然ではない。

学校で習うスキルは長期的に見ればとても重要かもしれないが、それだけでは意味がない。文字と音の人為的な変換や、九九のような掛け算表を学ぶことに、本質的な発見はない。自然の環境では、誰もそのような変換を求めないし、そのような計算に取り組むことはないだろう。

それでもこうしたスキルを学び、自然に無意識にできるくらい自分のものにすることは、いまもそしてこれからも、絶対に必要なことである。（ただしコンピュータ時代に計算スキルはほぼ間違いなくコーディングとプログラミングに取って代わられるだろう。手書きがすでにキーボードによるタイピングに変わっているように。）こうしたスキルがなぜ必要かと言えば、もっと広い世界で学習能力を発揮するのに役立つものだからだ。読み方をおぼえれば、近くにいる人だけでなく、これまで生きてきた人すべてから学ぶことができる。言葉を音に変換したり掛け算九九を覚えたりすれば、論文を書いたり、科学的な仮説を検証したり、統計的パターンを分析したりといった、とても重要なスキルを身につけることができる。

問題はこうした人為的につくられたスキルを身につけるために、子どもの自然な学習能力をどう高めるかということだ。これは重要だが難しい問題であり、心理学者は何十年も前からこれに取り組んできた。[*15] たとえば、ディスレクシアのような読字障害は、言語の音の分析が困難であるために起こることがわかってきている。[*16] 音をきめ細かく分析しなくても話すことはできるが、音を文字に置き換えるためには分析が必要だ。それと同じように、とても幼い子に見られる直感的な数字の理解と、測定可能な数学的計算スキルとの間には連続性があることを、心理学者が明らかにしつつある。[*17]

小学校に通う子どもの多くにとっての問題は、まだじゅうぶんに賢くないことではなく、まだじゅうぶんに愚かになっていないことかもしれない。小学生くらいの子は、読む、書く、計算するといった作業を、考えなくてもできるというレベルにまで達していないのだ。これは特に読み方や書き方を、自然に練習する機会がない子に当てはまる。読み書きは中産階級の家庭では、グアテマラの村でトルティーヤを焼くことのように、ごく当たり前に行われている。オージーは二歳になる前から、おまるに座るとき自分から本を持っていった。しかし貧しい家庭では事情がかなり異なる。実を言えば、学校での読み方の成績は、その子が家庭でどのぐらい言葉を聞いているか、そして周りにどのくらい本があるかを調べることで、かなり正確に予測できる。それを示す証拠もたくさんある。[*18]

しかし読む、書く、計算するといった、学校で習うスキルを身につけること自体が目的ではない。これらは新たな発見をするための手段である。

当然ながら、人間が教育について真剣に考えるようになったときから、子ども時代の特徴である発見や好奇心と、学校で教えるような学習とが一致していないことはわかっていた。その知見が、〝探究学習（inquiry learning）〟に基づく、多くの〝進歩的〟な代替教育の根底にある。発見学習については科学的な理解が始まったばかりにもかかわらず、学校教師の多くが直感的にその重要性を理解し、幼稚園の教師も科学者より前からごっこ遊びを重視していた。

しかしほとんどの学校では、休み時間以外で発見の機会は限られているうえに、本当に何かに熟練する機会もない。学校は発見を促す機関ではなく、見習いでスキルを身につけるために人が集まる場所でもない。

学校が得意なのは、子どもに学校でうまくやる方法を教えることだ。学齢期の子どもは大人が持つ熟練したスキルに興味をひかれ、それを見よう見まねでおぼえようとする。近くにいる大人にとって特に重要な活動を、子どもが真似して練習するのはごく当たり前のことだ。それは意図的かどうかを問わず、学校では集中し、試験を受け、成績をつけられるということだ。

最悪のケースは、それらのスキルが多くの子にとってかけ離れていたり、できなかったりすることだ。しかし成績がよい子どもたちの最高のケースでも、学校でうまくやる方法を学ばせるためだけに、子どもを学校に行かせることがいいことなのか、考えずにはいられない。

バークレーの私の研究室に来る学生たちは、試験を受けることについては達人レベルだ。その学生たちに見習い科学者や研究者になるよう伝えるとき、私たち教員がこれほど落胆させられる——そして彼らは驚いて憤慨する——のも無理はない。熟練した大人は難題に立ち向かい続けるが、試験に通ることはその手の難題ではない。試験を受ける技術で世界一になっても、世界の新たな真実を発見したり、それを活用したりする役には立たない。

違う考え方をする

学校教育と学習が調和しないもう一つの面がある。人間の子どもはそれぞれ、あらゆる違った新しいアイデアや行動を試そうとする。しかし子どもたちは互いに違っている。生まれたときから、子どもたちの性格や興味、強さ、弱さなど、家庭が同じでもばらつきが大きい。前に見たとおり、進化の視点からすると、そうしたばらつきが柔軟性や頑健さにつながる。さまざまなタイプがいるからこそ、コミュニティ、村、国は変化し続ける環境に対応できるのだ。

しかし目標志向の〝学校教育〟の視点では、その多様性がマイナスになる。学校とは特定の性質を持った子を育てるためのものだと考えるなら、多様さは強みではなく欠点となる。最悪なケースでは、多様さは問題どころではなく病気となる。学校が求めるものに適応できない子は、病人や障碍者のように扱われる。この〝病人〟モデルが特に行きわたっているのは、学校にとって何より重要なスキルの多くが、ほとんどの子どもの生まれつき持っている能力や性向とかけ離れているからだ。学校教育にはとりわけ、注意を狭い範囲に集中する能力が求められる。教室では注意を教師の言うことに向け、気をそらさないことが基本だ。私たちは学校での学習に慣れすぎていて、こうした注意の集中はどんな学習にも必要な当たり前のことと思っているのかもしれない。

しかしバーバラ・ロゴフが調査したグアテマラの村では、大人たちは子どもに注意を分散させるよう促す。もし子どもが一つのおもちゃばかりで遊んでいたら、母親は別のおもちゃを子どものもう一方の手に持たせるだろう。このような文化圏の子どもは、誰に教えられなくても、自分でおぼえられるようになる。周りにある有益そうなものすべてに注意を向ける。第4章でとりあげた折り紙の実験を思い出してほしい。グアテマラの先住民の子は、教師が別の子どもに教えているのを見ていただけで折り方をおぼえたが、西洋の子は教師にきちんと教えられないとおぼえられなかった。

幼児期早期から中期へ移行する間に、子どもが注意を向ける範囲は自然に狭まっていく。純粋な発見学習から完全習得学習へと移行させたのと同じ脳の変化によって、子どもの注意も変化する。[19]重要な前頭葉の領域の、他の部分への影響力がどんどん大きくなる。注意は明るいスポットライトのように、世界の一部を照らして、その周りは暗いままだ。

幼い子の場合、意識はランタンのように、あらゆるものをいっぺんに照らす。私たちが学齢期前の子は注意力がないというとき、実はそれは**注意を向けない**ことが下手だということなのだ。子どもはさまざまなものに注意を向けずにはいられない。

それを裏づけるように、最近の研究では、赤ん坊は常に、周囲の環境の中から学ぶことが最も多いものに注意を向けることが示されている。その研究では一歳の子に背景の前で物体が動いている映像（入念に計算されたもの）を見せ、それぞれの映像を赤ん坊がどのくらい長く見つめているかを記録する。一歳児がいちばんよく見るのは、情報量が多い〝スイートスポット〟、つまり学習が必要なくらいには複雑だが、理解できないほど難しくはないものだ。[20]赤ん坊の注意と目の動きは、その場面の情報量によって変わっていた。

しかしこの種の注意の向け方は、学校で授業に集中しなければならないときの注意とは違っている。それが実際にどれほどためになるかは関係ない。

最近の興味深い研究で、サイロシビンのような幻覚剤を投与されたときの脳の活動と、ごく幼い子どもの脳の活動が似ていることが指摘されている。[21]そうした薬物の影響下では、ふだんと比べて脳の整合性が低下する。それぞれの部位が勝手に活動し、管理職である前頭葉が支配することが難しくなる。まるで薬が脳を学齢期前の状態に後退させたように見えるのだ。

当然ながら、これらの薬物は何かの目標を目指すためのよく調和された、効率的な行動を行うための手段というわけではない。しかし安全で配慮・保護された環境で、厳しく管理しながら使用すれば、薬物なしの状況では見られない、ある種の柔軟さや探究心が発揮されるようになるかもしれない。そして実はそれが幼い子が持つ強みなのだ。

これらの薬物を摂取すると、赤ん坊や幼い子のように、注意を向ける範囲が広がる経験をする。ある行動が習慣化すると、他の世界の大部分は見えなくなる。幻覚剤をはじめ〝意識を拡張する〟ものを使うと、見えなくなっていたものに再び気づくようになる。木の枝、たんぽぽ、舗道のひび割れ、あるいは音楽の一節に心惹かれる力は、こうした経験の特徴の一部である。それはオージーやジョージーが世界をどのように感じているかについてのヒントもくれる。

ここにはよく知られたトレードオフがある。学齢前の子の注意の幅広さは、柔軟な学習を可能にするが、学齢期になって注意力をコントロールして集中させることで、何かをすばやくうまく行うことができるようになる。

注意力欠如障害

学校ではふつうの大人の生活に必要とされるより、はるかに極端な形の集中力が求められる。多くの子どもは、大きくなるにつれてそのような集中力を身につける。しかし学齢期をかなり過ぎても、集中できない子どももはもっと多い。

特に学校の重視と注意力欠如障害の増加との間には密接な関係がある。過去二〇年間で注意欠如多動性障害（ＡＤＨＤ）と診断される子の数はほぼ二倍になった。アメリカの少年の五人に一人が、一七歳までにその診断を受けている。診断を受けた子の七〇パーセント以上（何百万人にもなる）が薬を投与されている。

ＡＤＨＤの急増と学校の成績を重視する傾向の間には関連があるのではないかと多くの人が考えている。その診断が急増したのと同じ二〇年間で、学校と教師を試験の点数に基づいて評価する州が増えた。

けれどもそのようなつながりを、どうすれば証明できるだろうか。ＡＤＨＤの診断数と点数重視の傾向、その両方が増加したのは単なる偶然かもしれない。スティーヴ・ヒンショーとリチャード・シェフラーは、一種の〝自然実験〟を使ってそれを検証した。[*22] 新しい教育政策を採用する時期は、地域によって違っていた。彼らは試験の点数重視を含むその新しい政策を導入した時期と、ＡＤＨＤの診断の増加との関連に注目した。その政策が導入されるとすぐにＡＤＨＤの診断数が劇的に増加した。特に増えたのが、公立学校の貧しい子どもたちの間でだった。

試験の得点を上げるというプレッシャーをかけられたときから、意識的かそうでないかはわからないが、学校はＡＤＨＤの診断を増やす方向へと進んだのだ。その理由は得点が低い子に薬を投与して成績を向上させられる、あるいはＡＤＨＤの診断を受けた子を試験から除外できるからだ。注目すべきは、学校が親にＡＤＨＤの薬物治療を勧めるのを法律ではっきりと禁止している地域では、ＡＤＨＤの診断数の増加が見られなかったことだ。

これらの結果は、私たちがＡＤＨＤをどう考えるかについて、さまざまな意味を持っている。私たちは病気と社会問題の違いを知っている。天然痘、肺炎、腎臓結石といった病気は、体が傷ついたりウィルスやバクテリアが侵入したりしたときに起こる。病人に適切な薬物治療を行うと治癒する。貧困、読み書きができない、犯罪といった社会問題は、機関や制度が不調なときに起こる。人々を元気にするどころか、苦しめてしまう。

ADHDについての議論の大半は、それが生物学的な病気か社会問題かということに終始している。しかし彼らの研究を見ると、そのような分類自体が間違いであることがわかる。

ADHDを天然痘のような病気と考えるのではなく、注意のしかたの多様なスタイルがなす連続体の中での点として位置づけるべきなのだ。〝不自然〟なレベルの集中力を難なく身につける子もいれば、まったく集中できない子もいる。ほとんどの子はその中間である。

その違いは、狩猟や採集や農耕が中心の社会ではあまり問題にはならない。むしろ注意の範囲が広いのは、ハンターにとっては有利かもしれない。しかし私たちの社会では、それがたいへんな問題になる。成功するために学校はどんどん重要性を増し、その中では集中することの重要性が増す。精神刺激薬は、注意の連続体の中での位置づけを変えると考えられる。抗生物質を肺炎の治療に使うのとは違う。薬を投与すれば集中力は高まるが、中毒や副作用といった深刻な代償がともなうことがある。

その連続体のいちばん端にいる子にとって、薬は成功と失敗を分けるくらいの大きな意味を持つかもしれない。事実、薬を投与したらその期間の学校の成績が上がったという証拠もあるので、学校を重視する世界でなら、重要なことかもしれない。しかし薬で短期的に子どもの行動を変えられるとしても、多くの子にとって薬は役に立たず、むしろ危険なこともある。薬と同じくらい効果的で、危険がはるかに少ない行動療法もある。そして薬に長期的な効果があるという証拠はほとんどない。[*23]

就学前児童を含め、ADHDと診断される幼児が増えているだけでなく、その子たちに薬が投与されていることが特に心配である。注意の幅を狭めることは成長の一環かもしれないが、注意を分散させることは若さの一部である。それは治せるものではない。

ペアレンティングや学校教育における目標志向のもう一つの欠点は、幼児期そのものを大人への通過地点の一つくらいにしか見ていないことだ。極端に集中力の高い大人に近づけるために三歳児に薬を与えることは、この姿勢を特にあらわに表現している。

ＡＤＨＤは生物学的・社会的な現象であり、施設や制度を変えたほうが子どもは元気になる。学校に適応できるよう子どもに薬を与えるのではなく、学校をさまざまな脳を受け入れられるよう変えることはできるはずだ。

学校教育と学習

ＡＤＨＤの問題は、学校が抱える一般的な課題の特に目立つ例にすぎない。学校は子どもたちがもともと持っている発見の能力を引き続き発揮できる場、子どもたちが現実的なスキルを身につける場、そして読む、書く、計算するといった勉強のスキルを学べる場であるべきだ。問題は、並外れて多様な子どもたちの自然な学習能力を、これらの異なった課題にどう適応させるかである。

しかし学校は子どもたちの違いを尊重するどころか、どんどん軽視するようになっている。標準テストを考えてみよう。評価と成績責任（成績によって学校の予算配分が決定する）——とてもご立派な目標——のために標準テストは不可欠だというのが自明の理のようになっている。標準テストの得点は、目標志向、型にはめるための教育、木工細工的な教育の神髄である。これは学校はすべての子どもを、特定の性質を持つ生物に育てるための場所であるべきという考え方だ。

能力のばらつきに気づいたときは、ADHDの場合と同じように、私たちは医学的モデルで対処する。医学的見地からすると、学習障害、読字障害、ADHDの子は常に一定数いる。その子たちは〝ノーマル〟な子どもとは違う接し方をするべきだとされる。そのような子の診断がレッテル貼りになってしまっている。障害であると診断を下すことで多様性を減らし、ノーマルな子の集団と障害や病気を持つ子の集団をつくってしまうのだ。

興味深いのは、評価と成績責任は本質的に、標準テストの得点とはほとんど関わりがないということだ。学校は子どもがうまく生きられるようにするための環境であり、親の役割は多様性に富み、新しいアイデア、新しい体験にあふれている、安定して安全で、組織的で、豊かな環境をつくることであると考えてみよう。どちらも審査と責任を放棄することではない。親が重要なように学校も重要である。そして保護者が行っている世話について評価できるなら、同じことを学校にも同じことができる。

このような学校と教師の評価は、他のふつうの評価とはまったく違うものになるだろう。学校を評価する基準は、全体的にどのくらい子どもを教育しているかであって、それぞれの子がテストでどのくらい高得点をとっているかではない。私たちは教室を訪れて、教え方と学び方の質に点をつけることはできる。たとえば教師が一つのテストに頼るのではなく、違うタイプの子どもに、違う対応をしているかといったことだ。

遊び場の子どもたち

（a）インディアン・バーン（インディアン・ラブ、チャイニーズ・サンバーンと呼ばれることもある）とは何か知っていますか。
（b）次の文を完成させなさい。「ジョンとメアリーは木の下に座って……」。
（c）なぜ地面の割れ目を踏んではいけないのですか。

私は毎年バークレー校の発達心理学のクラスにいる学生たちに、こんな質問をする。興味深いのは、人種も宗教も違い、アメリカのあらゆる地域から来ている多くの学生たちが、毎年変わらず同じ答えを書くということだ。（a）インディアン・バーンとは、誰かの腕を赤くなるくらいひねること。（b）k–i–s–s–i–n–g〔子ども同士で仲のよい二人をはやし立てるために歌われる歌〕。（c）お母さんが背骨を折ってしまうから〔地面のタイルの区切り目を踏まないように歩く子どものゲームの言い回し〕。

幼年期中期の子どもたちにとって、特に重要な学習の一部は、教室以外で行われている。それはたとえば昼食時や授業の合間の休み時間、廊下を歩いているときやバスに乗っているときに起こる。学齢期における最も大きくて難しい変化は、その子にとっての生活の中心が保護者から、周りにいるさまざまな立場の人になることだ。それは友人、敵、リーダー、フォロワー、恋人やライバルといった、大人として私たちの生活に大きな影響力を持つ人々だ。

皮肉なことに、典型的な教育方法では、こうした教室の外での学習を単なる娯楽、ときには問題として扱うが、発達という視点から見るとこれらは何よりも重要である。以前、中学校の先生と話をしたとき、生徒たちが小学校のときのように勉強への好奇心や、やる気を見せないと嘆いていた。「子どもたちが興味を持つのは、誰が誰を好きかということですか」と私は尋ねた。「もちろん、そうです。話すことと言えばそればかり。大問題です」。

三歳児にとっては、親との関係がその子の精神的な生活の中心である。フロイト研究者は、近年の発達心理学の世界ですっかり評判を落としているが、〝家族の物語〟という基本的なフロイトの見識は、きわめて強力である。子どもと父や母との間の強烈な愛着から生じるエディプス的な物語は、就学前のすべての子どもの生活の中で驚くほど大きな部分を占めている。当然ながら、進化の観点からしても完璧に筋が通る。就学前児童の生活の顕著な特徴は、完全に依存していることだ。保護者との関係は子どもにとって、文字通り生か死かの問題なのだ。

しかしそれからの数年で、人間の子はそうした家族への密接な愛着を、同世代に近い人々とのまったく違う関係に置き換えなければならない。

周囲の人々と協力し協調するという人間的な能力は、とても重要な進化上の特徴だ。友人や仲間との関係、役割分担、交渉、妥協、関心といった広範囲にわたるネットワークを管理することが、私たち人間にとっての重大な課題である。学齢期の子どもが友だちと遊んでいるとき、その子たちはそうした能力を磨いているのだ。

就学前の子どもは、架空の仲間や延々と続くごっこ遊びを通して、他人が何を考えているのか探ろうとする。学齢期の子は社会的集団のつくり方に目を向ける。一人のごっこ遊びから、集団でのルール付きのゲームへと移行するのだ。[*24]

私たちは野球やサッカーなど、子どもの放課後の生活にとって重要なゲームを計画するのには慣れている。けれども子ども自身が準備するゲーム――天下落としやウォールボール、石蹴りや縄とびなどのあらゆるバリエーション――のほうが、もっと興味深く大きな意味を持つ。そして砦を築いたり、ツリーハウスをつくったり、クラブを組織したりすることについて考えてみてほしい。そうした作業は、大人の生活には不可欠な交渉力や協力を用いて行うことだ。ウォールボールのルールを決めることは法律制定の準備である。ツリーハウスを建てることは、小さな町作りの一環なのだ。

子どものごっこ遊びも変わる。幼い子は想像上の友だちを使って、他人の心理を慮る。学齢期の子は〝パラコスモス（paracosms）〟をつくって、文化的・社会的可能性を考える。パラコスモスとは、仲間や戦い、リーダーや反逆者のいる架空の世界だ。[*25] そして直接自分の世界をつくらない子でも、他者が生み出した複雑な別世界（トールキンのミッドアース〔中つ国〕からJ・K・ローリングのホグワーツまで）に入り込もうとする。

子どもたちの間で伝わっていくもの――チャイニーズ・サンバーンや地面の割れ目を踏まないことやジョンとメアリー――も、同世代の集団をつくるのに重大な役割がある。学齢期の子に関する最も重要な調査を行ったのは発達心理学者ではなく民俗学者である。ピーターとアイオナ・オーピーは二〇世紀初期の偉大な民俗学者として知られている。そうした研究者は口承民謡を録音しにバルカン半島へ行ったり、ブルースを録音しにミシシッピを訪れたりするが、[*26] 彼らはそれらの土地より、すぐ近くにもっと風変わりでこれまで研究されてこなかったところがあることに気づいた。それは学校の運動場や遊び場という国々である。彼らは学校に通う子どもたちの言葉と言い伝えを記録し始めた。

オーピー夫妻の偉大さは、校庭には独自の文化があり、子どもたちはそれを使って社会的な世界を（もっと幼い子が精神世界を探検するように）探検していると発見したことにある。

オーピーが記録したゲームやはやし言葉、儀式的行動、神話は、きわめて広い範囲から集められている。一七世紀の政治的風刺の一端は「リトル・ジャック・ホーナー」などの童謡で、一つの世代から次の世代へと引き継がれている。私の母が第二次世界大戦中、縄とびをするときに歌っていた「ナチの潜水艦」は、一九六〇年には「騒々しい潜水艦」となった。私の子どもたちがまだ小さかったころ、バークレーの特に強硬なセクトでは、AK-47自動小銃についての縄とび歌が聞こえていた。

オーピーは学校で子どもたち自身がこうした童謡をどのようにまとめて伝えているのかを調査した。これらの歌はk-i-s-s-i-n-gのように、大人に聞かせるには過激すぎるものがある。

こうした休み時間の活動は、しだいに隅へと追いやられているが、学齢期の子にとっては教室での活動や、放課後に行われている管理されたゲームやスポーツよりはるかに重要で難しいものかもしれない。ゲーム、ジョーク、物語は、それを受け継いだ世代の子どもたちが、独自の文化を生み出すための道具なのだ。伝統と新しいものが混在する中で、割れ目を踏まないことやk-i-s-s-i-n-gを学ぶことは、入試に出るどんな問題より重要かもしれない。

しかし物理的な世界を探検する子どもや、精神世界を探検する就学前児童のように、学齢期の子どもも自分の行動の結果として起こることからは、安全に守られている。家庭の経済に貢献できるようになるとは言っても、まだ生み出すより消費するほうが多い。そして八歳児がいくら真剣に雪合戦をしたりツリーハウスをつくったり神話を考えたりしても、その雪合戦やプロジェクトや文化に重大な意味はない。

少なくとも中産階級の子どもたちにとって、ペアレンティングのモデルは過密スケジュールにつながりやすい。正規の授業のあとで課外活動があり、その後は宿題もしなければならない。子どもの社会生活や探索さえも、人格形成のために厳しく管理されきちんと計画される。いまの子どもたちも昔の子と同じように、穴があれば自然に探検しようとするが、親がそれを奨励しない。そして中産階級ではない子どもたちにとって、公共スペースがなくなることはさらに大きな打撃となる。安全でしっかりした探検できる世界や、一緒に実験する仲間を持つかわりに、豊かな子どもたちは学校教育と管理の世界で、貧しい子どもたちは無秩序とネグレクトの世界で生活している。

思春期の二つのシステム

学齢期の子どもはたいへんまじめであることが多い。しかしその後、知的にも精神的にも、柔軟さや気まぐれや無秩序が戻ってくる。それが思春期だ。[*27] 神経科学者の中には、思春期には就学前の子の特徴であった、神経の融通性と可塑性が復活すると述べている人もいる。そして思春期は幼児期初期と同じように、革新と変化の時期のようだ。それらの違いは、思春期の課題は、保護された幼児期の安全な状況にある世界を探検するわけではないということだ。思春期にある人間の仕事は、守られた状況を抜け出して、自分自身で何かを起こすことだ。

ティーンエイジャーの親というのは矛盾したことを迫られるが、その仕事の一つは、変化を許容し、むしろ変化を促すことだ。親たちは何年にもわたり、子どもたちを危険から必死で守ってきた。しかし子どもがティーンエイジャーになると、彼らを自立させ、自分でリスクを負える人間にするにはどうすればいいかに心を砕く。

幼児期初期のように、思春期には親子間の関係にはつきものの緊張感がことさら顕著になる。言い換えると、ティーンエイジャーを相手にすると、二歳時を相手にするときと同じくらい頭がおかしくなる。ティーンエイジャーが何を考え行動しているか、それに対して私たちはどうするべきか、科学者は何を言えるだろうか。

「あの子は何を考えているの？」これはティーンエイジャーの子どもの行動を理解しようと、親たちが発する心の叫びだ。飲酒運転はいけない理由をきちんと説明できる男の子が、なぜ酔っ払い運転で衝突事故を起こすのか。避妊についてよく知ってるはずの女の子が、なぜ妊娠してしまうのか。しかも好きでもない男の子どもを。高校のときはとても頭がよくて想像力に富んだ優等生だった子が、なぜ大学を中退し、次々と仕事を変わって、いまは実家の地下室で暮らしているのか。

思春期についての神経科学者による理論的説明としてよく知られているのは、二重システム理論と呼ばれるものだ[*28]。それは子どもが大人になるとき、二つの違った神経学的、心理学的システムが相互に関連しながら働いているという考え方だ。第一のシステムは感情と動機付けに関係する。これは思春期の生物学的、化学的変化と密接につながり、報酬に反応する脳の部位に関わっている。穏やかな一〇歳児を、精力があり余って落ち着きがなく、強烈な感情を経験して、あらゆる目標をつかみ、あらゆる欲望を満たし、あらゆる感覚を経験しようとするティーンエイジャーに変えてしまうのがこのシステムだ。
思春期が終わるとこの動機付けシステムはまたなりを潜め、落ち着きがないティーンエイジャーは、比較的穏やかな大人になる。このシステムの存在には証拠があり、やや不穏な統計がついている。思春期になると、事故、犯罪、自殺、薬物摂取の件数が急激に増加する。思春期が終わると、それが再び幼児のレベルにまで低下する。

神経科学者のB・J・ケイシーの研究では、思春期の少年少女が向こう見ずなのは、危険を過小評価するからではなく、報酬を過大評価するから――というより、大人よりも報酬を大きく感じやすいからということが示されている。*[29] 思春期の脳の報酬中枢は、幼児や大人よりもはるかに活発である。他に比べるもののない初恋の強烈さや、もう取り戻すことのできない全国高校バスケットボール選手権優勝の栄誉について考えてみてほしい。

ティーンエイジャーが何よりも欲しがる社会的報酬は、同年代の人々からの尊敬である。fMRIで脳の活動を記録しながら、ティーンエイジャーに危険性の高い運転シミュレーションを行わせる実験があった。他のティーンエイジャーに見られているときのほうが、脳の報酬システムが活性化された。そしてより大きな危険を冒す傾向があった。*[30]

進化の観点からも、これはすべてつじつまが合う。すでに見たように人間特有の進化上の特徴といえば、保護される子ども時代が並外れて長いことだ。しかしやがて夢のような家族生活から離れ、子どものとき学んだものを吸収し、現実の大人の世界にそれを使わなければならなくなる。

大人になるということは、両親の世界を離れて同年代の人々と生きる未来へと向かって歩を進めることだ。思春期は動機付けと感情のシステムを新しい力で発動させるだけでなく、家族から引き離し同年代の人々との世界へと誘導する。

　二重システムのモデルの第一のシステムは動機付け（意欲）に関わっている。しかし第二のシステムは抑制に関わっている。それはあふれるエネルギーに方向性を与えて制御する。特に前頭前野皮質が、意欲や感情を左右する脳の他の部位にまで影響を与える。これは衝動を抑えて意思決定を行えるよう誘導するシステムだ。そのおかげで長期的な計画を立て、報酬を遅らせることができるようになる。そしてものごとに熟達できるのも、このシステムのおかげだ。

　この制御システムは学習によって変わる。それは幼児期中期の間にしだいに効果を現し、思春期から大人になるまで、さまざまな経験をする中で発達を続ける。人はあまりよくない意思決定を行い、それを修正することで、よりよい決定を行えるようになる。計画を立てて実行し、結果を見ることで、もっとよい計画を立てられるようになる。

　はるか昔には（そこまで遠い昔でなくても）、意欲と制御に関わるこれらのシステムはだいたい同時に働いていた。採集や農耕の社会では、子どもは大人の目的を果たすのに必要なスキルを実践し、計画や活動のスキルを磨くチャンスがたくさんあった。

　昔は実際に狩猟や採集を行い、料理や子どもの世話を実践して、採集や狩猟、料理、子守のスキルを上げていた。幼児期中期から思春期の初期まで、大人に必要な前頭前野の神経回路をつくっていた。しかしそれらは熟練した大人の監督のもとに行われていた。そうすれば避けられない失敗の影響を減らすことができる。思春期に入って意欲がみなぎるようになると、現実の報酬を追求したくなる。しかしそれを安全で効率的に行うためには、制御のスキルも必要とされる。

　意欲と抑制のシステムの関係は大きく変化している。現在は思春期の訪れが早まって、動機付けのシステムの発動も早くなっている。ティーンエイジャーの脳を車と考えると、現在の思春期はハンドルさばきやブレーキ操作を覚えるはるか前に、アクセルを踏めるようになっている。

思春期の始まりがどんどん早まっている明確な理由はまだわからない。しかしある主流の理論では、エネルギーのバランスの変化を指摘している。子どもたちの食べる量は増えたが、動く量が減っている。この変化は肥満の増加の原因でもあり、思春期の始まる時期にも影響していると考えられている。他に考えられるのは人工の明かり――近年、寝ながら画面を見る機会が増えたことで悪化した――や、現在の環境の中にある、ホルモンに類似した物質、特にプラスチックの容器に含まれるものがあげられる。

しかし他の社会的な変化も思春期に影響している。まず産業革命、さらに劇的な情報革命で、子どもが大人としての役割を担う時期がどんどん遅れている。五〇〇年前にシェークスピアは、ティーンエイジャーのセクシャリティと仲間の関係から生じる危険が組み合わされると、悲劇的な結末につながることを知っていた。『ロミオとジュリエット』を見ればそれがすぐわかる。しかし一方で、もし運命の恋をしなければ、一三歳のジュリエットはその後の一年か二年で妻となり母親となっていただろう。

現在のジュリエットたちは（孫を待ち望んでいる親たちはため息をつくだろうが）母親になるまで、ゆうに二〇年間は、恋の嵐に翻弄されるかもしれない。そしてロミオたちは大学院に入るまで、マブの女王に支配されて浮かれた愚か者のままかもしれない。

現代の子どもたちは、大人になったとき必要となる作業をほとんど経験しない。料理や子守のような基本的スキルを練習する機会がどんどん減っている。思春期の子どもたちも学校へ行く以外のことはしないことが多い。新聞配達やベビーシッターという仕事も、ほとんど消えている。しかし制御システムの発達は、それらの経験で決まってくるのだ。

これは現在の思春期の子が、以前より愚かだと言っているわけではない。むしろ多くの面で、いまの子のほうがはるかに頭はよくなっている。成熟するまでの依存期間がさらに伸び――子ども時代が大学まで続く――幼い間にかつてないほど多くのことを学ぶことができる。

たとえば子どもが学校でより多くの時間を過ごすようになって、IQが大幅に伸びていることを示す強力な証拠がある。IQのテストは〝標準化〟されている。自分の得点は他人と比べてどのくらいの位置にいるかわかる。得点を並べるとある決まった曲線を描く。しかしテスト作成者は、問題を難しくして〝標準化〟のし直しを続けなければならない。それはIQテストの成績（正解の絶対数）が、過去一〇〇年間で驚くほど向上しているからだ。これはニュージーランドのオタゴ大学の社会科学者で、一九八〇年代にその現象を発見したジェームズ・フリンの名を取って、フリン効果と呼ばれる。*31

最近、テストが初めて作成された一九〇〇年代から現在までの得点を調べる研究が行われた。*32 一〇年ごとに三点ずつ伸びていたため、平均点は一〇〇年前より三〇点も高い。

得点の伸びのスピードが時期によって変わっていたのも興味深い。一九二〇年代にはペースが上がり、第二次世界大戦の間はペースが落ちた。戦後の好景気にはまた急激に伸び、一九七〇年代は再び減速した。いまでもまだ伸びているが、速度はさらに落ちている。子どもより大人の得点のほうが上昇している。それは栄養や健康の向上以外のものが、影響していることを示唆している。

ＩＱスコアの上昇にはいくつかの要因が重なっていると思われるが、教育と学校が重要な役割を果たしているのは明らかだ。フリン博士自身は〝社会的乗数効果〟理論を主張している。最初は小さな変化でも、そこにフィードバック・ループが生まれ、大きな効果へとつながる可能性がある。教育、健康、収入、栄養などが少しよくなるだけで、子どもの学校での成績がよくなり、ものごとをもっとよく理解できるようになるかもしれない。理解力が高まるともっと本を読もうという意欲が湧いて大学進学を目指すようになり、さらに成績が上がって、もっと上の教育を受けたいと考える……と可能性が広がる。

神経科学の世界でも、前頭葉の発達に長い時間がかかることと、ＩＱの高さとが関連していることを示す証拠もある。[*33] 子どもの脳が大きくなるにつれてどう変わるかを調べた研究では、前頭葉の発達が比較的遅い子のほうがＩＱが高いことがわかった。このように制御のレベルと幅広い学習は、反比例する関係にあるのかもしれない。

もちろん、頭をよくする違う方法もある。ＩＱが測定するのは一般的な能力、特に学校でよい成績を取れる能力だ。しかしＩＱが高かったり、特定の分野の知識があっても、たとえば物理や化学の知識があっても、スフレをつくる役には立たない。さまざまな分野にわたる柔軟で幅広い学習を高校や大学では推し進めようとしているが、それらはかつてごくふつうに行われていた学習、つまり特定のスキルを徹底的に磨いて制御する能力を高めることとは相容れないものかもしれない。人類の歴史のほとんどで、子どもたちは見習い学習を七歳で始めていた。二七歳ではない。

老人はいつの時代も若者について不平を言う。それは当然だ。けれども発達の時期の変化とその結果についてのこの新たな説明は、一部の思春期の青少年の葛藤をよく表している。たしかにとても頭がよくて知識も豊富だが行き先を見失っている若者、熱心で意欲的だが特定の仕事や愛に全力を注ぐことができずに二〇代、三〇代になってしまう人々がたくさんいるようだ。

思春期についての新しい研究は、心と脳についてとても重要な（見逃されることの多い）二つの事実を示している。第一に、経験が脳をつくる。脳のある部位が何かの能力をつかさどっているとすれば、それは「生来のもので、変化しない」と思われることが多い。しかし実際は、脳が大きな力を持っているのは、経験によって変化できるからなのだ。前頭前野が発達すると衝動を抑えられるようになるのは本当であり、衝動を抑える経験によって前頭前野皮質が発達するのも本当である。社会や文化、人間の生物学的な性質をつくる。逆もまた真である。

第二に、人間の性質を説明するのに、発達は重要な役割を持つ。昔の〝進化心理学〟では、成人の行動の特定のパターン――〝モジュール〟と呼ばれる――は遺伝子が決めるとされていた。しかし遺伝子は複雑な発達過程の第一歩にすぎず、生物学的条件と環境の相互作用が次々と起こって大人の脳が形成されることを示す証拠がどんどん現れている。発達時期のほんの小さな変化で、人格に大きな変化を起こす可能性もある。

幸いなことに、こうした脳の特徴から考えると、現代の思春期の青少年への対応にも希望が見える。人類が農耕生活に戻ったり、子どもを学校に行かせなくなるとは考えにくいが、発達中の脳がとても柔軟であるということに、解決の糸口があると思われる。

脳研究の結果から、思春期の青少年は不完全な大人、成長しているがまだ何か欠けていると解釈されることが多い。ティーンエイジャーについての社会政策に関する議論ではよく、脳の特定部位が正確にはいつ発達するのか、それで子どもは何歳から運転や結婚や投票を許されるべきなのか、あるいは犯罪の責任能力を問うべきかという問題が提起される。しかし思春期の脳についての新しい見解は、前頭葉の発達がじゅうぶんでないというだけでなく、専門的なスキルの習得や見習い学習をする時期には、脳にきちんとした指示が与えられず、訓練もされないというものだ。

たとえば運転免許取得年齢を一年か二年上げても、事故の発生率はそれほど変わらないだろう。効果を上げるには、ティーンエイジャーが時間をかけて段階的に、より高いスキルと大きな自由を得られるようなシステム、つまり運転の見習いシステムを導入することだ。[*34]

ティーンエイジャーの学校での体験――課外活動や宿題――を増やすのではなく、見習いの機会を増やすことを考えるべきだ。全国的な若者のための公共サービス・プログラムであるアメリコーはその好例である。このプログラムではある程度の保護と監督のもと、現実的でやりがいのある経験を提供している。

〝子どもを職場に連れていこう〟を、年に一度のイベントではなく、定期的に行うのもいいし、大学生が科学者や研究者の講義を受けるだけでなく、仕事中の彼らを見る時間を増やしてもいい。親が裕福な家庭では当たり前のキャンプや旅行の代わりに、夏のアルバイトにすることも考えられる。

現代の思春期の若者たちには避けられない葛藤もあるだろう。アイザイア・バーリンは、ある程度の価値衝突は解決できないと述べている。[*35] 成熟するまでの時間を伸ばして幅広い学習をすることと特定の専門的なスキルの習得は、同時にできることではない。子育てのときよく起こることだが、中途半端なところでいつもの妥協をするほかないかもしれない。

しかし私たちが何をできるか、何をなすべきかについて、全体的によりよいビジョンを持てれば、よい方向に向かうかもしれない。就学前の子に安全で安定した環境を提供しようとするように、思春期の若者にも、もっと理論的・社会的なレベルで、同じものを提供することを考えるべきだ。思春期の若者が大人になる過程で起きる、熱に浮かされたような行動を止めることはできないし、止めるべきでもない。しかし三歳児のためにコンセントにふたをしたり、階段の前に柵をつけたりするのと同じように、少なくともコンドームを買いやすくしたり、銃の入手を難しくしたりといった、思春期の実験的行動から危険を減らすための策は講じるべきだ。

両親は娘が二歳のとき、そのデバイスを与えた。それはとても洗練されたグラフィカル・インターフェイスを持ち、視神経を通して脳に信号を送り、あっというまに現実とは違うとても魅惑的な世界へと彼女を連れ去った。彼女が七歳になると、それを学校へ持っていき、授業中も机の下に忍ばせて、先生の話を聞かずそれに没頭した。一五歳になるとデバイスから送られる光景――舞踏会に入ってくる少女、戦場で死にかけている男――のほうが、思春期の彼女が生きる生活よりもリアルに感じた。周囲のことなど忘れるくらい夢中になり、何時間も動かなかった。その中毒性はきわめて高く、やめられなくなってほとんど徹夜したことが何度もあった。

もっと大きくなると、そのデバイスが家じゅうを支配した。その影響から逃れられる部屋はなかった。食べているときもトイレに行くときも、それを持ち歩いた。セックスするときでさえ、デバイスで得たイメージが彼女の頭を占めていた。彼女の子どもの一人が脳しんとうで病院に運ばれたときも、まず頭に浮かんだのは、そのデバイスを持っていかなくてはということだった。何より嘆かわしいのは子どもたちがある程度の年齢になると、彼女が子どもたちもそれに病みつきになるよう仕向けたことだ。

心理学者は、彼女が文字通りそこから解き放たれることはできないことを示した。そのデバイスが視神経に届けば、無意識のうちに必ず取り込まれてしまう。神経科学者は彼女の脳の大半、かつては現実世界を理解するのに使われていた部位が、そのデバイスに支配されることを実証した。

これは未来のテクノロジー・ディストピアの話だろうか。それは違う。実はこれは私自身の話である。このデバイスとはもちろん本であり、私はこれまでずっと、自らその餌食となっていた。デバイスのたとえ話は、最近の親がみんな持っている不安を描いている。コンピュータやインターネットの新しいテクノロジー（iPhone、グーグルグラス、ツイッター、メール、フェイスブック、インスタグラム）は子どもの頭にどんな影響を与えるのか。そして親はそれについて何ができるだろう。

この問題に答える小さな産業が成長し、その答えは災難の予言から夢の世界を夢想するものまで多岐にわたるが、将来を悲観するもののほうが優位である（どんな時代も悪いニュースのほうが人の心をとらえる）。しかし本当に科学的でシンプルな答えは、当然ながら「わからない」である。それは今後も変わらないし、少なくとも次の世代まで答えを出すことはできない。

しかしこの問いの底には、もっと根深い問題がある。特定の子と特定のテクノロジーではなく、子どもとテクノロジー一般の関係はどのようなものなのだろうか。

ロマン主義の時代からの長きにわたり、子どもは自然状態に近い生き物で、もともと無垢な存在であると考えられていた。対照的に大人は人工的につくられたもの、新しいテクノロジーや道具を求める。しかし私がここまで説明してきた進化の面からはまったく違った見方が可能である。

人の認識力がどう進化したかについて特に広まっている二つの説は、人は物理的道具の使い方がうまくなったためというものと、仲間の人間を扱うのがうまくなったためというものだ。しかしこれらの能力には、物理的なものにしろ社会的なものにしろ、何らかのテクノロジーが関わっている。私たちの大きな脳と長い子ども時代、そしてそれにともなう特有の学習能力は、こうしたテクノロジーの発明と習熟の両方に役立つようにできている。

人間は新しいテクノロジーを発明するだけでなく、それを世代を超えて伝えるようつくられている。他の動物以上に、人間は常に環境をつくりかえている。そして人の脳は、特に若いころの経験によって配線し直され、つくり変えられる。どの世代も子どもたちは親がつくった新しい環境で成長する。どの世代の脳も初期には違う経験をして特有の回路が生まれ、その新しい脳がまた環境を変える。私たちの脳はほんの二世代か三世代で大きく変わる可能性がある。

その結果起こるのが、心理学で言う文化的ラチェット効果である*1〔ラチェットは歯止めにより歯車が片方向にしか回らないようにした機構〕。子ども時代には、人間特有の二つの相補的な能力が発達する。私たちは前の世代から学ぶことができる。観察、模倣、証明を通して、子どもたちは先人たちのテクノロジーやスキルをすばやく学び再現する。テクノロジーの模倣は発明よりはるかに速く簡単にできる。

けれども自分より上の世代をそのまま模倣するだけでは何の進歩もない。そのため各世代が、前世代の知識や専門技術の上に何かを加えていく。ものごとが着実に向上していく〔ラチェットのように〕のは、前世代の発見を踏み台にできるからだ。

このラチェット効果は、子どもと大人では学習のしかたが違うことの表れでもある。大人にとって新しいスキルを学習することは、苦しくて時間がかかり、集中力を要する。子どもは、これまで見てきたように、無意識のうちに楽々と学ぶ。そのため新たな世代は過去に積み重ねられたイノベーションをすぐに自分のものにしていながら、それに気づかないことも多い。先ほどのデバイスの話が私の世代にとって意外性を持つのは、生まれたときからすでに本があったからだ。新しい世代は、意識的にそうした前の活動を変更し、新しいものを考え出す。過去を丸ごとあって当たり前のこととして、未来に向かって進む。

こうした世代ごとの変化が文化的イノベーションの原動力であり、それはテクノロジーの変化にとってとりわけ重要である。しかし世代的な変化はテクノロジーにとどまらない。それらはまたエリザベス一世時代の言葉、ダンス、衣服から、現代の言語や文化までの歴史的な変化のような偶然による変化も生む。新石器時代の器の装飾も、世代が進むごとに変化した。世代的な変化はさまざまな速度で起こるし、時代や場所によっても違う。現在は特に変化が速いように思えるが、変化自体は普遍的でどこでも見られる人間の発達の特徴だ。

子どもがすばやく無意識に学び、文化的情報をどんどん吸収できるからこそ、新しいことを次の世代へと引き継ぐことができる。しかしまた子ども、特に思春期の若者は、テクノロジーや文化の変化の最先端を担うことが多いことを示す証拠もある。

日常的な観察だけでなく体系的な研究でも、子どもたちが言語の変化を牽引していることが示されている。移民の子どもたちは、大人たちがまったく習得できないこともある受け入れ国の言葉を、すぐに苦労なく覚えてしまう。[*2] 事実、移民の子どもは、親にとって言葉と文化の両方の面で通訳となることが多い。違う言語を話す人が多く集まると、そこにとても簡潔な混合語（ピジン）が生まれるかもしれない。しかし次の世代の子どもたちは、その簡単な意思疎通のシステムを本格的なクレオール語（既存の言語と同じ複雑さを備えた新しい言語）へと変化させる。[*3] 新しい単語、文法、音さえも、まずティーンエイジャーの間で生まれる。[*4]

たとえば疑問文のように語尾を上げる話し方、いわゆる〝アップトーク〟は、かつてはカリフォルニアの〝ヴァレー・ガール〟と呼ばれる少数のティーンエイジャーだけのものだった。[*5] アップトークが大衆文化として広まったのは、フランク・ザッパが当時一四歳だった娘と一緒にレコーディングをしたのがきっかけだった。もう三〇年以上前のことだ。いまやこの話し方は、アメリカの三〇歳未満の人々の間に広まっている。

私の世代の人は、この語尾を上げるイントネーションを聞いて眉をひそめるかもしれない。しかし通説とは逆に、アップトークは自信のなさや不安ではなく、この世代の地位と力を示す話し方となっている。[*6] 立場が下の者よりも、たとえば指導教授が学生に、あるいは上司が部下に対して使う傾向がある。

特に思春期の若者の多くは、大衆文化の変化の最先端にいる。一九世紀初頭のティーンエイジャーが、ワルツというセクシーで恥ずべきみだらなダンスを最初に受け入れ、同じくらいセクシーで恥ずべき小説という新しい娯楽に夢中になった。二〇世紀、それはロックンロールとパンク、ヒップホップ、ミニスカート、タトゥー、トラックスーツになった。（私たちベビーブーマー世代が長髪やギターといった、文化的な反抗手段として楽なものを先取りしたせいで、子どもたちの世代にはタトゥーやピアスのような苦痛の大きなものしか残らなかったのは不公平だとは思っている。）

文化のイノベーションと伝達は、人間以外の他の動物ではあまり見られない。しかしイノベーションが起こるとき、それを発明するのも広めるのも若い個体であるという証拠がいくつかある。動物の文化伝達で特によく知られているものの一つが、ニホンザルがサツマイモを海水につける行動だろう。それでほこりを洗い流し、よい加減に塩味がつく。その文化の変化が起こるのを記録した科学者がいた。最初にそれを始めたのは第二次性徴が表れる前のメスで、その習慣がまず他の(新し物好きの)幼いサルたちの間に広がり、その後、他のメスたちに広がった。[*7] (力の強い年配のオスは決して理解しなかったらしい。)

もちろん、多くの技術的、文化的イノベーションは、高いレベルのスキルに支えられるものであり、大人がつくり出すものだ。しかしその場合でも、新しい物を好む子どもらしい性質によって、そのイノベーションの次世代での使われ方が変わるかもしれない。文化の伝達のパラドクスの一つは、大人はたいていの大人がしている行動をするということだ。私たちは無意識に体制に従おうとする。しかし定義からすると、イノベーションはごく少数の人がすることから始まる。若い人、特に思春期の若者たちのほうが、さまざまな常識的でない行動を受け入れやすいのは事実であり、そのために突飛な発明が保存され伝えられていく。

つまり子ども時代は技術や文化の変化の影響を受けない無垢な期間というわけではない。むしろ子ども時代はそのような変化が集中する時期なのだ。それはイノベーションが内在化する時期であり、特に思春期はそうしたイノベーションが実際に花開く時期でもある。

読む脳*8

私たちは自分たちの世代のイノベーションを〝テクノロジー〟と考え、過去の世代のイノベーションはつまらないものと考える傾向がある。しかし私の書斎にある印刷された本や、木でつくられたテーブルは、コンピュータやスマートフォンと同じように、テクロノジーである。少し古いだけだ。

新しいテクノロジーの影響を予測する一つの方法は、すでに受け入れられ、何世代にもわたって使われているテクノロジーについて考えてみることだ。いまこの瞬間あなたは白いページに散らばる黒い記号を目で追っているだけなのに、この本に没頭していると感じている。任意の記号がなぜはっきりとした経験へと変わるのかは、人間の心と脳の最大の謎である。なぜ不思議なのかといえば、読むことが最近の発明であるからだ。私たちの脳は読むために進化したわけではない。

ウェブサイトでセキュリティ対策の単語認識テストを終わらせるたびに、あなたは無意識に、読むということの精緻で高度な技に敬意を払う。最も進歩したスパムボットでも人間のように読めるわけではない。何十万もの文字でできた本の重要性の半分も理解できない。

認知科学では、話す、見る、記憶するといったシンプルな経験は、恐ろしいほど複雑な脳の計算の結果であることが示されている。書いてある任意の記号の連続を思考に変換するには、同じくらい巧妙な脳の作業が必要だ。しかし話す、見る、記憶することが何万年もの進化による変化の結果なのに対し、読むことに関わる同じくらい複雑な計算は、ほんの数千年前に始まった。

なぜそんなことが可能なのだろう。私たちは他の目的のためにつくられた脳の部位を、読むために再利用している。しかし私たちは、脳をつくり変え、読むことに特化した部位を新しく生み出してもいる。

私たちが文字として使っている形には、霊長類が物体を認識するのに使う形が表れている。たとえば〝Ｔｒｅｅ〟という単語の最初の音を表す記号として、〝Ｔ〟ではなくまったく別の形を使うことも可能なのだ。そして中国の巻物と、印刷されたこの本とには、共通点がほとんどないように思える。しかし実際は、多くの言語で文字として使われる形は、とてもよく似ている。私たちは交差する縦線と横線を組み合わせ、途中に点や丸を挟み込む。

〝Ｔ〟の形は、実はサルにとっても重要なことがわかった。動物が〝Ｔ〟の形を見るとき、そこには物体――サルがつかめて食べられる可能性のある――の端が存在する可能性がとても高い。サルの脳の特定の部位は、こうした重要な形、縦横の線の組み合わせに特別な注意を払う。ある線が縦か横かを察知する特殊なニューロンまである。

人間の脳は文字を処理するのにも、視覚に関わる脳の部位を使っている。脳は世界を交差する線や境界という視点で見ている。その事実を利用して、私たちはアルファベットをつくった。

一方で、霊長類の脳は対称的な形（ｐとｑ、ｂとｄなど）を同じものと判断するように進化した。サルの脳は縦あるいは斜めの線と横の線に対して違った反応をするが、ふつう右向きでも左向きでも同じように反応する。なぜなら、現実の世界で私たちは常に動き回っている。カップの把手は、一方から見れば左側についているが、別の方向から見れば右側についている。

そう考えれば、読字障害（ディスレクシア）の子どもや大人が、こうした対称的な文字を区別するのにたいへんな苦労をするのにも納得がいく。また〝鏡文字の読み書き〟という、人間の風変わりで不思議な能力も説明がつく。無意識で一つの文字どころか一文を丸ごと反転させて書く子はたくさんいる。

しかし読むことが脳の生来の脳の構造にしっかり縛られているとすれば、書く人はbやdを使わないようにするのではないかと思える。ところが脳はこれらの対称性を区別する新たな能力を、神経レベルにまで発達させた。発達中の脳が違う意味を持つ二つの対称的な文字を見ると、神経回路の接続が変化してそれらを区別できるようになる。

人間は読むことを学ぶとき脳の回路を変えている。そして何年もの間に何十万、何百万もの文字を読むうちに、その回路のつながりが特に強力になる。そして何の苦労もせず読めるようになる。わりと早い時期から読むことを覚えると、それは文字通り自然に、無意識にできるようになるのだ。

その最適な例が、心理学でストループ効果と呼ばれるものだ[*9]。赤い字で書いた〝青〟という字を見せて何色か訊ねると、赤ではなく青と答える人が多い。このプロセスは完全に無意識だ。どれほど努力しても、単語の意味を無視して、色だけに意識を集中することはできない。

読むことに関わる脳の部位が損傷すると、特殊で特徴的な問題が生じることがある。脳卒中や事故で脳の一部が傷ついた患者が、話すことはできるのに読み書きができなくなることがある。そういう患者は書いてある文が見えても、意味を理解することができない。このことからも、脳の中には読むことに特化した部位があることがわかる。

読むことは私たちの生活、そして私たちの脳に、奥深く組み入れられている。そのため、もしこの歴史を知らなければ、私たちは読むための脳は、数千年の文化の積み重ねではなく、何百万年もの進化の結果だといともたやすく結論づけてしまうだろう。

読むことを古いテクノロジーではなく、新しいものとしてみれば、人間の頭脳に与えた影響について、大きな不安を感じるかもしれない。かつて視覚と発話専用だった皮質が、印刷物に乗っ取られている。以前は見よう見まねと繰り返す練習をすることで学んでいたのが、いまは講義と教科書に頼っている。そして読字障害、注意力障害、ほかの学習障害といった代償を見れば、人の脳がそんな不自然なテクノロジーのためにつくられていないことがわかる。

私が四歳でなく四〇歳で読むことを学んだとしよう。人通りの多い道を歩いている間も、気が散って仕方がないだろう。たえず現在から引き離され、立ち止まって看板に書かれた不可解な記号を見て、それぞれの意味を思い出し、解読し、また無理やり意識を道に戻す。大きな掲示板が並ぶハイウェーを運転するのは、信じられないほど危険だ。

過去にはとても頭のいい人たちが、読むという新しいテクノロジーに対してそのような反応をした。ソクラテスは書くことはとんでもない考えだと思っていた。[*10]

プラトンの『パイドロス』で描かれるソクラテスは、タイムズ紙の反テクノロジー主義者の論説のような調子で、こう言っている。

人間がこれを覚えたら、魂に忘却を植え付けるだろう。人は記憶する努力をせず、書かれたものを頼り、自分の内からではなく外にある記号によって思い出そうとする。あなたがたが見つけたものは記憶ではなく、思い出させるための手段である。そしてそれは弟子に授ける真の知恵ではなく、みせかけにすぎない。弟子に教えを授けずに多くのことを話せば、彼らが多くを知っているように見せかけることはできるが、ほとんど彼らは何も知らない。そして人間が知恵ではなくうぬぼればかりを身につければ、その人は仲間にとって重荷となる。

ソクラテスは内省的な思考にとってたいへん重要な双方向の批評的対話の力が、読み書きを覚えることで衰えることを恐れていた。書かれた文章には反論も質問もできない。そして書かれたものだからと、信じてしまう可能性が高い。

ソクラテスはまた、書くことが記憶力を衰えさせるとも考えていた。古代の世界の詩人たちは驚異的な記憶力を発揮して、何千もの詩をそらんじていた。ホメロスの叙事詩『イリアス』は記憶だけを頼りに、吟遊詩人の間で口づてに語り継がれた。もし書いたものがあれば、わざわざすべて記憶する必要などないではないか。そうなれば苦労の末に獲得する驚異的な記憶力は消えてしまう。

そして確かにソクラテスは正しかった。読むことは話すこととは違う。私たちは書いてあるものというだけで信じてしまう傾向がある。そしていま『イリアス』をすべて暗記する人はいない。読むことが広範囲にわたって文化と思考をつくり変えたのは本当だ。読み書き能力は、近代の個人主義やプライバシーの概念、プロテスタントの誕生とつながっている。[*11] しかし結局、大半の人が（少なくとも私たち本読みの大半が）害より益のほうが大きいと判断するだろう。

読み書き革命のもう一つの見方は、私たちのような読者にとっては励みになる。会話や歌や劇場といった昔のメディアの多くが読み書きによって大きく変わったが、完全に取って代わられたわけではない。いまの私たちがホメロスの『イリアス』を暗記することはないかもしれないが、彼の詩はいまでも読まれている。むしろ完全になくなってしまったメディアを探すのは難しい。少なくとも歌ったり踊ったり、少人数の朗読会で詩を声に出して読んだりする人はいるし、昔と同じ熱意やスキルを持つ料理人や木工職人もいる。小説が劇や映画のせいでなくなったということもない。映画はかつて恐ろしい侵入者のように扱われていたが、いまではすばらしい芸術であり、もっと下等なものに脅かされているとみなされている。

画面の世界

私たちは現在、また別の大きなテクノロジーの変化の渦中にいる。いまこの瞬間、あなたは本ではなく画面上で視線を動かしているかもしれない。そしてそれと同時にユーチューブへのハイパーリンクをクリックし、友だちにメッセージを送り、スカイプで恋人と話し、ツイッターやフェイスブック（あるいは本書を読むころにはそれらに取って代わっているかもしれないテクノロジー）をチェックしているかもしれない。

私たちは新しい世代の可塑性に満ちた赤ん坊の脳が、新たなデジタル環境の中で形成されていくのを見ている。私の夫（ピクサーの共同創始者）のようなヒッピー世代は、ピンク・フロイドを聴きながら、双方向のコンピュータ・グラフィックをつくろうと苦労していた。ピアス穴を開けラップを歌うY世代の子どもたちは、そうしたグラフィックスを当たり前のものとして大きくなる。そのデジタル世界が話し言葉や印刷物と同じように、思春期の経験の一部となっている。

オージーの世代はこうしたデジタルのスキルに、さらに低い年齢から触れるだろう。オージーは〝機関車〟や〝トーマス〟という言葉が何かを本で知る前に、どうすればそれを見られるかをスマホで学んだ。

若者の脳は私たちの脳とは違うものになると考えてかまわないだろう。読み書きができるようになったあとと前では、脳にはっきりとした違いがあるのと同じである。しかしその違いとは正確には何なのか、どのくらいの影響があるのか、それがよいことなのか悪いことなのかは、また別の問題である。

前述のデバイスの話は、新しいテクノロジーが未来の世代に実際どれほどの影響を与えるか予測するのがいかに困難かを示している。テクノロジーの中には、本当に私たちの生活、心、社会をつくり変えたものもある。テクノロジーが出現する前、人々はほぼ確実に大げさな予想をして、必要以上の不安を抱くが、広く受け入れられたあとは、当たり前のものとしてほとんど気づかなくなる。

本はあらゆるものを変えた。しかしそれは、いまとなっては忘れられているテクノロジーである電信も同じである。[*12] 情報は昔は早馬と同じ速さで移動した。それが突然、電気の速さで移動するようになった。時速一〇マイルから数百万マイルで飛ぶようになったのだ。このときもおなじみの批判に見舞われた。一八五八年に『ニューヨーク・タイムズ』は、電信は「底が浅く、唐突で、よく検討されておらず、本当のことを伝えるには速すぎる……きっと大きな害をなす」と明言した。列車はさらなる大変革をもたらした。一九世紀までは、人はどんなに速くても一時間に二〇マイルほどしか移動できなかった。列車と電信は本当に、近年のどんなテクノロジーもかなわないほど大きく人間の生活を変えた。それでもいまの私たちは電信と列車をテクノロジーだとはまったく思っていない。

テクノロジーの変化は、重要な文化的変化につながるが、どう変わるかはやはり予想できない。二〇世紀への変わり目に、アメリカ独特の文化の形はいつ、そしてどのように生まれるかという、広範囲にわたる議論があり、すばらしいアメリカの小説、すばらしいアメリカの交響曲がよく話題になった。ユダヤ人のビジネスマンの移民と元芸人たちが南カリフォルニアの荒れ地で、ほんの数年前に現れた新しいテクノロジーを使ってつくりあげた大衆娯楽である映画が、偉大なるアメリカの芸術になるとは誰も想像していなかった。

エデンと『マッド・マックス』

私たち大人がテクノロジーによる変化の影響について判断を誤る理由の一つは、変化の経験が大人と子どもではまったく違うということだ。他の多くの人たちと同じように、私はインターネットによって、自分の経験が以前よりも断片化してばらばらになり、連続性が失われたと感じている。しかしそれはおそらくインターネット自体のせいではなく、大人になってからデジタル技術の世界に入ったためだろう。

私たちはみんな読むことを、まだ脳が柔らかい子どものときに学んだ。現在、生きている大人が、二〇一七年に生まれた子どもたちのように、デジタル世界を自然に無意識のうちに経験することはないだろう。二〇一七年生まれの子はデジタル・ネイティブである。私たちはデジタル語を、移民のように苦労してたどたどしいアクセントで話している。

私のウェブでの体験は断片的で連続性がなくて、骨が折れると感じるが、それは大人になってから新しいテクノロジーを学んでいるからだ。それは意識的な、集中力を必要とするプロセスだ。大人にとって、この種の注意力は限られた時間しか続かない。

これは神経レベルでも当てはまる。*13 何かに注意を向けているとき、前頭前野皮質（意識や目標に向かう計画に関わる脳の部位）が、学習を助けるコリン作動性伝達物質の分泌をコントロールしている。その化学物質は脳の特定の部位にしか到達しない。前頭前野皮質は抑制性伝達物質も分泌する。それは他の脳の部位の変化を抑制するものだ。つまり私たち大人が新しいテクノロジーと格闘しているとき、脳は一度に少ししか変わることができないのだ。

注意と学習は脳の中でまったく異なる働きを持つ。*14 若い動物の脳には、大人に比べてコリン作動性伝達物質が広範囲に存在している。彼らの学習能力は、計画的で意図的な注意力頼みではない。若者の脳は、たとえ自分に関係なくても、あるいは役に立たなくても、新しくて意外で情報量の多いあらゆることから学習できるようにできている。

そのためデジタル世界とともに育つ子どもたちは、私たちが読むことを学ぶときと同じように、ごく当たり前に一つのスキルとして学び習熟するのだろう。しかしだからといって、その子たちの経験や脳がインターネットによって形成されるわけではない。本に没頭していた私の二〇世紀の生活が、ほとんど字が読めなかった一九世紀の農夫の生活と同じであるように。

問題は現在の世代ごとの変化、ラチェットの前進による底上げが、あまりにも大きく、長い歴史の中で変化するものと変わらないものが見えにくいということだ。自分が生まれた前の年はエデンに見え、あなたの子どもが生まれたあとの年はマッド・マックスに見えるのはしかたない。

テクノロジーのラチェット

デジタルについて特に悲観的な人々が、現在のテクノロジーの効果とみなすもののうち、本当に革新的な変革はどれで、比較的小さな変化なのにラチェット効果で大きく見えているのはどれだろうか。

デジタル悲観主義者には、人間性のわずかな変化でも、悲惨な結果につながりかねない心理的大変化のように見える。私たちはあるテクノロジーが長期的に二歳児のその後の年月にどのような影響を与えるか知ることはできない。しかしスマートフォンやソーシャルメディアがティーンエイジャーに与えている直接的な影響についてはいくらか知っている。学校から家に帰って、友人にメールして、インスタグラムをアップデートする子が、家に帰ってテレビで『ギリガン君SOS』〔六〇年代のアメリカのコメディドラマ〕の再放送を見る子（これも私の経験）よりも、本当に成績が悪いのだろうか？

メディア研究者のダナ・ボイドはさまざまな経歴のティーンエイジャーたちと何千時間も過ごし、彼ら／彼女らがテクノロジーをどう使っているかを体系的に観察し、その子たちにとってテクノロジーとはどのような意味を持つかについて話を聞いた[*15]。彼女が出した結論は、彼らは若者がずっとやってきたことをするためにソーシャルメディアを使っているということだ。つまり友人や仲間のコミュニティを築く、親から距離を取る、ふざけ合い、噂話、いじめ、実験、反抗などだ。
現代のティーンエイジャーが家族のプレッシャーから逃れるためにソーシャルメディアを使うのは、直接的な逃避の手段――排水管をすべり下りる、窓から出る、堂々と玄関から出る――があまりないからかもしれない。近所に家がない、交通の手段がない状態では、思春期の若者が独力で家を出るのはほぼ不可能だ。ロサンゼルスで車なしにどこへ行けるのか。森の小道や村の広場、川沿いの草原が、ウェブのバーチャル空間に取って代わられた。

同時に、ボイドはインターネット・テクノロジーが、本や印刷機や電信と同じように、変化をもたらしたと述べている。以前は臭い更衣室の空気の中に消えてしまっていたひどい悪口が、一瞬で世界中に広まり、未来永劫サーバーに残される。ティーンエイジャーは現在のテクノロジーのこうした新しい側面を考慮に入れ、利用の仕方を学ぶ必要があるし、だいたいはそうしている。

マデリン・ジョージとキャンディス・オッジャーは、最近の科学的研究論文に同様の結果を数多く見つけている。[*16] 彼女らはアメリカのティーンエイジャーの多くが、デジタル世界に夢中であることを確認した。彼らは一日に平均六〇通のテキストを送り、七八パーセントが携帯電話を持っていて定期的にウェブにアクセスしている。しかしモバイル機器の中で経験する世界は現実世界の経験の代わりではなく、現実と並行している。学校で人気のある子はウェブでも人気がある。いじめっ子はどちらの空間でもいじめっ子だ。ティーンエイジャーを虐待したり脅かしたりするのは、インターネット上の見知らぬ人ではなく、いまだ近くにいる家族である可能性のほうが高い。

事実、ジョージとオッジャーは、インターネットに関して親が特に恐れていることを集め、その恐怖には根拠がほとんどないことを示した。テクノロジーが生んだ本当の問題は、ほとんどの親が想像もしなかったことで、子どもと同じように大人にも悪影響を与えている。それはLED画面を見ていると眠れなくなるということだ。

はっきりとはわからなくても、ボイド、ジョージ、オッジャーが示した、変化よりも前から継続していることのほうが多いという状況は、他のデジタル化への懸念にも当てはまるだろう。悲観主義者の中には、人が人でないもの——たとえばロボット——と、あたかも人間同士のように関わり、架空のバーチャル世界に没頭することを心配する人もいる。しかし幼い子はたいてい架空の仲間、それもロボットより捉えどころのない（そもそも存在していない）生物と話をする。ごくふつうの子はみんな、非現実的なごっこ遊びの世界に夢中になる。そして前の世代の人たちも同じことをする。ファービー人形が壊れて泣く子が、ディケンズの小説に出てくる人形のために涙を流す子とどう違うのか。寂しい思いをしている未亡人がチャットボットに話すのと、死んだ夫の写真に向かって話すのはそれほど違うことなのか。バーチャル世界での恋はハーレクイン・ロマンスとそれほど違うのか。

そして実際に顔を合わせて話すよりも、きわめて抽象的な記号を介したコミュニケーションが増えているという事実についてはどうだろうか。たとえばテキストメッセージという、最も人々を戸惑わせているテクノロジーの成功例について考えてみよう。多くのティーンエイジャーが一日何百ものテキストのやりとりをする。私たちはコンピュータの巨大なパワーを利用して、親指で電報を書けるようになった。昔を懐かしむように、テキストを生の会話だけでなく、一昔前の主流だった電話と比較したくなるのはわかる。しかし電話もかつてはテキストと同じように、多くの人に脅威をもたらすと思われていた。

しかし少なくとも書くことが始まってから、いや、（異論はあるだろうが）言語が出現したときから、人間は抽象記号を使って最も親密な関係を築いてきた。バートランド・ラッセルとレディ・オトライン・モレルはロンドンの郵便局を介してロマンスを続け、一日に数回も手紙を書いた。プルーストも、速くてたくさんのやりとりができるパリの気送管ポスト、プチブルを使っていた。ロンドンでは郵便が一日一二回も配達され、プチブルは送った二時間後には到着した。ヘンリー・ジェイムズの短編『いとよき所（The Great Good Place）』は、日常生活から離れて別の世界に行くファンタジーだが、氾濫する電報と義務の多さを嘆くところから始まる。これはEメールの受信箱がいっぱいになっている人にはおなじみの光景だろう。

もう一つの懸念は、インターネットはいずれ人間の、注意を向けるという能力を破壊するのではないかというものだ。大人の注意力には限りがあり、また注意のパターンを変えるのも難しいのは確かだ。その結果、読むことに向いた注意力を持つ人にとって、ウェブから大量に送られるじゃまな情報を無視するのは難しいかもしれない。しかしこれまで見てきたように、現在の教室で求められる、必要以上に高い集中力自体、最近の文化的発明であり、益もあれば代償もある。

読み書きや学校教育に有効な、集中力を高める戦略が当たり前に思えるのは、それが広く普及していて、ごく幼いころからそれを学んでいるからだ。けれども違う時代と場所では、注意を分散させる方法がそれと同じくらいの価値を持ち、同じように自然なことだった。私は採集や狩猟をなりわいとしていた人たちのような、広範囲に目を配るスキルを身につけることはできないだろう。しかし幸運なことに、幼いころから子守の練習はしていたので、何かの作業をしながら子どもに目を配るという、やはり昔ながらのスキルは持っている。

おそらくデジタル世代の孫たちは、いまの私たちが狩猟の達人や六人の子の母親に対して抱くのと同じノスタルジックな畏怖を、読むことの達人に対して抱くだろう。二〇世紀の高度な読み書きスキルは消滅はしなくても、少なくともとても特別にマニアックなものになるだろう。現在の狩猟、詩、ダンスのように。しかし人間の歴史がこれまでと同じ道をたどるならば、他のスキルがその代わりとなる。ただ前のスキルも完全に消えることはない。

ウェブの都市

しかしデジタル悲観論も、ある面では当を得ている。ボイドのティーンエイジャーについての調査は、本当に重大な変化を知らせる転換を指摘している。確実には言えないが、インターネットには前とは違うと思わせる何かがある。それは電信並みの大きな変革だ。しかしその結果をもたらしたのはコミュニケーションの速さや性質の変化ではない。テキストとEメールの速さは、電話や電報とそれほど変わらないし、内容も特に豊かになったわけでもなく貧しくなったわけでもない。

しかしそこに関わる人数については、大きな違いがあるようだ。ほとんどの人にとって、記憶していられる他人の数はせいぜい一〇〇人くらいと言われている。一つの村の人口くらいである。[*17]都市が生まれたことで、村の定義は社会的なものではなく地理的なものになった。都市の住人は通りですれ違う人が誰かを認識せず、目を向けさえしなくなった。これは地方から来た人には、不可解で不快にさえ見えるスキルだ。郵便ポストやプチブルは、比較的小さな都市の文学者の交友をつないでいた。

　ウェブはそうした交友範囲を急激に拡大する。私たちがグーグル検索を行うとき、優秀なコンピュータに相談しているわけではなく、何百万人もの手を介して獲得した情報を集めているのだ。最初は自分の社会的ネットワークの範囲をデジタルに規定するサービスだったフェイスブックは、いまやそのネットワーク自体を認識できないほどのサイズにまで急速に拡大させている。私たちはウェブ上で地球全体とコミュニケーションを取っているが、頼っているのは村の生活のためにつくられた考え方である。

　都市の子どもたちは都市でうまく生きるスキルを学ぶが、私たちはウェブでうまく生きるスキルをまだ確立させていない。誰と話すべきかを判断するのはもっと難しい。通りにいるはた迷惑な人物を排除したり、わけのわからないことを叫んでいる人を無視したりするほうが、匿名で投稿される扇動的なコメントを取り除くよりずっと楽にできる。ウェブ上では、誰もが大都市で迷う田舎者になる。少なくともいまはそう見える。

　それでも都市の住人はマンハッタンが平凡な街であるかのように暮らすことはできないし、本当にそんなことを望んでいない。デジタル悲観主義者が説明する矛盾した感情は、都市の世界の特徴的な感情だ。刺激、目新しさ、可能性がある一方で、孤独、心の乱れ、疎遠がある。

　印刷された本が現れるはるか前から、ホラティウスと紫式部は都市の生活における、簡素さ、心配り、意義深さへの憧れを表明している。ギリシャの田舎での隠遁生活を記した古典や、仏教の僧院がデジタル化されれば、きっと誰にとっても役に立つ。インターネットのヘビーユーザーである友人の中には、デジタル安息日をもうけて、一週間一度すべての画面を閉じ、スイッチをオフにしている人がいる。しかし大都市やもっと広い世界であるウェブという戻るべき場所がなければ、静かな村やデジタルの及ばない僧院の魅力は減じてしまうだろう。

どうするべきなのか

これらのテクノロジーについての疑問は、伝統とイノベーション、依存と独立の間にある根本的な葛藤を示している。それらは親になることの葛藤の中心でもある。成長するのに必要な豊かで安全で安定した状況を提供すること。それと同時に、子どもがどう育つかをコントロールできる、あるいはするべきと考えないことをどう実現するかが親にとっての難題だ。

そう言うと、人はただ流れに任せて、世代ごとにテクノロジーや文化の変化は避けられないことを認識し、何も言わずに子どもたちにスマホを持たせるよう勧めているように聞こえるかもしれない。しかしラチェット構造は世代の隔たりの両側に頼っている。イノベーションには伝統が必要だ。親などの保護者が自らの発見、習慣、スキル、そして価値観を子どもに引き継がなければ、新しいテクノロジーと文化へと移行することは不可能だ。ただし子どもがそうした伝統をただ再現するわけではないし、そう思うべきでもない。

世話をする者がしっかりとして安定した環境を子どもに与えれば、子どもはそこでさまざまな変化を経験し、予想もつかない方向に自由に伸びていく。私たちは子どもに、つくり変えるための世界を与えるのだ。同じように、私たちが自分たちの伝統やスキル、文化施設、価値観を伝えるからこそ、子どもたちはそれらを自分たちの時代に合うよう変容させることができる。

私がとても本を大切に思っているのを知っているので、子どもたちはその先に進んで画面を大切にするかもしれない。そして本も彼らの生活の一部となってほしいと思う。オージーは祖母にとって『かいじゅうたちのいるところ』や『オズの魔法使い』が代表的な文化であることを知っているが、彼の世代にとってのそれは『プレーンズ2』、あるいはまだ見ぬデジタル作品になるだろう。私の祖母のイディッシュの伝統は、私ときょうだいの心の中にも残っている。たくさんのひどいジョークや、クリームチーズと塩ざけの味だけだとしても。

親と特に祖父母の重要性の一部は、文化の歴史と昔から続いているという感覚を持たせることだ。過去とのつながりを感じなければ、子どもの人生は寂しいものになるだろう。親になることは、ペアレンティングの教えとは逆に、過去と未来の架け橋となることだ。

私にできないこと、してはいけないことは、子どもや孫が私とまったく同じ価値観、伝統、文化を引き継ぐと考えることだ。よくも悪くもデジタル世代は独自の世代をつくり、その中でどう生きるかを決めるのは、私たちではなく彼らなのだ。

もちろん幼いころ愛情をかけて育てた子どもが、いずれ不可思議で理解を超えたテクノロジーの未来からやってくる、不可思議で理解を超えた訪問者になるのは悲しいことだが、子育てにそうした悲劇はつきものである。しかし少なくとも一つ希望が持てるのは、私の孫たちは、デジタル世界について、私のように断片的で散漫で疎外されたと感じる経験はしないと、科学的に示されていることだ。孫たちにとってインターネットは基本であり、生活に根づいた永遠の存在なのだ。それは私にとって二〇世紀の文字文明の最高峰であったペンギン・ブックスのペーパーバックと同じである。

第9章 子どもの価値

ここまで私は親と子の関係について、一般的なペアレンティングとは違う考え方を論じてきた。子どもの世話をすることは、人間の行動の中でも、絶対的な意味で、基本的で奥深い価値を持つ。けれどもそれは木工のような、決まった形の大人をつくるためのものではない。親になることは、庭づくりに似ている。大切なのは豊かで安定している安全な環境を整えて、いくつもの違う花が咲くようにすることだ。子どもたち自身がさまざまな、思いもよらぬ将来を生み出せるような、強くて柔軟な生態系をつくることでもある。それは特定の親と子の特別な人間同士の関係、献身的で無条件の愛情の話でもある。

ペアレンティングの考え方は、子どもが成長して大人になったときの価値で、子どもを世話することの価値を測れるというものだ。しかし私たちは、子どもの世話の価値を他の価値に転換しようとするのではなく、ただ親と子の関係は唯一無二のものだと考えるべきなのだ。そのような関係は、哲学者が言うように本質的なものであり、何かの役に立つから価値があるというわけではない。子どもの世話はそれ自体がよいことなのだ。将来、それで何か他のよいことが起こるからだけではない。

子どもの世話の価値と倫理を深く考えると、一般的な価値や倫理についてもそれまでと違う考え方ができるようになる。倫理への古典哲学的アプローチは、親と子の関係にはうまく当てはまらない。重要な考え方の一つは、ジョン・スチュワート・ミルの功利主義である。[*1] 功利主義は「最大多数の最大幸福」をもたらすものを計算して決定を行う。もう一つの哲学理論は、カントの〝義務論〟である。[*2] これは私たち誰もが従うべき、絶対的かつ普遍的な道徳原則があるという主張だ。

けれどもどちらのアプローチも、特に子どもの世話の行動原理を規定しているわけではない。現代の功利主義の第一人者である哲学者のピーター・シンガーは、反発は必至な次の主張をしている。厳格には、功利主義の論理によれば、重大な障害を持つ子を育てることは、生きながらえさせることさえ、間違っていると結論せざるをえない。[*3] 一人の子が経験するどんな幸福よりも、その子を世話する人の不幸のほうが上回る、と。しかしほとんどの人にとって、このような論理はとんでもないものだと思える。

ここまで極端な例を出さずとも、功利主義の考え方が子どもに関する決定には合わないことはわかる。子どもを公立学校に行かせるべきか、私立学校に行かせるべきかという、多くの人が悩む問題についてだけ考えてみよう。子どもを公立学校に行かせることは、誰にとっても間違いなくいいことだ。最大多数の最大幸福を旨とする功利主義の原則からすれば、公立学校を選ぶべきだろう。しかし自分の子にできるだけのことをしてやりたいという気持ちから、私立学校に行かせる人もいるだろう。

カント的な考えもうまく当てはまらない。子どもの世話は基本的によいことだが、普遍的な責務もないし、そうあるべきでもない。自分の子どもについてはとても気にするが、子ども全般にはあまり関心を持たない人もいる。そして当然ながら、自らの意思から、もしくは環境のせいで、子どもにまったく興味を持たない人も多い。

　どちらの思想でも、子どもについて考えると愛情のパラドクスにぶつかる。特定か全体か、独立か依存かの葛藤である。自分の子どもへのきわめて特別な愛情は、功利主義やカント哲学の一般的な道徳原則で理解するのは難しい。そして古典的な説明では、道徳的な行為者は他者に依存せず独自に意思決定を行い、互いに共存する道を探す存在とみなす。しかし親になることの道徳とは、一人では生きられず決定も行えない存在の世話をして、それをできる者にすることだ。

　もう少し適切と思われる別の哲学的アプローチがある。哲学者アイザイア・バーリンは、ミルやカントとは逆の〝価値多元主義〟を訴えた[*4]。さまざまな道徳的価値がたくさんあり、それらの価値が矛盾することも多い。それらを互いに比較する方法はなく、どれが優れているということもない。公正か慈悲か、利他主義か自律性か、イェイツが〝人生の完璧さか、仕事の完璧さか〟と呼んだもの――これらの価値は、一つの客観的尺度で比較できるようなものではない。いちばんいいものを一つ決めるようなやり方で、比較できるものではないのだ。それでも現実の生活では、どちらかを選ばなければいけないときがある。

　バーリンは人生がどうしても悲劇になるのはそのためだと考えていた。それは正しかった。しかしそれはまた、人生を豊かで深いものにする。子どもを世話することに関しては、ミルやカントよりもバーリンの考え方のほうが適している。

　そもそも子どもを持つという決定も、他の価値観と比べて合理的に行うものではない。哲学者L・A・ポールは最近、子どもを持つ（あるいは持たない）ことを決めるのに、合理的な方法はないと述べている。*5

私たちはどのように合理的な決定を行うのだろうか。昔ながらの答えは、違う行動の結果を想像してみるというものだ。そしてそれぞれの結果について、その価値と可能性を考える。その後、経済学者の言う〝幸福（utilities）〟が最も高いものを選ぶ。赤ん坊の満足げな笑顔は、寝不足の夜を補って余りあるものだろうか。現代を生きる私たちは、子どもを持つという経験がどのようなものかを知ったうえで、子どもを持つかどうか決められると思っている。

しかしポールはそこに問題があると考えている。子どもを持つとはどういうことか、実際に持ってみなければわからない。他人の子どもを見て、だいたいのことは想像できるかもしれない。しかし自分の子という特別な存在に感じるとてつもなく大きな愛情は、子どもを持つ前に理解できるものではない。他人の子どもは好きでなくても、自分の子どもは何よりもかわいいと思うかもしれない。もちろん、どれだけ大きな責任がのしかかってくるかも、事前にはあまり理解できない。だからその決定を合理的に行うことはできないのだ。

私は問題はもっとややこしいと思う。合理的な意思決定とは、決定を行う前とあとで、その人の価値観が同じであることを前提としている。たとえば私が桃か梨のどちらを買うか決めるとき、いまこのとき桃が食べたいと思っていたら、買ったあとでも、同じ〝私〟はそれを食べたいと思っているはずだ。しかしある決定によって、私が違う価値観を持つ違う人間になってしまったらどうなるだろうか。

子どもを持つと精神的に大きく変わるのは、子どもの幸せが自分や自分の幸せよりも重要になるからだ。大げさに聞こえるかもしれないが、私は子どものために人生を捧げてもよいと思うが、もちろんそれはすべての親が、大きなことでもささいなことでも、いつもやっていることだ。

私が子どもを生んだあと、大げさでなく人が変わった。私の自我はもう一人の別の人間を取り込むほど拡大した。しかしその別の人間は完全に無力であり、報いを求めることもできない。さらにその人間の望みや目的は、私のとは大きく違っている。それが依存と自立のパラドクスの中心である。

子を持ったあとの私についての決定を、子を持つ前の私がしなければならない。子どもを持ったら、未来の私はおそらく、何よりも子どもたちのことを考えるだろう。自分の幸せよりも子どもが大事になり、子どものいない人生は想像できなくなる。しかし子どもを持たなければ、当然ながら、未来の私はやはり違う人間となり、違う興味や価値観を持っているはずだ。子を持つかどうかは、自分の望みを決めるだけではない。自分がどうなるかを決めることでもある。

比較できない価値というバーリンの考え方は、子を持つことだけでなく、持たないことの決定について、よりよい考え方を提供してくれる。功利主義でもカントの見解でも、子を持たないことを正当化するには、子どもの世話にはそれほど価値がないと言わなければならないと感じるかもしれない。もし子どもの世話をすると誰もが幸福になったり、それが道徳的な責務であったりすれば、子を持たないことは自分勝手なこと、あるいは間違ったことになってしまう。そして実際に、子を持たないことを選んだ人が、子の世話をするという価値に対して、懐疑や敵意さえ示すことがある。〝子どもを持たない（チャイルドフリー）〟という言葉は、子どもの世話はある種の圧迫、あるいは制限であることを暗に示している。

しかしバーリンの悲劇は安らぎでもある。人間にとって価値のある人生の形は数多くあり、そのすべてを経験することはできない。子どもを持たずに他の価値を選んでも、子どもの価値を否定することにはならない。バージニア・ウルフは子を持たなかったが「自分が手に入れなかったものを、手に入れる価値はないと思い込んではいけない」と、分別のある言葉を残している。*6

そしてもちろん、それは子どもを持つという選択にも当てはまる。子どもの世話をする決意は、他のやはり価値のある人生とは両立しにくいかもしれない。たとえば何かの仕事に一心に取り組む、聖職者のような禁欲的隠遁生活をおくる、あるいは人生のあらゆる快楽を享受する。しかしそうした人生をおくることは、子どもを育てるという価値ある経験をできないということでもある。

実のところ、いくつの価値を追求するべきかを決めるための、完全に合理的な方法はないと、ポールは指摘している。人はほんの少しの価値ある経験を追求するより、さまざまなよいことや価値ある経験をたくさんしたほうがいいという高次元の価値観を持っているかもしれないと、彼女は論じている。そして子どものいいところは成長するということであり、つまり子どもの世話がたいへんなのは、人生の一時期であり、その前後は他のことと両立できる。人生を時期によって分けて、違う価値を追求することは可能なはずだ。

けれどもここでも、ただ一つのことに専心する人生のほうが、一つのことに没頭せずいくつものことを行う人生よりもいいのか、あるいは人生の時期によって違うことをするほうが、いくつもの価値を同時に競わせるよりもいいのか、合理的に判断する方法はない。

一つ言えるのは、これらの決定は、自分がどのような人間になるかを左右する決定だけに、自分の自主性が何よりも重んじられ、できるだけ自由に行われるべきであるということだ。それはある目的を達成することについての直接的な決定よりも、子を持つかどうかのような決定にこそよく当てはまる。

道徳についての多元主義的な見方を根底に、バーリンは多元的な自由民主主義を擁護する。労働、結婚、特定の宗教に入信する、あるいはどこにも入信しない自由――これらすべてに大きな価値があり民主主義の核である理由は、その人の本質を示すものだからだ。たとえ多くの人が、ある特定の仕事、結婚の形態、宗教的な習慣が、最も価値のある人生を保証してくれると考えたとしても、自由で多元的な民主主義では、そのような価値を他人に押しつけることはできない。

子どもを持つことの価値についても同じことが言える。そのような決定は精神の深層に関わり、人生を変えるものなので、個々の人々の自由と、その決定を行った人の生活を尊重しなくてはならない。ここまで読んだ読者には、私が子どもの世話をすることに、とても高い価値、何よりも高い価値を見いだしているのは明らかなはずだ。宗教的な伝統に従っている多くの人もまた、それに高い価値を置いていて、それを避妊や中絶に反対する根拠として明示することも多い。

しかし私は、子どもを育てることはとても価値があり、人生を変える力を持ち、倫理の中心であるからこそ、避妊や中絶は自由に行われるべきだと思う。私は四〇歳のとき思いがけず妊娠し、中絶することを決めた。それは困難な選択だったが、自分で決められたのは幸運だった。

子どもを持ったら、次はその子たちへの責任と、他人や仕事、自分に対して負う責任とのバランスをどう取るかという難題が生じる。育児に没頭しているとき、私たちはすでに、ある価値観と興味に縛られる一人の人間ではない。一般的にそうした価値観や利害は、互いに比較したり、他人の価値観や利害とすりあわせる必要がある。しかし子どもがいると、親の自我は拡大して他人の価値観や利害を包み込む。それがたとえ自分のものとは違っても。他人の利害が自分のものと同じとき、そして違うとき、そのバランスをどう取って、どう調整すればよいのだろうか。

単純な答えはない、というのが答えである。バーリンによれば、価値が対立したとき私たちができることは、苦しみながらもその状況でいちばんいい決定を行うことだ。絶対的にいちばんいい決定というものはないが、そこから生じる罪悪感、後悔、安らぎを受け入れる必要がある。

個人的な絆と公共政策

私たち大人と子どもとの道徳的関係の根底にある根本的なパラドクスは、政策決定における矛盾を説明する助けとなることがある。もし子どもの世話が単なる業務、仕事なら、適切な訓練を受ければ誰でもできると感じるかもしれない。あるいは親よりもむしろ専門家が行ったほうがいいと思う人もいるかもしれない。しかし子ども——特に乳児——については、そのように感じない。親と子の関係には何か特別なものがあり、子どもの育て方に対して、親には特別な権威、利害、責任があると考えられている。

政治では一般的に、個人の権利や利益を重視する見解と、コミュニティや国といった大きな集団の利益を重視するものとに分けることができる。しかし子どもは、その間のおかしな立場にいる。単純に子どもは親の一部と言われてもしっくりこず、そうでないと言われてもしっくりこない。

これは多くの現実的で難しい政治的問題に影響を持つ。子どもの教育は基本的に個人の選択に委ね、親が子を宗教的な原理主義者や、進歩主義のヒッピーに育てることを許容するべきなのだろうか。誰もがお金を出している公立学校で行うことを、親に決めさせるべきなのだろうか。子どもへの体罰が許されるか、親に決めさせていいのだろうか。あるいは子どもに予防注射を打つかどうかの判断は。そもそも医学的治療を受けさせるかどうか、親に決めさせるべきなのだろうか。むしろどのような教育を受けさせるか、どのような治療をするべきかは、コミュニティ全体で決めるべきなのだろうか。

少なくともある程度までは、自分の命に対する責任と権限を個人に与えてもかまわないと考えられている。人が衝動で自分を傷つけようとしても、他人がその人を守るためにすることは限られている。けれどもその最悪の衝動が子どもに向けられたらどうだろうか。いまのところ、その解決策となっているのは里親制度だが、これは非常に欠点が多い。無防備な子どもたちが、生物学的な親と報酬の安い里親やグループホームとの間を行ったり来たりする。しかしそれよりいい制度とはどのようなものなのか。これはとても難しい問題で、バーリンの原則では単純な答えはないということになる。

資金を見つける

子どもの世話を引き受けるかどうかを決めるのは個人かもしれない。そして子どもに関する決定について、どの程度まで親の自由を認めるべきなのか、どの程度までコミュニティ全体の責任なのかを決めるのは難しいかもしれない。しかし子どもの世話が重要であることには誰しもが同意するだろう。人間の価値そのものとしても重要だし、その結果がもたらすものも重要である。そして子どもを育てるには多くの時間とエネルギー、そして資金が必要であることについても、誰もが同意するはずだ。最近の推定によると、アメリカでは子どもを育てるのに平均二四万五〇〇〇ドルかかる。[*7]これは大学費用を含まない額だ。

特に差し迫った次の問いには、すでに**答えが出ている**。それは子どもが元気に育つために必要なリソースを、どうすれば確保できるかということだ。アメリカの子どもの多くがそのリソースを得られていないという事実は恥ずべき状況だが、それは時間をかけて進んだために、私たちはずっと問題視してこなかった。地上で最も豊かな国で子どもの五分の一以上が貧困の中に育っている。[*8]これは恐ろしい数字ではないか。幼児のほうが他の年齢層よりも貧しい生活をしている。子ども、特に幼い子を育てている人の収入は、他のどんな集団よりも低い。そしてこの惨状はますます悪くなっている。貧困の子の割合は、実際に過去一〇年で増加している。貧困そのものよりも悪いのは、孤立と無秩序の中で育つ子どもの数が増えていることだ。

小さな採集社会では、リソースが子どもとその世話をする人たちに流れていくのは当たり前と思うことができる。進化を扱った章で見たように、人類特有の性質(つがいの絆、祖父母、アロペアレンティングなど)は、たとえ子どもが自分でリソースを生産できなくても、必要なリソースが子どもに行くようにできている。そしてもちろん進化の力がまだ働いている。空腹の子に食べさせたいという本能は、どんな感情よりも強く普遍的である。

しかし小さな個人の本能を、大きな工業化社会や脱工業化社会の政策に反映させるのは難しい。産業界には、リソースは目的のはっきりした仕事への報酬(ただしもちろん、それは単なる偶然の結果である可能性も高い）という前提がある。そうしたリソースを得ることは完全に個々の労働者の仕事であり、子どもを育てるための費用は、個人消費の項目の一つとなった。子どもを育てることの特別な価値を示す政治的方法を、私たちは持っていない。

このような世界では、子どもの世話をすることは見えなくなってしまう。特にアメリカでは、親も子もダブルバインドにおちいる。親からすると、仕事を減らせば子どもを育てるためのリソースも減る。そうでなければ、お金を払って子どもの世話を誰かに頼まざるをえない。どちらにしてもこの国で子どもの世話をする人は、どうしても最低レベルの収入しか得られないということになる。

当然ながら、しばらくの間この問題の解決策は、子どものためのリソースを結婚と結びつけることだった。それが古典的な〝核家族〟という状況である。父はもっぱら家の外の仕事でリソースを集めてきて、それを働かずにもっぱら子どもの世話をする母親と分け合う。これが子どもを育てる自然で必然的なやり方と思う人もいるだろう。しかし実のところ、これは工業化が進んだ一九世紀から二〇世紀に現れた、きわめて特異なやり方なのだ。

女性が一九七〇年代に仕事で外に出るようになった経緯についてはよく話題になる。しかし父親も仕事で外に出るようになったのは、わりと最近のことだとはあまり知られていない。[*9] 一九世紀、そして二〇世紀になっても、大半の人は自分の農場で働くか、地元で小さな商店を開いたり事業を営んだりしていた。一八三〇年代、アメリカの子どもの七〇パーセントが、両親が農場で働く家庭で暮らしていた。父親が働き母親が家にいる〝核家族〟で暮らす子はたった一五パーセントだった。一九三〇年代には、両親が農場で働いている家庭の子はたった三〇パーセントに、核家族の子は五五パーセントになった。七〇年代になると家族構成がまた変わり始め、一九八九年にはこうした伝統的な核家族で育つ子どもは三分の一未満になった。両親とも外で働いているか、一人親家庭で育つ子が大半になったのだ。[*10] 一人親家庭の子の割合は、その後も増え続けた。二〇一四年には一人親家庭の子が三〇パーセントを超えた。

農場では、父親と母親はもちろん、家族みんなが働きながら子どもの世話をしていた。家と職場が分かれたときから、子どもの世話と仕事も分かれたのだ。

母親が働かずに家にいるという方法の欠点は、いまとなってはもちろん明白である。女性がキャリアを積むことができなくなる。この形だと女性も子どもも完全に父親に依存するため、弱者になりやすい。また同時に父親が子どもと子育てから切り離される。離婚のハードルが低いところでは、それらの欠点がなおさら明らかになる(別の理由で、離婚は可能であるべきだ)。子育てのリソースを得る唯一の方法が、別れた夫への法的圧力だけという状況では、子どもが特に苦労する可能性が高い。

少なくとも一九七〇年代、母親が働かずに家にいる家庭のモデルは崩壊した。それは女性がより大きな自主性を求めて、正当な活動をした成果である。また経済的な力が働いた結果でもある。平均世帯収入が維持されているのは、女性が働きに出ているからにすぎない。しかしそれに代わる他のやり方は、まだ現れていない。

これは子ども、特に低収入世帯の子どもにとって不幸なことだった。採集や農耕社会では、家庭に親以外にも子どもの世話をしてくれる人がいた。昔の〝核家族〟では、少なくとも夫婦二人で生活費を稼いで子どもの世話をしていた。しかし現在のアメリカでは、子どもは母親が一人で育てることが多く、母親はフルタイムで働いた上に子どもの世話をしなければならない。これは悪しきサイクルにはまる。貧しい環境で育った人は、自分の子も貧しい環境で育てることになる可能性が高い。それが社会格差と固定化の原因となる。

ほとんどの先進国ですでに採用されている、よく知られた直接的な策が一つある。それは子どものためのリソースを提供する責任は、生物学的な母親、あるいは父母だけでなく、コミュニティ全体の責任だと認識することだ。誰もが受けられる妊婦健診、職員や看護師による家庭訪問、父母への有給育児休暇、無料の幼稚園、親への直接的な補助金などの政策を優先すること。これらの政策の道徳性に疑いの余地はないし、現実に良好な結果が出ていることに不思議はない。

これらの政策は本当に、子ども全体に好ましい結果をもたらしている。すべての社会科学研究の中でも、特に明白な結果である。[*11] いくつもの研究で、子どもが生まれてから早い時期からの介入と親への支援が、子どもが大人になるまで大きな効果をあげることが示されている。介入には、看護師が親にさらなるケアと助言を与える〝家庭訪問〟プログラム、質の高い就学前保育の提供、育児休暇、金銭的な支援などがある。こうした支援を受けた子どもは健康に育ち、高い収入を得られる可能性が高く、刑務所に入れられる可能性が低い。

ペアレンティングは、あるタイプの子をあるタイプの大人に育てようとする考え方だが、このような結果はペアレンティングを肯定する根拠になるだろうか。そうはならない。乳幼児のための政策が影響を及ぼすのは、集団全体での確率である。ある特定の子が成功するか、あるいはしないかを予測するのは、やはり難しい。

そしてこうした介入が行われると、あるタイプの子をあるタイプの大人に育てようとするときには効果を期待するかもしれないが、導入された直後から子どものテストの点数などの尺度に影響することは少ない。介入はだいたい〝スリーパー〟効果、つまり何年もたってから現れ始める性質を持つ。[12] 乳幼児期の介入は、大人になってからの健康と幸福に影響する。しかしそれは早期にリソースを与えることで、大人としての生活を自分でつくりあげるための土台を子どもに与えているからだ。

子どものためのリソースを生かす特に効果的な方法は、誰でも無料で利用できる、質の高い保育園や幼稚園をつくることだ。これはいまのアメリカにおける子どものための政策の目玉であり、右派からも左派からも支持される珍しい政策の例である。しかしここでさえ、〝ペアレンティング〟のモデルと〝親になること〟のモデル、木工職人か庭師かの対立がある。

幼稚園《プレスクール》の先生や保育園の保育士は、どちらかといえば〝庭師〟寄りの傾向がある。なんといっても幼稚園はキンダガーデン、子どものための庭という意味で、学校とは質が違う。しかしいま幼稚園は〝木工職人〟モデルを前提とする二つの集団から挟み撃ちに合っている。一つの集団には、自分の三歳の子をハーバード大学に入れるよう育てたいと思っている親たちがいる。もう一つの集団には、テストの高得点という確実な〝結果〟を求める為政者がいる。どちらの集団も幼稚園に対して、役に立つ木工職人のモデルを求めることが多い。ニューヨーク在住のある母親は、自分の子どもが通う幼稚園を、テストの準備をせずにただ遊ばせているだけという理由で訴えた。[13] これらの議論で保育《チャイルドケア》という言葉が、就学前教育《プレスクール》という言葉に取って代わられていることにも、その傾向が見られる。子どもの世話をすることが、学校教育よりも価値が低いとみなされているように思える。

しかし幼稚園に対してこうした成果を求めることは、間違っているし逆効果でさえある。幼稚園や保育園は、移動が多くばらつきがある大きな工業化社会の中で、無力な子のための保護を提供する方法と考えるべきだ。現代の生活の状況では、昔の子育てのやり方を支持するのは難しい。私たちは単に、採集や農耕社会のモデル、同じ家で暮らす大家族のモデル、外で働く父と家にいる母親の初期工業化社会のモデルに頼るわけにはいかない。幼稚園は一つの選択肢だ。

けれども幼稚園は、貧しい子も裕福な子も元気に生活できる庭を与える手段であるべきだ。一部の中産階級の親が求めるような、最終的に成功する大人を生み出すためにつくられた人格形成プロセスの第一歩であるべきではない。また幼稚園を〝学校への準備〟という観点でのみ考えるべきでもない。それではまるで幼い子を育てることの目的は、学校というおかしな施設で他の子よりよくできる子どもにすることだけのように思える。

幼児と老人

子育てに近いものはあまりない。しかし子育てのモデルとして、学校や職場のやり方を使うのではなく、子育てを他の制度のモデルとして考えることはできる。愛情と学習のパラドクスは、他の領域の個人的経験や公共政策でも生じる。

工業化社会の仕事の構造では、他の種類のケアも子育てと同じ問題を抱える。他人に感じる愛情および特別な関わりと普遍的な原則、そして愛する人の自立を尊重することと、その人が自分に依存しなければならないという事実、これらの間には子どもとの関係と同じ葛藤がある。その特別な他者との関係は、私たちの倫理や精神の核であり、生物としての核であるにもかかわらず、それを支えるための現実的あるいは政治的な手段はない。その人たちは働いていないので、経済や経済では見えない存在なのだ。これが特に顕著になるのは、子育てと同じように関係が非対称のとき、つまり自分はその他者の世話を多くしなければならないが、お返しは期待できないときだ。

これがよくわかるのが老人介護の問題だ。私の夫のアルヴィーは、孫ができたのとちょうど同じころ、九〇歳の親にも介護が必要になった。彼の母は関節炎とアルツハイマーを患っていて、特に注意が必要だった。私たちは誰もが経験する容赦のない夜中の電話、難しい話し合い、胸の痛む決断をいくつも経験した。幸いアルヴィーの姉は裕福で、仕事からも身を引いて親と同じ町に住んでいたので、日常的な介護のほとんどを引き受けてくれた。最終的に、彼の両親は〝介護付き老人ホーム〟に移り、そこで亡くなった。それまでずっと、私たちはこの経過全体が何かが根本的に間違っていると感じていたが、自分たちが何をするべきかわからなかった。

老人を介護するのも、幼い子を育てるのと同じように、結果が出るのに時間がかかり、見えない苦労が多い。どれほど愛情あふれる献身的な子どもであっても、〝介護付き老人ホーム〟や〝退職者ホーム〟を訪問すれば、気持ちが沈んでしまうだろう。私たちは愛する人に穏やかで尊厳が守られた最期を迎えさせることができずにいて、自分たちも同じ運命をたどることを恐れている。

子どもに特別な責任を感じるように、私たちは親にも同じように特別な責任を感じる。どちらのケースでも、その関係を大切に思うことは人にもともと備わっているものであり、有益かどうかで決まるものではない。特に老人介護の場合、悪い言い方をすれば、将来の人格形成に重要な影響を与えるわけでもない。親はすでに人格が確立されていて、誰もがいずれ衰弱して死に至るという事実から目をそらすわけにはいかない。

現在の老人介護は子どもの世話ととてもよく似ている。老いた親がいるというのは個人的な問題だが、私のような中年期の人間にとっては、知り合いほぼ全員が抱えている問題である。私たちは自分の子どもの世話を完全にプロの手にゆだねたいとは思わないのと同じで、自分の親に対する責任を完全に手放すことも望まない。

これはつまり、高齢者のために必要なリソースとは、幼い子のために必要なリソースと同じで、主に世話をする人の責任であるということだ。そして当然ながら、近年の老人介護は、幼児の世話と同じように、私の義理の姉のような女性が担っている。しかしこのモデルが成り立つのは、世話を担う人に何らかの形で、それに見合う時間と資金と支援を提供できるときだけだ。

結局、老人介護についても、子どもの世話のときと同じように、私たちはダブルバインドにおちいる。働かずに介護に時間を割くか、他人に任せるためのお金を稼ぐかになる。そうなると子どもの世話と同じように、老人の介護をする人も最低限の報酬しか得られないということになる。

少なくとも社会保障制度やメディケアのような、老人を介護するための社会的仕組みは存在している。実のところ、高齢者への公的支援は、乳幼児への支援よりはるかに多い。しかしそれでもいまだに続いているモデルは、個人が稼いだお金を将来の自分のために使うことを選んでいるだけ、という考え方に基づいている。

メディケアと社会保障制度については、それらが貯蓄計画であるという誤った認識がついて回る。しかし当然ながら、それらは現役世代全体で、引退した上の世代の面倒を見る方法だし、そうでなければならない。育児休暇や誰でも利用できる無料の幼稚園が、現役世代が未来の世代の世話をする方法であるべきなのと同じように。

私たちは老人であれ幼児であれ、愛する人の世話をすることについて、それは人間にもともと備わった性質、根本的な善であり、認知と支援が必要であることを考え始めるべきだ。親には有給の育児休暇を認めるべきだし、老人介護にも有給休暇を認めるべきだ。そして仕事よりも子育てを優先しなければならないときがあるように、仕事よりも親を優先しなければならないときもあることを、きちんと認識するべきだ。

仕事、遊び、アート、科学

年をとることに対する私たちの考え方には、愛情のパラドクスが反映される。学習のパラドクスは他の分野にも当てはまる。遊びと仕事、伝統と刷新の対立は、子どもについての考え方に限った話ではない。子どもについて考えることで、老人についての考えの参考になることはあるが、まったく違う形でアートと科学についての考えの参考になることもある。進化における子ども時代の目的は、さまざまな変化や新しいことを試せる、保護された期間を与えることだ。その戦略が最も顕著に表れているのが遊びである。遊びはまさに、はっきりした目標や目的や結果を求めない行為である。むしろ遊びを通して、別の可能性をさぐることができる。それが、これまでとは違う動き、行動、思考、想像であるにせよ。遊びは利用ではなく探索戦略の神髄である。

それが子ども時代の特徴なのも偶然ではない。

人間は子ども時代がとりわけ長いが、大人になっても身体的、心理的にきわめて子どもっぽい性質が残っている。生物学ではこれをネオテニーと呼ぶ。[*14] 人間は大人になっても、子ども特有の自由な好奇心、探究心、遊び心を発揮する潜在力を持つ。

それだけでなく、スポーツ、アート、演劇、科学など、遊びを様式化した大人のための活動がある。これらの活動には、子どもの遊びに見られる幅広い動きの研究、身体的・心理的な世界が反映されているが、そこに大人の集中力、意欲、目的意識が加わっている。

仕事は工業化社会と脱工業化社会の中心だが、それは他者の世話や遊びのどちらとの間にも葛藤を生じさせる。仕事をすることで老人や幼児の世話をするためのリソースを、また遊びのリソースも手に入れることができる。私たちの介護や子育てのやり方に影響するのと同じ葛藤が、私たちの遊びのやり方にも影響する。

ときに私たちは大人の遊びであるスポーツやアートや科学を、単なる個人の楽しみ、仕事で得たお金で買う消費材、あるいは金持ちが資金提供する道楽のように扱う。あるいはいずれ実際的な成果――健康、道徳心の向上、進歩した機械、高度な医療――を生むという理由で価値があるとみなすこともある。科学研究の補助金申請には、最終的にどのような結果をもたらすかという観点から、支援に値するという訴えが求められる。

皮肉なのは、長期的に見ると遊びは確かに子どもにも大人にも実際的な利益をもたらすことだ。科学研究などまさにそれが当てはまる。しかし子どもも大人も、遊ぶときは実際的な成果を目指していない。探索か利用かのトレードオフの根本的なパラドクスは、長期的にさまざまな目標に到達するために、短期的にはすすんで目標を持つのを止めなければいけないということだ。

子どもには遊ぶためのリソースとスペースを与えるべきだが、遊びに目に見える成果を求めるべきではない。科学者やアーティストをはじめ、人間の可能性をさぐる人々にも、そのような成果を求めるべきではない。

遊びに対するこのような見方の重要性は、脱工業化社会と産業革命以前の社会の両方に見ることができる。グーグルやピクサーなど、成功したハイテク企業では、イノベーションと創造性が求められるが、そうした会社は意識的に遊びのためのゆとりを確保している。グーグルは長年、自分で面白いと思うアイデアを考えるだけの時間を、毎週取らせる方針を掲げている。ピクサーの建物には秘密の通路や遊び場がある。

私がかつて見た、子どもと大人にとって遊びの価値が特によくわかる例は、一九二〇年代のサイレント映画『極北の怪異』の中にあった。この映画はイヌイットの狩人ナヌークと彼の家族が、地上で最も過酷な環境の中で、狩猟と採集だけで生きていく姿を追ったものだ。

あるときナヌークはまだ幼い息子のために、小さなおもちゃのそりをつくってやった。父と子は雪の中ではしゃぎまわった。それは私のようなカナダの親がよく見る光景だった。これは珍しくもないことのように思えるが、過酷な環境で何とか生きている一家の時間と物質的資産のうち、どのくらいがそり遊びに使われたか考えてみてほしい。しかしナヌークは遊びながら雪と氷について知ることが、将来の生活への最高の投資だと知っていた。地球でいちばん豊かな国に住んでいる私たちは、まだその教訓を学んでいない。

ではなぜ親になるのだろうか。子どもの世話に価値があるのはなぜなのか。親になることに価値があるのは、いずれ立派な結果がもたらされるからでも、決まったタイプのすばらしい大人を生み出すからでもない。親になると、文字通りの意味でも、比喩的な意味でも、新しい人間を世界に送り出すことができるからすばらしいのだ。どの子もまったく新しい唯一無二の存在だ。それは新たな遺伝子と経験、文化、そして運が複雑に組み合わされた結果である。きちんと世話をすれば、どの子も大人になって、唯一無二の新たな人生をおくることができる。その人生は楽しかったり悲しかったり、うまくいったりいかなかったりするかもしれないし、誇りや後悔に満ちたものかもしれない。最も価値のある人間の生活とは、これらすべてのことだろう。自分の子に対して感じる無条件の愛情は、その唯一無二なものを尊重し支える手段なのだ。

よい親は子どもを自分で人生の選択ができる大人に育てる。その選択がときに厄災を引き起こすこともある。それが親になることの悲哀であり、同時に深さでもある。子どもは安全で安定した環境で探検し、まったく新しい生活や人生を試し、リスクを顧みず思い切ったことができる。そしてリスクは悪い結果が出る可能性があるからこそリスクとなる。自分の子どもが大人になったとき失敗する余地がないというなら、私たちは親として成功していないということになる。けれどもよい親のもとで、子どもが誰も予測も想像もしなかった形で成功することがあるのも本当だ。

最初に私はこんな疑問を呈した。私の子どもの育て方は正しかったのか。子どもたちの人格形成に私はどんな影響を与えたのか。それを振り返ってみて、私はこうした疑問自体が不適当だったと強く感じている。

私の子どもたちは誰も私の人生をなぞっていない。それぞれが自分で無二のすばらしい人生をつくりあげている。それは私の価値観と習慣、子どもたちを教えたり世話してくれた人の価値観や習慣、彼ら世代が生み出したもの、彼ら自身が生み出したものが、ごちゃまぜになったものだ。ときどきは理解できなかったり、あぜんとしたりすることもある（鼻ピアス？　ギャングスタ・ラップ？）が、驚いたり喜んだりすることのほうが多い（プロがつくる総菜！　エコな家具！）。私はこれ以上は何も望めない。

親と子、過去と未来の時を超えた衝突は、人間性の奥深い部分である。おそらくいちばんの深みだろう。そこには悲劇的な面がある。人類には長い歴史的な視点で自分たちを見るという能力がある。私たちはそれをもっと科学的な方法で行っているが、私たちの祖先や先駆者、すでに亡くなった人々の精神や幻影を感じている。

オルフェウスと亡き妻エウリュディケをめぐる神話は、過去との関係のイメージを特に鮮やかにかつ感動的に描き出しているものの一つだ。私たちは時間がたつにつれて、過ぎ去った愛の幻影を忘れていく。過去を振り返るための手段すべて——記憶、物語、写真、映像——は、手の届かない遠い過去へとそれを押しやる働きを持つ。私たちは祖父母や両親の影、若いころの自分、自分の子どもの幼いころのかわいらしい顔までもが、色あせていくのをなすすべもなく見送る。

しかし親になることとは、オルフェウスの話を逆に経験することでもある。私たち親や祖父母は、愛する子どもたちが未来に向かって飛んでいくのを見なければならない。その未来に自分は決して到達できない。オージーの四〇歳以降の生活を私は知ることはできないし、そしてそれがどんな生活か予想することさえできないのは純然たる事実である。しかしこれにはもう一つの面がある。私はそこにいないが、彼はそこにいるので、私の一部もそこにいることになる。結局、人間の親と子の物語は、悲しいものではなく希望に満ちている。両親は私たちに過去を与え、私たちは子どもに未来を手渡すのだ。

謝辞

私は大学院生のときに親になり、同じころ科学者にもなった。本書は四〇年の経験を積み重ねた結果であり、感謝の意を伝えたい人は数え切れないほどたくさんいる。カリフォルニア大学バークレー校、特に心理学部、人間発達研究所、脳と認知科学研究所は、何年にもわたり私のホームだった。すべての同僚たちから深い影響を受けているが、トム・グリフィス、ターニャ・ロンブロゾ、スティーヴン・ヒンショー、ロン・ダール、リチャード・イヴリー、フィル&キャロリン・コーワン、リンダ・ウィルブレヒトは、この本を書くにあたって特に大きな助けとなってくれた。

過去、現在を問わず、私の教え子とポスドクたちも、この本を含め私のすべての仕事に貢献してくれている。タマール・クシュニール、アナ・ワイズメイヤー、クリス・ルーカス、ダフネ・バックスバウム、カレン・ウォーカー、エイドリエン・ウェント、ケイティ・キムラ、アズラ・ルッジェリ。特にローラ・シュルツは本書の遊びの章を読み込んで検討してくれた。調査が可能になったのは、研究所のマネジャーであるソフィー・ブリッジャーとロージー・アブーディーのおかげである。彼女たちは文献整理についてもなくてはならない存在だった。

全米科学財団からは何年も前から研究への資金提供を受けている（ＤＬＳ０１３２４８７、ＢＣＳ３３１６２０）。またマクドネル財団、ベゾス財団、テンプルトン財団も研究を支えてくれている。ずっと研究に協力してくれている子どもとその親たち、幼稚園、博物館にも深い感謝を捧げる。

この本を書けたのは主に二〇一一年のオックスフォード大学オール・ソウルズ・カレッジのおかげであり、アイデアの多くはそこの認知機能進化の研究グループに参加したことで生まれた。そのすべての参加者に、そしてグループをつくり、私を招いてくれたセシリア・ヘイズに感謝している。キム・ステレルニーとエヴァ・ジャブロンカとの対話は、特にこの本に重大な影響を与えている。

長い間、私の頭を刺激し続けてくれている多くの優秀な同僚たちや、よき友人たちにも感謝を伝えなければならない。ヘンリー・ウェルマン、アンドリュー・メルツォフ、ポール・ハリス、クラーク・グライマー、ジョン・キャンベル、ピーター・ゴッドフリー＝スミス、そしてジェーン・ハーシュフィールド。この本を書いているとき、サラ・ハーディとクリステン・ホークスという、新たな友人、そして進化生物学のメンターを得た。両者の存在はとてもありがたく思っている。

最初から本書がよい本になると信じ、最後まで導いてくれたファラー・ストラウス・アンド・ジルー社の編集者エリック・チンスキー、そして最後の手直しを助けてくれたレアード・ギャラガーに感謝する。エージェントのカチンカ・マトソンは、やはり今回もなくてはならない存在だった。

本書の文章の一部は、『ニューヨーク・タイムズ』『スレート』『ウォールストリート・ジャーナル』に、そのまま、あるいは少し違う形で掲載されたものだ。それらの媒体の編集者にはとてもお世話になった。過去三年間、『ウォールストリート・ジャーナル』で私の『マインド・アンド・マター』のコラムを美しく編集してくれたゲイリー・ローゼン、ピーター・ゼンガーに特別な感謝を伝えたい。

私の両親であるマーナとアーウィン、きょうだいのアダム、モーガン、ヒラリー、ブレイク、メリッサは、私自身と私が行うことすべての根幹をつくってくれた。アダムとブレイクは作家であり、この本の原稿を読み、それぞれ独特な、とても役立つ批評をしてくれた。

親になることについて私が知っていることはすべて、息子のアレクセイ、ニコラス、アンドレス、そしてその父親のジョージ・ルインスキから教わった。彼らにはとても感謝している。

最後に、孫のオーガスタス、ジョジアーナ、アティカスは、この五年間の人生の大きな喜びだった。彼らがいたからこそ本書が生まれた。そして祖父母としてのパートナー、恋人、愛する伴侶、そして最初にして最高の読者であるアルヴィー・レイ・スミスに最大の感謝を。この本は彼らに捧げる。

解説

森口佑介（京都大学大学院教育学研究科）

著者のアリソン・ゴプニック氏は、カリフォルニア大学バークレー校の心理学部の教授であり、哲学の教授も兼ねている、当世で最も独創的な研究者の一人である。彼女の研究業績の多くは乳幼児を対象とした実験的・理論的研究なので心理学者としてのイメージが強いが、本書でも数多く紹介されているように、哲学についての並々ならぬこだわりを見せ、このことはゴプニック教授の前著『哲学する赤ちゃん』にも反映されている。彼女のこだわりは、まるで、子どもの発達に関する心理学を打ち立て、今でもその研究業績が議論の対象となるスイスのジャン・ピアジェのようである。彼も、心理学者としての評価が高いが、自身は発生的認識論というある種の哲学に関する研究者を自認していたようである。第4章でも紹介されているゴプニック教授のブリケット探知機に関する研究では、子どもが自分の仮説を立てては修正する様子が明らかになっているが、この様子はピアジェが提唱した「科学者としての子ども」に近く、さまざまなところにゴプニック教授とピアジェの間に興味深い関係性を見いだせる。

筆者は、二〇一四年に京都大学で開催された日本発達心理学会に恩師がゴプニック教授を招待した際にお会いし、同僚と共に、彼女の講演の司会・通訳をする機会に恵まれた。印象としては、とにかくパワフルかつ快活な方で、哲学や進化論、コンピュータ科学はもちろんのこと、本書で源氏物語などに触れられていることからわかるように、日本の古典などにも精通されていて、とても楽しくお話しさせていただいた（ゴプニック教授は日本に来られる少し前にはいろいろと大変な思いもされたみたいだが）。講演では彼女のコンピュータ（アップル社製品）と会場のプロジェクタの相性が悪く、アテンド役として冷や汗を書いたが、TEDでも見せた彼女のプレゼンテーション能力に会場は魅了され、大好評であった。

アップル社に関連して、彼女の配偶者であるアルヴィー・レイ・スミス氏は、かのスティーブ・ジョブズ氏とともに『トイ・ストーリー』などを生み出したピクサーの共同創業者である。本書の中で彼女は中産階級であることを何度も強調しているが、この点については多少の疑念が残る（どうでもいいことだが）。スミス氏も京都に同行されていたので、学会の懇親会でお話しさせていただき、ジョブズ氏についてのさまざまな印象的な逸話をご披露いただいた。

ともかく、ゴプニック教授は、そのような方である。加えて、母親であり、祖母でもある。その彼女が、世の中にあふれかえる育児書に対する不満をぶつけて書いたのが本書である。確かに、現代の日本においても、子育てや育児の指南書は数えきれないくらい出版されている。発達心理学者である筆者のところにも、さまざまな取材依頼が寄せられる。勇敢な男の子に育てるにはどうしたらいいか、優しい女の子に育てるにはどうしたらいいか、キレない子に育てるためにはどうしたらいいか。そして、筆者の専門が脳の発達を含むこともあり、その取材の多くは、「脳科学的根拠」を求めてくる。筆者は、科学的見地から見て最低限言えることをコメントするが、なにせ子どもの脳発達はわからないことだらけなので、コメントできることは多くない。結果として、取材側が求めるような答えは提供できない。つまらないからボツになることもある。ところが、不思議なことに、子どもの脳発達を研究したこともない「専門家」が、科学を装って、筆者が答えられなかった問いに対してわかりやすい答えを提供している。「天才」を育てたという母親が、自分の経験をもとに、子育て一般を論じることもある。本当にその子育てが正しかったのか、比較群がないので、わからないにもかかわらずである。米国でも同じような現状があるのだろう。

そして、子育てや育児の指南書は、とかく「べき論」になりやすい。本書でいうところのペアレンティングの規範というやつだ。子どもには早期から外国語を身につけさせるべきだ。叱るよりも褒めて育てるべきだ。科学的根拠がないか、あっても浅薄なものしかないにもかかわらず、世の親たちは、この規範に振り回される。あれもしなきゃ、これもしなきゃ。ただでさえ忙しい子育て、他にも仕事を抱えつつも、親たちは子どものためになるのであればとペアレンティングの規範を実践し続ける。その先に待っているものは、決して幸福なんかじゃない。疲弊した親と、疲弊した子どもなのだ。

ゴプニック教授は、こうした現状を憂慮し、現在広がっているペアレンティングが根本的に間違っていると論じている。どのように間違っているか。これまでのペアレンティングの規範が推奨する親像が木工職人なら、彼女の提案する親像は庭師である。本書の原題である〝carpenter（木工職人）〟と〝gardener（庭師）〟はここからきている。前者の仕事は、材料を組み立てて、目標どおりに同じ形に作り上げることだ。そして、その腕前は、出来上がった品を見て評価される。子育てで言えば、目標の子ども像があり、その子どもを育てあげるためのマニュアルがあり、そのマニュアルどおりに育てることが推奨されるということだ。育てられた子どもを見て、マニュアルどおりに育てたことが評価される。

第2章に詳しく触れられているように、このやり方がダメな一つの理由は、私たちの住む環境が親の世代と子どもの世代で大きく変わる可能性があるためだ。たとえば、タイプライターという職業があったころ、親が子どもにタイプライターになってほしいと思い、そのマニュアルどおりに子どもを育てたとしよう（そのようなマニュアルはないと思うが）。ところが、子どもが成長して大人になったとき、タイプライターという職業自体がなくなってしまった。これでは、子どもは親の目標の犠牲になってしまう。

そもそも、子どもが親の思ったとおりに育つわけがない。子どもは、人格を持った、親とは異なる人間である。子どもには子どもなりの好みがあり、考えがあり、目標がある。筆者にも娘がいるが、最初の誕生日を迎える前から、このことを思い知らされた。彼女には好きな色があり、好きな食べ物があり、こちらの思いとは別にやりたいことがある。特に子どもが小さいころは、親は子どもが自分のものだという誤った思い込みをしやすい。自分ができなかったことを子どもに押し付ける親や、何でも自分色に染めたがる親。これが高じると、虐待につながることもある。

ゴプニック教授は、木工職人ではなく、庭師としての親像を推奨する。昔から、子どもはよく植物にたとえられる。有名なところでは、フランスの教育思想家ジャン=ジャック・ルソーが挙げられる。植物が水をやらないと枯れてしまうが、水をやりすぎても枯れてしまうのと同様に、子どもは生まれつきすばらしいものを持っており、教育しなくても、教育しすぎても、子どもの成長は妨げられる。ゴプニック教授の親子像も似たところがある。親がいくら思いどおりに育てようとしたって、たくさんの花を咲かせようとしたってなかなかうまくいかない。第1章で触れられているように、子どもはそもそも乱雑で無秩序な存在だ。こちらが方向付けようとしても無理である。だとしたら、植物の自由に任せてみよう。そうすると、思いがけない成長を見せることもある。ただ、庭師は植物の様子をただ見ていればいいというわけではない。ここで大事なのが、安全な環境を提供するということだ。乱雑さにはリスクが伴う。植物が生長するまでの間、庭師はその安全を担保しなければならない。人間では、この時代——子ども時代——が長い。乱雑に生きる時間を長く与えられているのだ。その分親の負担は大きい。安全な環境下で十分に育ったら、自立のときだ。外の世界に連れ出し、後は自ら育っていく様子を陰でそっと見つめよう。

となると、やっぱり子どもへの愛が大事なのね、という話になる。第3章でも触れられているように、子どもへの愛は特別だと見られがちだ。とりわけわが国では母性愛信仰が強く、母親の子どもへの愛が特別だと考える向きがある。筆者の大学の授業に参加する学生でも、三歳ごろまでは保育園に預けるよりも、家庭で子どもを育てたほうがいいと考えている。この考えは、国内外のさまざまな精密な研究から否定されている。家庭で育てようが、保育園に預けようが、親子関係もその後の子どもの発達もほとんど変わらない。

ゴプニック教授は、母親の子どもへの愛は、さほど特別なものではないと説く。祖母の子どもへの愛情や、夫婦間の愛情と似たものかもしれない。隣の家の子どもに向ける愛のような、アロペアレンティングだってある。とはいえ、やはり自分の子どもは特別だと誰もが思うだろう。筆者自身、自分の娘への愛情は特別で、何にも代えがたい。ゴプニック教授によれば、生物学的なつながりに加えて、自らが世話をすること、関わることで、愛情が特別になるのだという。子どもを愛することは、子育ての原因ではなく、結果だという。この点はなかなか受け入れにくい人もいるかもしれない。

第4章と第5章では、子どもの学習の仕方について丁寧に解説している。ペアレンティングの規範では、親が子どもの学習について口出すことを推奨する。だが、これは子どものことを知らない人が言うことだ。筆者は、この点をゴプニック教授に強く同意する。子育て本を書く人も、教育関係者も、親も、子どものことを知らなさすぎる。たとえは悪いが、企業が、顧客が何を求めるのかを知らないようなものだ。相手のことも知らずに、なぜ学習について口出しできるのだろうか。そして、大人が思っているよりも、子どもは学習が上手な存在だ。

第4章は主に視覚を通じた観察学習や模倣についての話である。発達心理学の教科書のような内容が並んでいるが、重要なのは、子どもがいかに親や他の大人の行動をよく見ており、そこからいかに学ぶのかという点だ。ときには大人よりも子どものほうが上手に学ぶという研究もある。子どもを甘く見てはいけないし、大人の言うとおりに学ばせることがいいわけではない。大人の行動そのものが重要なのである。そういう意味では、大人は、人の振り見て我が振り直せということになるだろう。たとえば、優しい子ども、親切な子どもが育つための最も重要なことは、何より親自身が親切であることだ。ナチスの時代にユダヤ人を救済した人は、その親の影響が大きいらしい。親が、すべての人間に倫理的価値があると考えていたようだ。そういった親の様子を子どもはつぶさに見ている。

第5章は、聴覚からの、言葉を通じた証言学習についての話である。二一世紀に入って、子どもの証言学習についての研究は飛躍的に進んだ。自信満々な人と、自信なさそうな人のどちらから子どもは言葉や道具の使い方を学ぶのか。大人と同じくらいの年齢の子どものどちらから学ぶのか。子どもは相手をつぶさに観察し、誰がより信頼できるかを見極める。本書でも触れられているように、親と子の愛着関係が証言学習に及ぼす影響は興味深い。親子の関係が安定していれば、子どもは他人よりも親を信頼する。一方、親子の絆が確かなものでないと、親を信頼してくれない。この話を聞くと、娘が他人よりも自分を信頼してくれたら筆者はうれしくて泣いてしまいそうだ。こういうところからも、親の役割は、庭師と同様に、子どもが安全で安心できる環境をつくり出すことであることが窺い知れる。

子どもの「なぜ」攻撃についての話も興味深い。昔、一休さんというアニメにどちて坊やという、何についても「どちてですか」と尋ねるキャラクターが存在したが、子どもは本当にどちて坊やだ。一時間に七五の質問をするという。好奇心の塊だ。こちらから教えなくても、子どもは自ら学ぼうとするのだ。世界の仕組みを知ろうとするのだ。子どもから質問を受けると、うまく答えられない自分に気づくこともあるだろう。いつから自分は世界を知っている気になってしまったのかとわが身を見つめ直す機会にもなる。ゴプニック教授は、そんなにがんばって質問に答える必要はないと説くが、やはり子どもの好奇心を奨励するためには、ある程度は子どもの質問に向き合う必要があると筆者は考える。いつも誰も答えてくれなかったら、子どもは質問を発しなくなるだろう。大学の授業ではなかなか学生からの質問が出ず、どうしたら質問しやすくなるかに腐心している筆者からすれば、子どもの質問に向き合い、肯定することは重要に思える。

第6章は幼児期の遊びの話だ。教育や保育関係者は、必ず、遊びの重要性を強調する。だが、実はごく最近まで、遊びと子どもの発達に関する証拠はあまりなかった。何となく遊びが大事だという認識を教育・保育関係者が持っていただけだ。本書では、遊びの役割として、脳が可塑的になることや、現実世界と違う視点をとれるようになることをあげている。前者に関してはヒト以外の動物に関する研究に基づいているので、ヒトにどれくらい当てはまるかはわからないが、遊ぶ人ほど斬新な考えを思いつくという直観には合う気がする。後者に関しては、特に空想遊びやごっこ遊びについて取り上げられている。空想遊びをする中で、子どもは現実とは異なる視点を得ることができる。ときには、子どもは空想上の友達をつくり出すのだ。筆者自身、空想の友達は極めて興味深く、なぜこんなことができるのだろうかと不思議に思って、研究を進めている（拙著『おさなごころを科学する：進化する乳幼児観』（新曜社）参照）。親の視点から見て重要なのは、他の欲求が満たされていないと子どもは遊ばないという点だろう。心配を抱えたり、栄養が足りていなかったりしたら、子どもは遊べない。ここでも、庭師としての親の役割が見えてくる。そして、子どもの邪魔をしないことも大事だ。遊ばせっぱなしにするというわけにはいかないにしても、子どもが自分で自らやろうとしているのを先回りしたり、止めさせたりするのは推奨できない。

しかし、子どもはいつまでも遊んでばかりはいられないし、いつまでも乱雑なままではいられない。学校教育が始まる児童期から青年期を取り上げたのが第7章である。幼児期までの発見学習から、自分の住む文化に必要なスキルを学ぶ完全習得学習へ。つまらないドリルをしたり行儀作法を身につけたりする時期になる。脳の中にも変化が起き、目標に到達するためのスキルである実行機能やその脳内機構である外側前頭前野が発達するのもこの時期だ。ゴプニック教授の学校教育や発達障害についての考えは、傾聴に値するが、そのまま受け入れていいものとも思えないので、ここでは割愛する。学校教育に対する疑念には大いに同意するが、さりとて現代社会に生きている以上、現代社会に必要なスキルをある程度学習するのはやはり必要だろう。日本でも、外国語を小学校の早い時期から始めたり、プログラミングを導入したりするようになった。賛否両論の難しい問題だが、世界は動いていて、追い付けないのはいつの時代も大人のほうだ。教師が教えるよりも、少し上の世代の中高生などに教えてもらったほうがいい気もする。

そして、青年期に一度乱雑さが戻ってくるというゴプニック教授の指摘は面白い。発達心理学の世界で、いま最も注目を集めているのが、この青年期だ。なぜなら、この時期に脳が劇的に変化することがわかってきたからだ。児童期に着実に発達した前頭前野が、一時的にうまく機能しなくなる話が紹介されている。無論、実際にはこんなに単純ではないのだが、青年期に自分のコントロールが難しくなることは数多く報告されている。日本でも、青年期の脳の発達を調べるためのプロジェクトが進んでいて、その成果には大いに期待したいところだ。この時期は、親よりも友達のほうが重要になる。そうなると、親の出る幕ではなくなる。親は一歩引いて、自立を助ける必要があるのだろう。

現代の親の持つ悩みとして、デジタルメディアとの付き合い方もある。子どもにテレビを見せるのはいつからがいいのか、スマートフォンはいつから持たせるべきか、SNSを通じて怖い目にあったりしないか。テクノロジーと子どもの関係が第8章に触れられている。この点については、ゴプニック教授は、やや楽観的な見方をしている。いわく、デジタル世代の子どもがやっていることは、形は違えど、基本的にはこれまでの世代がやってきたことと大きくは外れない。親の心配は杞憂であることが多いというのだ。テクノロジーについての見方は、世代間でかなりの格差があるように思う。概ね、年齢が高くなればなるほど、スマートフォンやタブレット端末については否定的だ。日本でも「スマホ育児」が否定的に論じられることが多い。一方、若い世代は、テクノロジーを許容する傾向にある。そういう中にあって、ゴプニック教授はすでに孫もいる年齢だが、特異的な存在だと言えるだろう。筆者は、この問題には大きな関心を持って研究を進めている。結局のところ、デジタルメディアのような新しいテクノロジーの是非を論じるには、あまりに証拠が少ない。賛成派も反対派も、自分の思い込みに基づいて意見しているだけだ。

旧来のメディアであるテレビについては半世紀にわたる研究がなされ、その成果を基に米国や日本の小児科医会が乳幼児の長時間にわたるテレビ視聴を推奨しないという声明を出すなど、テレビの功罪については明らかになりつつある。しかし、スマートフォンなどの新しいデジタルメディアについては、明らかになっていることは少ない。もちろん、長時間にわたるデジタルメディアの使用が子どもの発達に悪影響である可能性は高いが、適切な使用であれば子どもの発達にポジティブな影響を及ぼす可能性はある。現代の子どもは「デジタルネイティブ世代」と言われるように、デジタルメディアや情報通信環境の中で成長・発達をすることは避けられない。いたずらにデジタルメディアを忌避するのではなく、どのようなメディアの情報が、どの程度、どのように子どもの発達に影響を及ぼすかを実証的なデータに基づいて考え、デジタルメディアとの適切な接し方を考案していく必要がある。ゴプニック教授が考えるよりは状況は深刻かもしれないし、反対派が考えるほど子どもたちはテクノロジーに操られないかもしれない。

以上の内容を見れば明らかなように、ゴプニック教授の主張は、親は世の中にあふれるペアレンティングの規範に踊らされることなく、子どもが安全で安心でいられるような環境をつくり、彼ら・彼女らが自分であれこれと試し、失敗し、そこから学び、成長していくさまを、庭師のように眺めるだけで十分だということだ。一見すると、育児や子育てを放棄しているように思えるかもしれない。虐待の一種にネグレクト（育児放棄）があるが、これとの根本的な違いは、子どもが安全で安心でいられる場を提供するという点だ。ネグレクトは、子どもに温もりを与えず、食事を与えず、居場所を提供できていない。

本書への疑念を一つあげるとすれば、「子どもはこういう存在ですよ」というさまざまな科学的知見に基づき、「親は見守ってあげればいい」という、規範とまでは言えないが、結局のところ「べき論」に近いものを提案している点であろう。残念ながら、本書では一部の愛着研究を除いて、親の関わりについての科学的知見はあまり引用されていないが、親の関わりについてはごまんと研究はある。ペアレンティングの規範に関する指南書と混同されぬようにゴプニック教授は少なめにしか触れなかったのかもしれない。

実際には、ゴプニック教授が提案することと、親の関わりについての研究にそれほど齟齬があるわけではない。親の立場からすると、何もしないよりも、何かをしたほうが、育児をした気分になり、自尊心も保たれるだろう。だが、それは親の自己満足でしかない。発達心理学で言うところの、支配的な子育てをする親だ。子どものことを考えれば、何かしたくなるところを抑えて、子どもの自由にさせたほうがいい。こちらは、支援的な子育てと言われる。これは、子どもが何かしようというときに口出しをせず、少し困難を抱えているときに、少しだけ後ろから支えてあげるような関わりだ。子どもの自律性を保ちつつ、本当に困ったときは親が助けてくれるという安心感が得られる。過保護にならず、子どもとの適切な距離をとりながら、子育てに従事すればよい。子どもの持つ力を信じよう。インターネットやＳＮＳでさまざまな子育て情報が飛び交う現代の日本の親たちに、ゴプニック教授はそのようなメッセージを送ってくれている。

訳者あとがき

本書の原題はThe Gardener and the Carpenter、直訳すれば『庭師と木工職人』となる。（カーペンターは大工と訳されることが多いが、本書では家よりも小さなものをつくることをイメージして木工職人とした。）著者に言わせると、最近の親はペアレンティングという考え方にそって子育てをしようとしている。ペアレンティングは木工細工のように、子どもを決まった形の大人に育てようとするものだ。しかし実際に、子育ては植物を育てて庭をつくるようなもので、決して思いどおりにはいかないというのが、著者の主張である。

私自身、子どもが小さいころガーデニングに凝った時期があるが、子育て＝庭づくりというのは実に的確なたとえだと思う。ガーデニングの雑誌に出ているような、季節ごとに色とりどりの花を咲かせる美しい庭を夢みてさまざまな植物を買い込んで植えてみるものの、本当に、まったく、思ったとおりにはいかない。

友人にもらった菜の花が根付かないのに雑草はどんどん増えていく。虫がつかないというふれこみのエニシダにびっしり虫がつく。高い球根を買って大事に育てたカサブランカの横で、植えた覚えのないテッポウユリが何本も育って花が咲き誇る。針葉樹であるゴールドクレストを三本、猫の額ほどの庭に地植えしたらすくすくと伸び始め、二階に届きそうなほど大きくなってしまい「ここはあなたのいるべき場所ではなかった」と、泣く泣く切ったこともある。ガーデニングのブログを書いていたら「無知で無責任なガーデナーに植えられて、手に負えなくなったら切られるなんて木がかわいそう！」とかコメントがついただろうか。

他の人が育てたすばらしい庭を見て感嘆し、何種類もの植物を枯らした我が身を顧みてため息をつく。それでも何年かたつと、庭の土と相性のよかった低木が根付き、毎年、花を咲かせるようになる。雑誌に載るような庭からはほど遠いが、個性を持った〝自分の庭〟ができていくのだ。同好の士の間で情報交換したり、お互いの庭を見に行ったりして、新しい人間関係が生まれることもある。考えれば考えるほど、庭づくりと子育ては似ていると思えてくる。

ときどき通りすがりの人が、庭をほめてくれたり、植物の種類や育て方を聞いてきたりすることもある。自分でもガーデニングをしているという人もいれば、ただきれいだから、という場合もある。これもまた、子どもを育てているときにも起こることだ。同じ年齢くらいの孫がいるというご婦人などに声をかけられたりすると、ほっと安心できる。

しかし最近は、特にネットの世界で、子どもを育てている親に必要以上に厳しい目を向ける人が多いのではないかと感じる。電車のベビーカー、液体ミルク、予防注射の是非など、あまり関係なさそうな人まで攻撃的な言葉で、論争に加わっているように見える。子育てとか親子関係の話題は、誰にとっても身近なことだけに、顔も見えず、匿名も保たれるSNSだと、つい口出ししたくなるという面はあるだろう。それにしても、子ども連れのときの態度や、育て方全般を監視されているようないまの状況では、親は委縮せざるをえないように思え、それはとても気の毒に感じる。

西洋は個人主義で、子どもを育てるときにも個性を重視し、日本ほど他人の目は気にしないというイメージがあるが、子育てのハウトゥー本はたくさんあるというから、きちんと子どもを育てなければならないというプレッシャーがあるのは変わらないようだ。ペアレンティングの考え方に異議をとなえる著者の主張は、子どもは思いどおりには育たないものなのだから、あまり細かいことにこだわらないほうがいい、という親へのエールにも思える。

著者のゴプニック氏も三人の息子を育て、いまでは三人の孫を持つおばあちゃんでもある。本書でも〝自分の〟孫への特別な愛情について書かれているが、そこには科学者としての冷静な目があり、客観的な分析もなされている。生物学的には、繁殖力を失った雌がその後、何十年も生きる種というのは珍しいものらしい（哺乳類では人間以外にシャチだけと第3章に書いてある）。人間のように幼児期が長く手がかかる種では、親の上の世代が孫の世話をする役割を担うのは、進化の面から好ましい戦略だという。たしかに日本でも、数十年前までは、大家族で子どもが祖父母と一緒に暮らすことが多かった。「おばあちゃん子」という言葉があるように、育児の中心的な役割を引き受けることもあった。いまでも祖父母が子どもの世話をすることは珍しくはないだろうが、一世代で価値観が大きく変わり、親子であっても育児方針がまったく違うことがあるので、細かいところですりあわせをしておかないと、余計なトラブルを招く心配もある。

子どもへの接し方の規範は時代によって変わる。私が育った時代は、抱き癖がつくから泣いてもあまり抱いてあやさないほうがいいと言われていた、らしい。いまはいくら抱っこしても批判されることはないだろう。私が子どもを生んだころは、うつぶせ寝が流行っていたが、今は乳幼児突然死症候群のリスクを高めるということで避けられている。子どもが大きくなって振り返ってみれば、要するにどっちでもよかったんじゃないか……と思うこともたくさんある。

この本は子どもへの接し方を指導する育児指南本ではない。ゴプニック氏は母親や祖母としての経験もふまえ、もっと普遍的な子どもの発達や親の役割、親であることの価値といったものを論じている。それは科学でもあり、哲学でもある。しかし決して難解なわけではなく、わかりやすい例をあげながらユーモアをまぶしつつ説明している。たとえばスマホなどの新しいテクノロジーが子どもの脳に与える影響について論じる部分では、古代ギリシャ時代には「紙に文字を書く」ことがテクノロジーであり、読み書きを覚えることで、対話の力が衰えるという批判があったと述べている。読み書きの発達によって人間の脳が変わったのは確かだが、時間がたってそれが当たり前になったと言う。本、電信、列車……すべて出現した当初は人間を変えてしまうという恐怖や批判の対象だったのだ。現在のテクノロジーと人間の関係も、それと同じ道をたどり、いつか当たり前のものになるだろうと。

話が大きすぎてけむに巻かれたような気になるかもしれないが、現代の私たちには、少し離れたところから広い視野を持って、子どもという存在、そして親の役割というものを考えてみることも必要ではないだろうか。

渡会圭子

＊27　Steinberg 2014。思春期にまつわる最近の研究をまとめた、優れていて読みやすい本。この節の多くは、同書に従っている。
＊28　Dahl 2004; Steinberg 2004。
＊29　Casey, Jones, and Hare 2008。
＊30　Gardner and Steinberg 2005。
＊31　Flynn 1987; Flynn 2007。
＊32　Pietschnig and Voracek 2015。
＊33　Shaw et al. 2006。
＊34　Steinberg 2014。
＊35　Berlin 2013。

第8章　未来と過去：子どもとテクノロジー

＊1　Tennie, Call, and Tomasello 2009。
＊2　Stevens 1999。
＊3　たとえば Sankoff and Laberge 1974 を参照。
＊4　Kerswill 1996。
＊5　Ritchart and Arvaniti 2013。
＊6　Cheng and Martin 2005。
＊7　Kawamura 1959。
＊8　この節はスタニスラス・ドゥアンヌ（Dehaene 2009）による優れたレビュー論文に負うところが大きい。Wolf 2008 も参照。
＊9　MacLeod 1991。
＊10　Jowett 1892。
＊11　Olson 1996; Ong 1988。
＊12　Standage 1998。
＊13　Polley, Steinberg, and Merzenich 2006。
＊14　Merzenich 2001; Zhang, Bao, and Merzenich 2001。この研究についての詳しい議論は『哲学する赤ちゃん』（Gopnik 2009）第4章を参照。
＊15　Boyd 2014。
＊16　George and Odgers 2015。
＊17　Dunbar 1993。

第9章　子どもの価値

＊1　Mill 2010。
＊2　Kant, Wood, and Schneewind 2002。
＊3　Singer 2011。
＊4　Berlin 2002。
＊5　Paul 2014。
＊6　Bell 1984。
＊7　United States Department of Agriculture, 2013 Annual Report (Lino 2014)。
＊8　United States Census Bureau, Current Population Reports, Table B-2, pp. 68-73 (DeNavas-Walt et al. 2011)。
＊9　Hernandez 1994。
＊10　Livingston 2014。
＊11　Heckman 2006; Kirp 2009。
＊12　Barnett 2011。
＊13　Anderson 2011。
＊14　Bufill, Agustí, and Blesa 2011; Gould 1977。

* 45　Rhodes 2012。
* 46　Slaby and Frey 1975。
* 47　Gelman et al. 2004。
* 48　Atran et al. 2001。
* 49　Gelman and Heyman 1999。
* 50　Gelman et al. 2004; Rhodes, Leslie, and Tworek 2012。
* 51　Gelman et al. 2000。
* 52　Graham, Nayer, and Gelman 2011。
* 53　Gelman et al. 2004。
* 54　Rhodes, Leslie, and Tworek 2012。

第６章　遊びの役割

* 1　このテーマの権威ある文献は Burghardt 2005。
* 2　Burghardt 2005。
* 3　Panksepp and Burgdorf 2000。
* 4　Smith and Hagan 1980。
* 5　Pellegrini and Smith 1998。
* 6　Pellis and Pellis 2007, 2013。
* 7　Himmler, Pellis, and Kolb 2013。
* 8　Diamond 1988。
* 9　Wood 2013。
* 10　Berlin 1953。
* 11　Macdonald 1987。
* 12　Holzhaider, Hunt, and Gray 2010。
* 13　中世英語版は Perkins 1961。
* 14　Cook, Goodman, and Schulz 2011。
* 15　Bonawitz et al. 2012。
* 16　Stahl and Feigenson 2015。
* 17　Harris 2000。
* 18　Gaskins 1999。
* 19　Haight et al. 1999。
* 20　Arie 2004。
* 21　Gopnik 2012。
* 22　Weisberg and Gopnik 2013。
* 23　Buchsbaum et al. 2012。
* 24　Baron-Cohen 1997。
* 25　最近の優れたレビューは Wellman 2014。
* 26　Taylor 1999。
* 27　Taylor and Carlson 1997。
* 28　Mar et al. 2006; Mar and Oatley 2008。
* 29　Kidd and Castano 2013。
* 30　Bongard, Zykov, and Lipson 2006。
* 31　Bonawitz et al. 2011。
* 32　Buchsbaum et al. 2011。
* 33　Fisher et al. 2013。
* 34　Weisberg, Hirsh-Pasek, and Golinkoff 2013。

第７章　成長する

* 1　Smith, Carey, and Wiser 1985。
* 2　Hatano and Inagaki 1994。
* 3　Inagaki and Hatano 2006。
* 4　Ross et al. 2003。
* 5　Capelli, Nakagawa, and Madden 1990。
* 6　Lagattuta et al. 2015。
* 7　Rogoff 1990。
* 8　Dye, Green, and Bavelier 2009。
* 9　Zelazo, Carlson, and Kesek 2008。
* 10　Casey et al. 2005。
* 11　Markham and Greenough 2004; Ungerleider, Doyon, and Kami 2002。
* 12　Paradise and Rogoff 2009。
* 13　Lave and Wenger 1991。
* 14　Reps and Senzaki 1998。
* 15　たとえば Bransford, Brown, and Cocking 1999; Gardner 2011 を参照。
* 16　Snowling 2000。
* 17　Halberda, Mazzocco, and Feigenson 2008。
* 18　Sénéchal and LeFevre 2002。
* 19　Posner and Rothbart 2007。総説としては、『哲学する赤ちゃん』（Gopnik 2009）第４章を参照。
* 20　Kidd, Piantadosi, and Aslin 2012。
* 21　Carhart-Harris et al. 2012; Carhart-Harris et al. 2014。
* 22　Hinshaw and Scheffler 2014。
* 23　Molina et al. 2009。
* 24　DeVries 1998。
* 25　Taylor et al. 2015。
* 26　Opie and Opie 2000。

＊13 Laland 2004。
＊14 Meltzoff, Waismeyer, and Gopnik 2012。
＊15 Carpenter, Akhtar, and Tomasello 1998。
＊16 Meltzoff 1995。
＊17 Gergely, Bekkering, and Király 2002。
＊18 Williamson, Meltzoff, and Markman 2008。
＊19 Buchsbaum et al. 2011。
＊20 Lucas et al. 2014。
＊21 Gopnik, Griffiths, and Lucas 2015。
＊22 Horner and Whiten 2005。
＊23 Buchsbaum et al. 2011。
＊24 Legare et al. 2015。
＊25 Nielsen and Blank 2011。
＊26 Buttelmann et al. 2013。
＊27 Henrich, Heine, and Norenzayan 2010。
＊28 Rogoff 2003。
＊29 Correa-Chávez and Rogoff 2009。
＊30 Levitin 2011。

第5章　耳から学ぶ

＊1 Hoff 2006; Hoff and Tian 2005; Hart and Risley 1995。
＊2 本章の内容の多くはポール・ハリスの著書（Harris 2012）に見られる。Koenig, Clément, and Harris 2004 も参照。
＊3 Harris and Corriveau 2011。
＊4 Ainsworth et al. 2014。
＊5 Grossmann et al. 2008; Cohen and Campos 1974。
＊6 van den Boom 1994。
＊7 Hazan and Shaver 1987。
＊8 Corriveau et al. 2009。
＊9 Vikram and Malone 2007。
＊10 Koenig and Harris 2005。
＊11 Lutz and Keil 2002。
＊12 Corriveau, Fusaro, and Harris 2009。
＊13 Corriveau and Harris 2010。
＊14 Asch 1956。
＊15 ブリケット探知器の研究のレビューは Gopnik 2012 と Gopnik and Wellman 2012 を参照。
＊16 Bridgers et al. 2016。
＊17 Waismeyer, Meltzoff, and Gopnik 2015。
＊18 Corriveau, Meints, and Harris 2009。
＊19 このトピックについては Tenney et al. 2011 を参照。
＊20 Estes, Wellman, and Woolley 1989; Woolley 1997。
＊21 Skolnick and Bloom 2006。
＊22 Harris and Koenig 2006; Legare et al. 2012。
＊23 Harris and Koenig 2006。
＊24 Legare et al. 2012; Legare and Gelman 2009。
＊25 たとえば Callanan and Oakes 1992 を参照。
＊26 Frazier, Gelman, and Wellman 2009。
＊27 Chouinard, Harris, and Maratsos 2007。
＊28 Tenenbaum and Callanan 2008。
＊29 Davis 1932。
＊30 Chouinard, Harris, and Maratsos 2007。
＊31 Legare, Gelman, and Wellman 2010。
＊32 Lombrozo 2011, 2012。
＊33 Legare and Lombrozo 2014。
＊34 Walker et al. 2014。
＊35 Callanan and Oakes 1992。
＊36 Correa-Chávez and Rogoff 2009。
＊37 Gelman 2003。
＊38 Gelman et al. 2015。
＊39 Gelman et al. 2008; Goldin-Meadow, Gelman, and Mylander 2005。
＊40 Gelman 2004。
＊41 Carey 1985。
＊42 Brandone and Gelman 2013。
＊43 Gelman and Hirschfeld 1999; Johnson and Solomon 1997。
＊44 Gelman 2004; Taylor, Rhodes, and Gelman 2009。

＊3　Hrdy 2009。
＊4　Hawkes and Coxworth 2013。
＊5　この議論については、ステレルニー著『進化の弟子：ヒトは学んで人になった』（Sterelny 2012）に詳しい。以降の内容の多くはステレルニー著による。
＊6　Hublin, Neubauer, and Gunz 2015。
＊7　Kappeler and Pereira 2003。
＊8　Kaplan et al. 2000。
＊9　Hawkes et al. 1998。
＊10　Smith et al. 2010。
＊11　生物学者は、しばしばこれをR種とK種の違いと呼ぶ。この区別の初出は *The Theory of Island Biogeography*（MacArthur and Wilson 1967）。
＊12　Weisbecker and Goswami 2010。
＊13　Starck and Ricklefs 1998。
＊14　Hunt and Gray 2004。
＊15　Holzhaider, Hunt, and Gray 2010。
＊16　Kuzawa 2014。
＊17　Heyes 2012。
＊18　Jablonka and Lamb 2005。
＊19　Sterelny 2012; Tomasello 2009。
＊20　Boyd and Richerson 1988; Laland, Atton, and Webster 2011; Smith et al. 2008。
＊21　Sterelny 2012。
＊22　Potts 1996。

第3章　愛の進化

＊1　Hawkes and Coxworth 2013; Hrdy 2009。
＊2　Chapais 2009。
＊3　Hawkes et al. 1998。
＊4　Hrdy 2009。
＊5　Reichard and Boesch 2003。
＊6　Dixson 1998。つがいの形成については上記 Chapais 2009 を参照。
＊7　Fisher 1992。
＊8　Kleiman 1977。
＊9　父親による育児参加については Clutton-Brock 1991、つがいの絆については Fletcher et al. 2015。
＊10　Gavrilets 2012。
＊11　Antón and Snodgrass 2012。
＊12　Abraham et al. 2014。
＊13　Morris and Scheidel 2009。
＊14　Fisher 2004。
＊15　Glocker et al. 2009; Lorenz 1943。
＊16　Carter, Devries, and Getz 1995; Winslow et al. 1993; Young and Wang 2004。
＊17　Lim et al. 2004。
＊18　Donaldson and Young 2008。
＊19　Hawkes et al. 1998 と上記 Hawkes and Coxworth 2013 を参照。
＊20　Hrdy 2009。
＊21　Hewlett and Winn 2014。
＊22　コミットメント（特別な思い入れ）に関する1988年の Frank による説が Sterelny 2012 で解説されている。ここでの説明は両方の文献によっている。
＊23　De Waal 2008。
＊24　Tomasello 2009。
＊25　Axelrod and Hamilton 1981。
＊26　Feldman et al. 2010。
＊27　Gettler et al. 2011。
＊28　Churchland 2011。
＊29　De Dreu et al. 2011。

第4章　見て学ぶ

＊1　Wordsworth 1804。
＊2　Meltzoff and Moore 1977。
＊3　Meltzoff and Moore 1989。
＊4　Ramachandran 2012。
＊5　Rizzolatti, Fogassi, and Gallese 2001。
＊6　Keysers and Gazzola 2010。
＊7　Tomasello and Call 1997。
＊8　Hickok 2009。
＊9　Carandini et al. 2005。
＊10　Çukur et al. 2013。
＊11　Byrne 1997。
＊12　Bryne and Whiten 1989。

注

科学は何千もの人々の努力の積み重ねであり、本書のような広範囲の分野を扱う書籍の完全な文献リストをつくろうとすれば何百ページにもなってしまうだろう。本書は一般読者向けなので、本書の中で述べたすべての経験科学的主張について、少なくとも一つの文献を示す。また、さらに学びたい読者のために、とくに読みやすく有用な学術書を紹介するように努めた。

イントロダクション

＊1　現代の親が示す複雑な態度についての優れた描写が Senior 2014 にある。

＊2　Rapp 2011。2014 年の著書、*The Still Point of the Turning World* は、2011 年に彼女がニューヨーク・タイムズ紙に書いた記事がもとになっている。

第1章　ペアレンティングに異議あり

＊1　『メリアム・ウェブスター英英辞典』に、初めて使われたのは 1958 年とある。Merriam-Webster: Dictionary and Thesaurus. "parenting."（2015 年 10 月 27 日閲覧）http://www.merriam-webster.com/dictionary/parenting.

＊2　マイケル・ルイスの *Altering Fate: Why the Past Does Not Predict the Future*（Lewis 1997）にはこの研究がうまくまとめられている。

＊3　Paul 2008 を参照。

＊4　Pritchard and Williams 2011。

＊5　Pollan 2006。

＊6　たとえば Wrangham 2009 を参照。

＊7　Ng et al. 2014。

＊8　Jablonka and Lamb 2005; Pigliucci 2008。

＊9　Graves et al. 2013。

＊10　たとえば Ellis and Bjorklund 2012; Ellis et al. 2012 を参照。

＊11　Eisenberg et al. 2008。

＊12　Popper 1959。

＊13　Cohen, McClure, and Angela 2007。

＊14　Gopnik, Griffiths, and Lucas 2015; Lucas et al. 2014。

＊15　Ebstein et al. 1996。

＊16　Weaver et al. 2004。

＊17　Frankenhuis, Panchanathan, and Belsky 2015; Boyce and Ellis 2005。

＊18　Turkheimer 2000b。より詳しい議論は『哲学する赤ちゃん』（Gopnik 2009）の第 6 章を参照。

＊19　Turkheimer 2000a。

＊20　Bonawitz et al. 2014。

＊21　脳の発達については、Cragg 1975; Giedd et al. 1999; Huttenlocher 1974, 1979, 1990 を参照。より一般向けのものとしては、Marian Diamond and Janet Hopson, *Magic Trees of the Mind: How to Nurture Your Child's Intelligence, Creativity, and Healthy Emotions from Birth Through Adolescence* (Diamond and Hopson 1999)。

第2章　子ども時代の進化

＊1　Parker and Gibson 1977; Yamakoshi 2001。

＊2　Revedin et al. 2010。

pnas.0906486107.

Weisberg, Deena S., and Alison Gopnik. "Pretense, Counterfactuals, and Bayesian Causal Models: Why What Is Not Real Really Matters." *Cognitive Science* 37, no. 7 (2013): 1368-81. doi: doi: 10.1111/cogs.12069.

Weisberg, Deena Skolnick, Kathy Hirsh-Pasek, and Roberta Michnick Golinkoff. "Guided Play: Where Curricular Goals Meet a Playful Pedagogy." *Mind, Brain, and Education* 7, no. 2 (2013): 104-12. doi: 10.1111/mbe.12015.

Wellman, Henry M. *Making Minds: How Theory of Mind Develops.* Oxford and New York: Oxford University Press, 2014.

Williamson, Rebecca A., Andrew N. Meltzoff, and Ellen M. Markman. "Prior Experiences and Perceived Efficacy Influence 3-Year-Olds' Imitation." *Developmental Psychology* 44, no. 1 (2008): 275-85. doi: 10.1037/0012-1649.44.1.275.

Winslow, J. T., Nick Hastings, C. Sue Carter, Carroll R. Harbaugh, and Thomas R. Insel. "A Role for Central Vasopressin in Pair Bonding in Monogamous Prairie Voles." *Nature* 365, no. 6446 (1993): 545-48.

Wolf, Maryanne. *Proust and the Squid: The Story and Science of the Reading Brain.* Cambridge: Icon Books, 2008.〔メアリアン・ウルフ 著，小松淳子 訳『プルーストとイカ：読書は脳をどのように変えるのか？』(2008) インターシフト〕

Wood, Justin N. "Newborn Chickens Generate Invariant Object Representations at the Onset of Visual Object Experience." *Proceedings of the National Academy of Sciences* 110, no. 34 (2013): 14000-14005. doi: 10.1073/pnas.1308246110.

Woolley, Jacqueline D. "Thinking About Fantasy: Are Children Fundamentally Different Thinkers and Believers from Adults?" *Child Development* 68, no. 6 (1997): 991-1011. doi: 10.1111/j.1467-8624.1997.tb01975.x.

Wordsworth, William. *Ode: Intimations of Immortality from Recollections of Early Childhood.* 1804.

Wrangham, Richard. *Catching Fire: How Cooking Made Us Human.* New York: Basic Books, 2009.〔リチャード・ランガム 著，依田卓巳 訳『火の賜物：ヒトは料理で進化した』(2010) NTT 出版〕

Yamakoshi, Gen. "Ecology of Tool Use in Wild Chimpanzees: Toward Reconstruction of Early Hominid Evolution." In *Primate Origins of Human Cognition and Behavior*, edited by Tetsuro Matsuzawa, 537-56. Springer Japan, 2001. doi: 10.1007/978-4-431-09423-4_27.

Young, Larry J., and Zuoxin Wang. "The Neurobiology of Pair Bonding." *Nature Neuroscience* 7, no. 10 (2004): 1048-54. doi: 10.1038/nn1327.

Zelazo, Philip David, Stephanie M. Carlson, and Amanda Kesek. "The Development of Executive Function in Childhood." In *Handbook of Developmental Cognitive Neuroscience* (2nd ed.), edited by Charles A. Nelson and Monica Luciana, 553-74. *Developmental Cognitive Neuroscience.* Cambridge, Mass.: MIT Press, 2008.

Zhang, Li I., Shaowen Bao, and Michael M. Merzenich. "Persistent and Specific Influences of Early Acoustic Environments on Primary Auditory Cortex." *Nature Neuroscience* 4, no. 11 (2001): 1123-30. doi: 10.1038/nn745.

Theory of Mind." *Child Development* 68, no. 3 (1997): 436-55. doi: 10.1111/j.1467-8624.1997.tb01950.x.

Taylor, Marjorie, Sara D. Hodges, and Adèle Kohányi. "The Illusion of Independent Agency: Do Adult Fiction Writers Experience Their Characters as Having Minds of Their Own?" *Imagination, Cognition and Personality* 22, no. 4 (2003): 361-80. doi: 10.2190/FTG3-Q9T0-7U26-5Q5X.

Taylor, Marjorie, Candice M. Mottweiler, Emilee R. Naylor, and Jacob G. Levernier. "Imaginary Worlds in Middle Childhood: A Qualitative Study of Two Pairs of Coordinated Paracosms." *Creativity Research Journal* 27, no. 2 (2015): 167-74. doi: 10.1080/10400419.2015.1030318.

Tenenbaum, Harriet R., and Maureen A. Callanan. "Parents' Science Talk to Their Children in Mexican-Descent Families Residing in the USA." *International Journal of Behavioral Development* 32, no. 1 (2008): 1-12. doi: 10.1177/0165025407084046.

Tenney, Elizabeth R., Jenna E. Small, Robyn L. Kondrad, Vikram K. Jaswal, and Barbara A. Spellman. "Accuracy, Confidence, and Calibration: How Young Children and Adults Assess Credibility." *Developmental Psychology* 47, no. 4 (2011): 1065-77. doi: 10.1037/a0023273.

Tennie, Claudio, Josep Call, and Michael Tomasello. "Ratcheting Up the Ratchet: On the Evolution of Cumulative Culture." *Philosophical Transactions of the Royal Society B: Biological Sciences* 364, no. 1528 (2009): 2405-15. doi: 10.1098/rstb.2009.0052.

Tomasello, Michael. *The Cultural Origins of Human Cognition*. Cambridge, Mass.: Harvard University Press, 1999.〔マイケル・トマセロ 著，大堀壽夫・中澤恒子・西村義樹・本多啓 訳『心とことばの起源を探る：文化と認知』（2006）勁草書房〕

———. *Why We Cooperate*. Cambridge, Mass.: MIT Press, 2009.〔マイケル・トマセロ 著，橋彌和秀 訳『ヒトはなぜ協力するのか』（2013）勁草書房〕

Tomasello, Michael, and Josep Call. *Primate Cognition*. New York and Oxford: Oxford University Press, 1997.

Turkheimer, Eric. "Three Laws of Behavior Genetics and What They Mean." *Current Directions in Psychological Science* 9, no. 5 (2000): 160-64.

Turkheimer, Eric, and Mary Waldron. "Nonshared Environment: A Theoretical, Methodological, and Quantitative Review." *Psychological Bulletin* 126, no. 1 (2000): 78.

Ungerleider, Leslie G., Julien Doyon, and Avi Karni. "Imaging Brain Plasticity During Motor Skill Learning." *Neurobiology of Learning and Memory* 78, no. 3 (2002): 553-64. doi: 10.1006/nlme.2002.4091.

van den Boom, Dymphna C. "The Influence of Temperament and Mothering on Attachment and Exploration: An Experimental Manipulation of Sensitive Responsiveness Among Lower-Class Mothers with Irritable Infants." *Child Development* 65, no. 5 (1994): 1457-77. doi: 10.1111/j.1467-8624.1994.tb00829.x.

Waismeyer, Anna, Andrew N. Meltzoff, and Alison Gopnik. "Causal Learning from Probabilistic Events in 24-Month-Olds: An Action Measure." *Developmental Science* 18, no. 1 (2015): 175-82. doi: 10.1111/desc.12208.

Walker, Caren M., Tania Lombrozo, Cristine H. Legare, and Alison Gopnik. "Explaining Prompts Children to Privilege Inductively Rich Properties." *Cognition* 133, no. 2 (2014): 343-57. doi: 10.1016/j.cognition.2014.07.008.

Weaver, Ian C. G., Nadia Cervoni, Frances A. Champagne, Ana C. D'Alessio, Shakti Sharma, Jonathan R. Seckl, Sergiy Dymov, Moshe Szyf, and Michael J. Meaney. "Epigenetic Programming by Maternal Behavior." *Nature Neuroscience* 7, no. 8 (2004): 847-54. doi: 10.1038/nn1276.

Weisbecker, Vera, and Anjali Goswami. "Brain Size, Life History, and Metabolism at the Marsupial/Placental Dichotomy." *Proceedings of the National Academy of Sciences* 107, no. 37 (2010): 16216-21. doi: 10.1073/

Skolnick, Deena, and Paul Bloom. "What Does Batman Think About Sponge-Bob? Children's Understanding of the Fantasy/Fantasy Distinction." *Cognition* 101, no. 1 (2006): B9-B18. doi: 10.1016/j.cognition.2005.10.001.

Slaby, Ronald G., and Karin S. Frey. "Development of Gender Constancy and Selective Attention to Same-Sex Models." *Child Development* (1975): 849-56. doi: 10.2307/1128389.

Smith, Carol, Susan Carey, and Marianne Wiser. "On Differentiation: A Case Study of the Development of the Concepts of Size, Weight, and Density." *Cognition* 21, no. 3 (1985): 177-237. doi: 10.1016/0010-0277(85)90025-3.

Smith, Kenny, Michael L. Kalish, Thomas L. Griffiths, and Stephan Lewandowsky. "Theme Issue: Cultural Transmission and the Evolution of Human Behaviour." *Philosophical Transactions of the Royal Society B: Biological Sciences* 363, no. 1509 (2008).

Smith, Peter K., and Teresa Hagan. "Effects of Deprivation on Exercise Play in Nursery School Children." *Animal Behaviour* 28, no. 3 (1980): 922-28. doi: 10.1016/S0003-3472(80)80154-0.

Smith, Tanya M., Paul Tafforeau, Donald J. Reid, Joane Pouech, Vincent Lazzari, John P. Zermeno, Debbie Guatelli-Steinberg, et al. "Dental Evidence for Ontogenetic Differences Between Modern Humans and Neanderthals." *Proceedings of the National Academy of Sciences* 107, no. 49 (2010): 20923-28. doi: 10.1073/pnas.1010906107.

Snowling, Margaret J. *Dyslexia*. Malden, Mass. Blackwell Publishing, 2000.〔マーガレット・J・スノウリング 著，加藤醇子・宇野彰 監訳，紅葉誠一 訳『ディスレクシア：読み書きのLD：親と専門家のためのガイド』（2008）東京書籍〕

Stahl, Aimee E., and Lisa Feigenson. "Observing the Unexpected Enhances Infants' Learning and Exploration." *Science* 348, no. 6230 (2015): 91-94. doi: 10.1126/science.aaa3799.

Standage, Tom. *The Victorian Internet: The Remarkable Story of the Telegraph and the Nineteenth Century's Online Pioneers*. London: Weidenfeld and Nicolson, 1998.〔トム・スタンデージ 著，服部桂 訳『ヴィクトリア朝時代のインターネット』（2011）NTT出版〕

Starck, J. Matthias, and Robert E. Ricklefs, eds. *Avian Growth and Development: Evolution Within the Altricial-Precocial Spectrum*. New York and Oxford: Oxford University Press, 1998.

Steinberg, Laurence. *Age of Opportunity: Lessons from the New Science of Adolescence*. Boston: Houghton Mifflin Harcourt, 2014.〔ローレンス・スタインバーグ 著，阿部寿美代 訳『15歳はなぜ言うことを聞かないのか？：最新脳科学でわかった第2の成長期』（2015）日経BP社〕

———. "Risk Taking in Adolescence: What Changes, and Why?" *Annals of the New York Academy of Sciences* 1021, no. 1 (2004): 51-58. doi: 10.1196/an nals.1308.005.

Sterelny, Kim. *The Evolved Apprentice: How Evolution Made Humans Unique*. Cambridge, Mass.: MIT Press, 2012.〔キム・ステレルニー 著，田中泉吏・中尾央・源河亨・菅原裕輝 訳『進化の弟子：ヒトは学んで人になった』（2013）勁草書房〕

Stevens, Gillian. "Age at Immigration and Second Language Proficiency *Among* Foreign-Born Adults." *Language in Society* 28, no. 4 (1999): 555-78.

Taylor, Marianne G., Marjorie Rhodes, and Susan A. Gelman. "Boys Will Be Boys; Cows Will Be Cows: Children's Essentialist Reasoning About Gender Categories and Animal Species." *Child Development* 80, no. 2 (2009): 461-81. doi: 10.1111/j.1467-8624.2009.01272.x.

Taylor, Marjorie. *Imaginary Companions and the Children Who Create Them*. Oxford and New York: Oxford University Press, 1999.

Taylor, Marjorie, and Stephanie M. Carlson. "The Relation Between Individual Differences in Fantasy and

W. W. Norton and Co., 2012.〔V. S. ラマチャンドラン 著, 山下篤子 訳『脳のなかの天使』(2013) 角川書店〕

Rapp, Emily. "Notes from a Dragon Mom." *New York Times*, October 15, 2011. Accessed October 28, 2015. http://www.nytimes.com/2011/10/16/opinion/sunday/notes-from-a-dragon-mom.html?_r=0.

———. *The Still Point of the Turning World.* New York: Penguin, 2014.

Reichard, Ulrich H., and Christophe Boesch, eds. *Monogamy: Mating Strategies and Partnerships in Birds, Humans and Other Mammals.* Cambridge: Cambridge University Press, 2003.

Reps, Paul, and Nyogen Senzaki, compilers. *Zen Flesh, Zen Bones: A Collection of Zen and Pre-Zen Writings.* Boston: Tuttle Publishing, 1998.

Revedin, Anna, Biancamaria Aranguren, Roberto Becattini, Laura Longo, Emanuele Marconi, Marta Mariotti Lippi, Natalia Skakun, Andrey Sinitsyn, Elena Spiridonova, and Jiří Svoboda. "Thirty-Thousand-Year-Old Evidence of Plant Food Processing." *Proceedings of the National Academy of Sciences* 107, no. 44 (2010): 18815-19. doi: 10.1073/pnas.1006993107.

Rhodes, Marjorie. "Naïve Theories of Social Groups." *Child Development* 83, no. 6 (2012): 1900-1916. doi: 10.1111/j.1467-8624.2012.01835.x.

Rhodes, Marjorie, Sarah-Jane Leslie, and Christina M. Tworek. "Cultural Transmission of Social Essentialism." *Proceedings of the National Academy of Sciences* 109, no. 34 (2012): 13526-31. doi: 10.1111/1467-9280.00194.

Ritchart, Amanda, and Amalia Arvaniti. "The Use of High Rise Terminals in Southern Californian English." *The Journal of the Acoustical Society of America* 134, no. 5 (2013): 4197-98. doi: 10.1121/1.4831401.

Rizzolatti, Giacomo, Leonardo Fogassi, and Vittorio Gallese. "Neurophysiological Mechanisms Underlying the Understanding and Imitation of Action." *Nature Reviews Neuroscience* 2, no. 9 (2001): 661-70. doi: 10.1038/35090060.

Rogoff, Barbara. *Apprenticeship in Thinking: Cognitive Development in Social Context.* New York: Oxford University Press, 1990.

———. *The Cultural Nature of Human Development.* Oxford and New York: Oxford University Press, 2003.

Ross, Norbert, Douglas Medin, John D. Coley, and Scott Atran. "Cultural and Experiential Differences in the Development of Folkbiological Induction." *Cognitive Development* 18, no. 1 (2003): 25-47. doi: 10.1016/S0885-2014(02)00142-9.

Sankoff, Gillian, and Suzanne Laberge. "On the Acquisition of Native Speakers by a Language." In *Pidgins and Creoles: Current Trends and Prospects*, edited by David DeCamp and Ian F. Hancock, 73-84. Washington, D.C.: Georgetown University Press, 1974.

Sénéchal, Monique, and Jo-Anne LeFevre. "Parental Involvement in the Development of Children's Reading Skill: A Five-Year Longitudinal Study." *Child Development* 73, no. 2 (2002): 445-60. doi: 10.1111/1467-8624.00417.

Senior, Jennifer. *All Joy and No Fun: The Paradox of Modern Parenthood.* New York: HarperCollins Publishers, 2014.〔ジェニファー・シニア 著, 高山真由美 訳『子育てのパラドックス:「親になること」は人生をどう変えるのか』(2015) 英治出版〕

Shaw, Philip, Deanna Greenstein, Jason Lerch, Liv Clasen, Rhoshel Lenroot, N. Gogtay, Alan Evans, J. Rapoport, and J. Giedd. "Intellectual Ability and Cortical Development in Children and Adolescents." *Nature* 440, no. 7084 (2006): 676-79. doi: 10.1038/nature04513.

Singer, Peter. *Practical Ethics.* New York: Cambridge University Press, 2011.〔ピーター・シンガー 著, 山内友三郎・塚崎智 監訳『実践の倫理』(1991) 昭和堂〕

(2009): 102-38. doi: 10.1111/j.1548-1352.2009.01033.x.

Panksepp, Jaak, and Jeffrey Burgdorf. "50-kHz Chirping (Laughter?) in Response to Conditioned and Unconditioned Tickle-Induced Reward in Rats: Effects of Social Housing and Genetic Variables." *Behavioural Brain Research* 115, no. 1 (2000): 25-38. doi: 10.1016/S0166-4328(00)00238-2.

Parker, Sue Taylor, and Kathleen R. Gibson. "Object Manipulation, Tool Use and Sensorimotor Intelligence as Feeding Adaptations in Cebus Monkeys and Great Apes." *Journal of Human Evolution* 6, no. 7 (1977): 623-41. doi: 10.1016/S0047-2484(77)80135-8.

Paul, Laurie Ann. *Transformative Experience*. Oxford: Oxford University Press, 2014.〔L. A. ポール 著，奥田太郎・薄井尚樹 訳『今夜ヴァンパイアになる前に：分析的実存哲学入門』（2017）名古屋大学出版会〕

Paul, Pamela. *Parenting, Inc.: How the Billion Dollar Baby Business Has Changed the Way We Raise Our Children*. New York: Henry Holt and Company, 2008.

Pellegrini, Anthony D., and Peter K. Smith. "Physical Activity Play: The Nature and Function of a Neglected Aspect of Play." *Child Development* 69, no. 3 (1998): 577-98. doi: 10.1111/j.1467-8624.1998.tb06226.x.

Pellis, Sergio, and Vivien Pellis. *The Playful Brain: Venturing to the Limits of Neuroscience*. London: Oneworld Publications, 2013.

Pellis, Sergio M., and Vivien C. Pellis. "Rough-and-Tumble Play and the Development of the Social Brain." *Current Directions in Psychological Science* 16, no. 2 (2007): 95-98. doi: 10.1111/j.1467-8721.2007.00483.x.

Perkins, George. "A Medieval Carol Survival: 'The Fox and the Goose.' " *Journal of American Folklore* (1961): 235-44. doi: 10.2307/537636.

Pietschnig, Jakob, and Martin Voracek. "One Century of Global IQ Gains: A Formal Meta-analysis of the Flynn Effect (1909-2013)." *Perspectives on Psychological Science* 10, no. 3 (2015): 282-306. doi: 10.1177/1745691615577701.

Pigliucci, Massimo. "Is Evolvability Evolvable?" *Nature Reviews Genetics* 9, no. 1 (2008): 75-82. doi: 10.1038/nrg2278.

Pollan, Michael. *The Omnivore's Dilemma: A Natural History of Four Meals*. New York: Penguin, 2006.〔マイケル・ポーラン 著，ラッセル秀子 訳『雑食動物のジレンマ：ある４つの食事の自然史 上・下』（2009）東洋経済新報社〕

Polley, Daniel B., Elizabeth E. Steinberg, and Michael M. Merzenich. "Perceptual Learning Directs Auditory Cortical Map Reorganization Through Top-down Influences." *The Journal of Neuroscience* 26, no. 18 (2006): 4970-82. doi: 10.1523/JNEUROSCI.3771-05.2006.

Popper, Karl R. *The Logic of Scientific Discovery*. London: Hutchinson and Co., 1959.〔カール・R・ポパー 著，大内義一・森博 訳『科学的発見の論理 上・下』（1971）（1972）恒星社厚生閣〕

Posner, Michael I., and Mary K. Rothbart. *Educating the Human Brain*. Washington, D.C.: American Psychological Association, 2007.〔マイケル・I・ポズナー，メアリー・K・ロスバート 著，近藤隆文 訳，無藤隆 監修『脳を教育する』（2012）青灯社〕

Potts, Richard. "Evolution and Climate Variability." *Science* 273, no. 5277 (1996): 922s.

Pritchard, Colin, and Richard Williams. "Poverty and Child (0-14 Years) Mortality in the USA and Other Western Countries as an Indicator of 'How Well a Country Meets the Needs of Its Children' (UNICEF)." *International Journal of Adolescent Medicine and Health* 23, no. 3 (2011): 251-55. doi: 10.1515/ijamh.2011.052.

Ramachandran, Vilayanur S. *The Tell-Tale Brain: A Neuroscientist's Quest for What Makes Us Human*. New York:

Bulletin 109, no. 2 (1991): 163-201. doi: 10.1037/0033-2909.109.2.163.

Mar, Raymond A., and Keith Oatley. "The Function of Fiction Is the Abstraction and Simulation of Social Experience." *Perspectives on Psychological Science* 3, no. 3 (2008): 173-92. doi: 10.1111/j.1745-6924.2008.00073.x.

Mar, Raymond A., Keith Oatley, Jacob Hirsh, Jennifer de la Paz, and Jordan B. Peterson. "Bookworms Versus Nerds: Exposure to Fiction Versus Nonfiction, Divergent Associations with Social Ability, and the Simulation of Fictional Social Worlds." *Journal of Research in Personality* 40, no. 5 (2006): 694-712. doi: 10.1016/j.jrp.2005.08.002.

Markham, Julie A., and William T. Greenough. "Experience-Driven Brain Plasticity: Beyond the Synapse." *Neuron Glia Biology* 1, no. 4 (2004): 351-63. doi: 10.1017/s1740925x05000219.

Meltzoff, Andrew N. "Understanding the Intentions of Others: Re-enactment of Intended Acts by 18-Month-Old Children." *Developmental Psychology* 31, no. 5 (1995): 838-50. doi: 10.1037/0012-1649.31.5.838.

Meltzoff, Andrew N., and M. Keith Moore. "Imitation of Facial and Manual Gestures by Human Neonates." *Science* 198, no. 4312 (1977): 75-78. doi: 10.1126/science.198.4312.75.

———. "Imitation in Newborn Infants: Exploring the Range of Gestures Imitated and the Underlying Mechanisms." *Developmental Psychology* 25, no. 6 (1989): 954. doi: 10.1037/0012-1649.25.6.954.

Meltzoff, Andrew N., Anna Waismeyer, and Alison Gopnik. "Learning About Causes from People: Observational Causal Learning in 24-Month-Old Infants." *Developmental Psychology* 48, no. 5 (2012): 1215-28. doi:10.1037/a0027440.

Merzenich, Michael M. "Cortical Plasticity Contributing to Child Development." In *Mechanisms of Cognitive Development: Behavioral and Neural Perspectives,* edited by James L. McClelland and Robert S. Siegler, 67-95. Mahwah, N.J.: Lawrence Erlbaum Associates, 2001.

Mill, John Stuart. *Utilitarianism.* Edited by Colin Heydt. Toronto: Broadview Press, 2010.〔J. S. ミル 著，川名雄一郎・山本圭一郎 訳『功利主義論集』(2010) 京都大学学術出版会〕

Molina, Brooke S. G., Stephen P. Hinshaw, James M. Swanson, L. Eugene Arnold, Benedetto Vitiello, Peter S. Jensen, Jeffery N. Epstein, et al. "The MTA at 8 Years: Prospective Follow-up of Children Treated for Combined-Type ADHD in a Multisite Study." *Journal of the American Academy of Child and Adolescent Psychiatry* 48, no. 5 (2009): 484-500. doi: 10.1097/CHI.0b013e31819c23d0.

Morris, Ian, and Walter Scheidel. *The Dynamics of Ancient Empires: State Power from Assyria to Byzantium.* New York: Oxford University Press, 2009.

Nielsen, Mark, and Cornelia Blank. "Imitation in Young Children: When Who Gets Copied Is More Important Than What Gets Copied." *Developmental Psychology* 47, no. 4 (2011): 1050-53. doi: 10.1037/a0023866.

Ng, Marie, Tom Fleming, Margaret Robinson, Blake Thomson, Nicholas Graetz, Christopher Margono, Erin C. Mullany, et al. "Global, Regional, and National Prevalence of Overweight and Obesity in Children and Adults During 1980-2013: A Systematic Analysis for the Global Burden of Disease Study 2013." *The Lancet* 384, no. 9945 (2014): 766-81. doi: 10.1016/S0140-6736(14)60460-8.

Olson, David R. *The World on Paper: The Conceptual and Cognitive Implications of Writing and Reading.* New York: Cambridge University Press, 1996.

Ong, Walter J. *Orality and Literacy: The Technologizing of the Word.* London: Routledge, 1988.

Opie, Iona Archibald, and Peter Opie. *The Lore and Language of Schoolchildren.* New York: New York Review of Books, 2000.

Paradise, Ruth, and Barbara Rogoff. "Side by Side: Learning by Observing and Pitching In." *Ethos* 37, no. 1

and Supernatural Explanations Across Cultures and Development." *Child Development* 83, no. 3 (2012): 779-93. doi: 10.1111/j.1467-8624.2012.01743.x.

Legare, Cristine H., and Susan A. Gelman. "South African Children's Understanding of AIDS and Flu: Investigating Conceptual Understanding of Cause, Treatment and Prevention." *Journal of Cognition and Culture* 9, no. 3 (2009): 333-46. doi: 10.1163/156770909X12518536414457.

Legare, Cristine H., Susan A. Gelman, and Henry M. Wellman. "Inconsistency with Prior Knowledge Triggers Children's Causal Explanatory Reasoning." *Child Development* 81, no. 3 (2010): 929-44. doi: 10.1111/j.1467-8624.2010.01443.x.

Legare, Cristine H., and Tania Lombrozo. "Selective Effects of Explanation on Learning During Early Childhood." *Journal of Experimental Child Psychology* 126 (2014): 198-212. doi: 10.1016/j.jecp.2014.03.001.

Legare, Cristine H., Nicole J. Wen, Patricia A. Herrmann, and Harvey Whitehouse. "Imitative Flexibility and the Development of Cultural Learning." *Cognition* 142 (2015): 351-61. doi: 10.1016/j.cognition.2015.05.020.

Levitin, Daniel J. *This Is Your Brain on Music: Understanding a Human Obsession*. New York: Atlantic Books, 2011.〔ダニエル・J・レヴィティン 著，西田美緒子 訳『音楽好きな脳：人はなぜ音楽に夢中になるのか』（2010）白揚社〕

Lewis, Michael. *Altering Fate: Why the Past Does Not Predict the Future*. New York: Guilford Press, 1997.

Lim, Miranda M., Zuoxin Wang, Daniel E. Olazábal, Xianghui Ren, Ernest F. Terwilliger, and Larry J. Young. "Enhanced Partner Preference in a Promiscuous Species by Manipulating the Expression of a Single Gene." *Nature* 429, no. 6993 (2004): 754-57. doi: 10.1038/nature02539.

Lino, Mark. "Expenditures on Children by Families, 2013 Annual Report." U.S. Department of Agriculture, Center for Nutrition Policy and Promotion. Miscellaneous Publication, no. 1528 (2013-14).

Livingston, Gretchen. "Less Than Half of U.S. Kids Today Live in a 'Traditional' Family." *Pew Research Center*, December 22, 2014. Accessed November 8, 2015. http://www.pewresearch.org/fact-tank/2014/12/22/less-than-half-of-u-s-kids-today-live-in-a-traditional-family/

Lombrozo, Tania. "Explanation and Abductive Inference." In *Oxford Handbook of Thinking and Reasoning*, edited by Keith J. Holyoak and Robert G. Morrison, 260-76. New York: Oxford University Press, 2012.

———. "The Instrumental Value of Explanations." *Philosophy Compass* 6, no. 8 (2011): 539-51. doi: 10.1111/j.1747-9991.2011.00413.x.

Lorenz, Konrad. "Die angeborenen Formen möglicher Erfahrung." *Zeitschrift für Tierpsychologie* 5, no. 2 (1943): 235-409. doi: 10.1111/j.1439-0310.1943.tb00655.x.

Lucas, Christopher G., Sophie Bridgers, Thomas L. Griffiths, and Alison Gopnik. "When Children Are Better (or at Least More Open-Minded) Learners Than Adults: Developmental Differences in Learning the Forms of Causal Relationships." *Cognition* 131, no. 2 (2014): 284-99. doi: 10.1016/j.cognition.2013.12.010.

Lutz, Donna J., and Frank C. Keil. "Early Understanding of the Division of Cognitive Labor." *Child Development* 73, no. 4 (2002): 1073-84. doi: 10.1111/1467-8624.00458.

MacArthur, Robert H., and Edward O. Wilson. *The Theory of Island Biogeography*. Vol. 1. Princeton: Princeton University Press, 1967.

Macdonald, David Whyte. *Running with the Fox*. London: Unwin Hyman, 1987.〔デイヴィッド・マクドナルド 著，池田啓 訳『野ギツネを追って』（1993）平凡社〕

MacLeod, Colin M. "Half a Century of Research on the Stroop Effect: An Integrative Review." *Psychological*

Kant, Immanuel, Allen W. Wood, and Jerome B. Schneewind. *Groundwork for the Metaphysics of Morals*. New Haven: Yale University Press, 2002.〔カント 著，中山元 訳『道徳形而上学の基礎づけ（光文社古典新訳文庫）』（2012）光文社〕

Kaplan, Hillard, Kim Hill, Jane Lancaster, and A. Magdalena Hurtado. "A Theory of Human Life History Evolution: Diet, Intelligence, and Longevity." *Evolutionary Anthropology Issues News and Reviews* 9, no. 4 (2000): 156-85.

Kappeler, Peter M., and Michael E. Pereira, eds. *Primate Life Histories and Socioecology*. Chicago and London: University of Chicago Press, 2003.

Kawamura, Syunzo. "The Process of Sub-culture Propagation Among Japanese Macaques." *Primates* 2, no. 1 (1959): 43-60. doi: 10.1007/BF01666110.

Kerswill, Paul. "Children, Adolescents, and Language Change." *Language Variation and Change* 8, no. 2 (1996): 177-202. doi: 10.1017/S0954394500001137.

Keysers, Christian, and Valeria Gazzola. "Social Neuroscience: Mirror Neurons Recorded in Humans." *Current Biology* 20, no. 8 (2010): R353-R354.doi: 10.1016/j.cub.2010.03.013.

Kidd, Celeste, Steven T. Piantadosi, and Richard N. Aslin. "The Goldilocks Effect: Human Infants Allocate Attention to Visual Sequences That Are Neither Too Simple Nor Too Complex." *PLoS One* 7, no. 5 (2012): e36399. doi: 10.1371/journal.pone.0036399.

Kidd, David Comer, and Emanuele Castano. "Reading Literary Fiction Improves Theory of Mind." *Science* 342, no. 6156 (2013): 377-80. doi: 10.1126/science.1239918.

Kirp, David L. *The Sandbox Investment: The Preschool Movement and Kids-First Politics.* Cambridge, Mass.: Harvard University Press, 2009.

Kleiman, Devra G. "Monogamy in Mammals." *The Quarterly Review of Biology* 52, no. 1 (1977): 39-69.

Koenig, Melissa A., Fabrice Clément, and Paul L. Harris. "Trust in Testimony: Children's Use of True and False Statements." *Psychological Science* 15, no. 10 (2004): 694-98. doi: 10.1111/j.0956-7976.2004.00742.x.

Koenig, Melissa A., and Paul L. Harris. "Preschoolers Mistrust Ignorant and Inaccurate Speakers." *Child Development* 76, no. 6 (2005): 1261-77. doi: 10.1111/j.1467-8624.2005.00849.x.

Kuzawa, Christopher W., Harry T. Chugani, Lawrence I. Grossman, Leonard Lipovich, Otto Muzik, Patrick R. Hof, Derek E. Wildman, Chet C. Sherwood, William R. Leonard, and Nicholas Lange. "Metabolic Costs and Evolutionary Implications of Human Brain Development." *Proceedings of the National Academy of Sciences* 111, no. 36 (2014): 13010-15. doi: 10.1073/pnas.1323099111.

Lagattuta, Kristin Hansen, Hannah J. Kramer, Katie Kennedy, Karen Hjortsvang, Deborah Goldfarb, and Sarah Tashjian. "Chapter Six-Beyond Sally's Missing Marble: Further Development in Children's Understanding of Mind and Emotion in Middle Childhood." *Advances in Child Development and Behavior* 48 (2015): 185-217. doi: 0.1016/bs.acdb.2014.11.005.

Laland, Kevin N. "Social Learning Strategies." *Animal Learning and Behavior* 32, no. 1 (2004): 4-14. doi: 10.3758/BF03196002.

Laland, Kevin N., Nicola Atton, and Michael M. Webster. "From Fish to Fashion: Experimental and Theoretical Insights into the Evolution of Culture." *Philosophical Transactions of the Royal Society B: Biological Sciences* 366, no. 1567 (2011): 958-68. doi: 10.1098/rstb.2010.0328.

Lave, Jean, and Etienne Wenger. *Situated Learning: Legitimate Peripheral Participation*. Cambridge: Cambridge University Press, 1991.〔ジーン・レイヴ，エティエンヌ・ウェンガー 著，佐伯胖 訳『状況に埋め込まれた学習：正統的周辺参加』（1993）産業図書〕

Legare, Cristine H., E. Margaret Evans, Karl S. Rosengren, and Paul L. Harris. "The Coexistence of Natural

Society of London B: Biological Sciences 367, no. 1599 (2012): 2091-96. doi: 10.1098/rstb.2012.0111.

Hickok, Gregory. "Eight Problems for the Mirror Neuron Theory of Action Understanding in Monkeys and Humans." *Journal of Cognitive Neuroscience* 21, no. 7 (2009): 1229-43. doi: 10.1162/jocn.2009.2118.

Himmler, Brett T., Sergio M. Pellis, and Bryan Kolb. "Juvenile Play Experience Primes Neurons in the Medial Prefrontal Cortex to Be More Responsive to Later Experiences." *Neuroscience Letters* 556 (2013): 42-45. doi: 10.1016/j.neulet.2013.09.061.

Hinshaw, Stephen P., and Richard M. Scheffler. *The ADHD Explosion: Myths, Medication, Money, and Today's Push for Performance*. New York: Oxford University Press, 2014.

Hoff, Erika. "Environmental Supports for Language Acquisition," *Handbook of Early Literacy Research* 2 (2006): 163-72.

Hoff, Erika, and Chunyan Tian. "Socioeconomic Status and Cultural Influences on Language." *Journal of Communication Disorders* 38, no. 4 (2005): 271-78. doi: 10.1016/j.jcomdis.2005.02.003.

Holzhaider, Jennifer C., Gavin R. Hunt, and Russell D. Gray. "The Development of Pandanus Tool Manufacture in Wild New Caledonian Crows." *Behaviour* 147, no. 5 (2010): 553-86. doi: 10.1163/000579510X12629536366284.

Horner, Victoria, and Andrew Whiten. "Causal Knowledge and Imitation/ Emulation Switching in Chimpanzees (*Pan troglodytes*) and Children (*Homo sapiens*)." *Animal Cognition* 8, no. 3 (2005): 164-81. doi: 10.1007/s10071-004-0239-6.

Hrdy, Sarah Blaffer. *Mothers and Others: The Evolutionary Origins of Mutual Understanding*. Cambridge, Mass.: Harvard University Press, 2009.

Hublin, Jean-Jacques, Simon Neubauer, and Philipp Gunz. "Brain Ontogeny and Life History in Pleistocene Hominins." *Philosophical Transactions of the Royal Society of London B: Biological Sciences* 370, no. 1663 (2015): 20140062. doi: 10.1098/rstb.2014.0062.

Hunt, Gavin R., and Russell D. Gray. "The Crafting of Hook Tools by Wild New Caledonian Crows." *Proceedings of the Royal Society of London B: Biological Sciences* 271, Suppl. 3 (2004): S88-S90. doi: 10.1098/rsbl.2003.0085.

Huttenlocher, Peter R. "Dendritic Development in Neocortex of Children with Mental Defect and Infantile Spasms." *Neurology* 24, no. 3 (1974): 203-10.

———. "Morphometric Study of Human Cerebral Cortex Development." *Neuropsychologia* 28, no. 6 (1990): 517-27. doi: 10.1016/0028-3932(90) 90031-I.

———. "Synaptic Density in Human Frontal Cortex: Developmental Changes and Effects of Aging." *Brain Research* 163, no. 2 (1979): 195-205. doi: 10.1016/0006-8993(79)90349-4.

Inagaki, Kayoko, and Giyoo Hatano. "Young Children's Conception of the Biological World." *Current Directions in Psychological Science* 15, no. 4 (2006): 177-81. doi: 10.1111/j.1467-8721.2006.00431.x.

Jablonka, Eva, and Marion J. Lamb. *Evolution in Four Dimensions: Genetic, Epigenetic, Behavioral, and Symbolic Variation in the History of Life*. Cambridge, Mass.: MIT Press, 2005.

Jaswal, Vikram K., and Lauren S. Malone. "Turning Believers into Skeptics: 3-Year-Olds' Sensitivity to Cues to Speaker Credibility." *Journal of Cognition and Development* 8, no. 3 (2007): 263-83. doi: 10.1080/15248370701446392.

Johnson, Susan C., and Gregg E. A. Solomon. "Why Dogs Have Puppies and Cats Have Kittens: The Role of Birth in Young Children's Understanding of Biological Origins." *Child Development* 68, no. 3 (1997): 404-19. doi: 10.1111/j.1467-8624.1997.tb01948.x.

Jowett, Benjamin. *The Dialogues of Plato*. 5 vols. Oxford: Clarendon Press, 1892.

Graves, Christopher J., Vera I. D. Ros, Brian Stevenson, Paul D. Sniegowski, and Dustin Brisson. "Natural Selection Promotes Antigenic Evolvability." *PLOS Pathogens* 9, no. 11 (2013): e1003766. doi: 10.1371/journal.ppat.1003766.

Grossmann, Karin, Klaus E. Grossmann, Heinz Kindler, and Peter Zimmermann. "A Wider View of Attachment and Exploration: The Influence of Mothers and Fathers on the Development of Psychological Security from Infancy to Young Adulthood." In *Handbook of Attachment: Theory, Research, and Clinical Applications* (2nd ed.), edited by Jude Cassidy and Phillip R. Shaver, 857-79. New York: Guilford Press, 2008.

Haight, Wendy L., Xiao-lei Wang, Heidi Han-tih Fung, Kimberley Williams, and Judith Mintz. "Universal, Developmental, and Variable Aspects of Young Children's Play: A Cross-Cultural Comparison of Pretending at Home." *Child Development* 70, no. 6 (1999): 1477-88. doi: 10.1111/1467-8624.00107.

Halberda, Justin, Michèle M. M. Mazzocco, and Lisa Feigenson. "Individual Differences in Non-verbal Number Acuity Correlate with Maths Achievement." *Nature* 455, no. 7213 (2008): 665-68. doi: 10.1038/nature07246.

Harris, Paul L. *Trusting What You're Told: How Children Learn from Others*. Cambridge, Mass.: Harvard University Press, 2012.

———. *The Work of the Imagination*. Oxford: Blackwell Publishing, 2000.

Harris, Paul L., and Kathleen H. Corriveau. "Young Children's Selective Trust in Informants." *Philosophical Transactions of the Royal Society B: Biological Sciences* 366, no. 1567 (2011): 1179-87. doi: 10.1098/rstb.2010.0321.

Harris, Paul L., and Melissa A. Koenig. "Trust in Testimony: How Children Learn About Science and Religion." *Child Development* 77, no. 3 (2006): 505-24. doi: 10.1111/j.1467-8624.2006.00886.x.

Hart, Betty, and Todd R. Risley. *Meaningful Differences in the Everyday Experience of Young American Children*. Baltimore: Paul H. Brookes Publishing, 1995.

Hatano, Giyoo, and Kayoko Inagaki. "Young Children's Naïve Theory of Biology." *Cognition* 50, no. 1 (1994): 171-88. doi: 10.1016/0010-0277(94)90027-2.

Hawkes, Kristen, and James E. Coxworth. "Grandmothers and the Evolution of Human Longevity: A Review of Findings and Future Directions." *Evolutionary Anthropology: Issues, News, and Reviews* 22, no. 6 (2013): 294-302. doi: 10.1002/evan.21382.

Hawkes, Kristen, James F. O'Connell, N. G. Blurton Jones, Helen Alvarez, and Eric L. Charnov. "Grandmothering, Menopause, and the Evolution of Human Life Histories." *Proceedings of the National Academy of Sciences* 95, no. 3 (1998): 1336-39.

Hazan, Cindy, and Phillip Shaver. "Romantic Love Conceptualized as an Attachment Process." *Journal of Personality and Social Psychology* 52, no. 3 (1987): 511. doi: 10.1037/0022-3514.52.3.511.

Heckman, James J. "Skill Formation and the Economics of Investing in Disadvantaged Children." *Science* 312, no. 5782 (2006): 1900-1902. doi: 10.1126/science.1128898.

Henrich, Joseph, Steven J. Heine, and Ara Norenzayan. "The Weirdest People in the World?" *Behavioral and Brain Sciences* 33, nos. 2-3 (2010): 61-83. doi: 10.1017/S0140525X0999152X.

Hernandez, Donald J. "Children's Changing Access to Resources: A Historical Perspective." *Social Policy Report* 8, no. 1 (1994): 1-23.

Hewlett, Barry S., and Steve Winn. "Allomaternal Nursing in Humans." *Current Anthropology* 55, no. 2 (2014): 200-229. doi: 10.1086/675657.

Heyes, Cecilia. "New Thinking: The Evolution of Human Cognition." *Philosophical Transactions of the Royal*

edited by Douglas L. Medin, 201-63. San Diego: Academic Press, 2000.

Gelman, Susan A., Sarah-Jane Leslie, Alexandra M. Was, and Christina M. Koch. "Children's Interpretations of General Quantifiers, Specific Quantifiers and Generics." *Language, Cognition and Neuroscience* 30, no. 4 (2015): 448-61. doi: 10.1080/23273798.2014.931591.

Gelman, Susan A., and Ellen M. Markman. "Categories and Induction in Young Children." *Cognition* 23, no. 3 (1986): 183-209. doi: 10.1016/0010-0277(86)90034-X.

Gelman, Susan A., Marianne G. Taylor, Simone P. Nguyen, Campbell Leaper, and Rebecca S. Bigler. "Mother-Child Conversations About Gender: Understanding the Acquisition of Essentialist Beliefs." *Monographs of the Society for Research in Child Development* (2004): i-142. doi: 10.1111/j.1540-5834.2004.06901002.x.

George, Madeleine, and Candice L. Odgers. "Seven Fears and the Science of How Mobile Technologies May Be Influencing Adolescents in the Digital Age." *Perspectives on Psychological Science* 10 (November 2015): 832-51.

Gergely, György, Harold Bekkering, and Ildikó Király. "Rational Imitation in Preverbal Infants." *Nature* 415, no. 6873 (2002): 755-56. doi: 10.1038/415755a.

Gettler, Lee T., Thomas W. McDade, Alan B. Feranil, and Christopher W. Kuzawa. "Longitudinal Evidence That Fatherhood Decreases Testosterone in Human Males." *Proceedings of the National Academy of Sciences* 108, no. 39 (2011): 16194-99. doi: 10.1073/pnas.1105403108.

Giedd, Jay N., Jonathan Blumenthal, Neal O. Jeffries, F. Xavier Castellanos, Hong Liu, Alex Zijdenbos, Tomáš Paus, Alan C. Evans, and Judith L. Rapoport. "Brain Development During Childhood and Adolescence: A Longitudinal MRI Study." *Nature Neuroscience* 2, no. 10 (1999): 861-63. doi:10.1038/13158.

Glocker, Melanie L., Daniel D. Langleben, Kosha Ruparel, James W. Loughead, Jeffrey N. Valdez, Mark D. Griffin, Norbert Sachser, and Ruben C. Gur. "Baby Schema Modulates the Brain Reward System in Nulliparous Women." *Proceedings of the National Academy of Sciences* 106, no. 22 (2009): 9115-19. doi: 10.1073/pnas.0811620106.

Goldin-Meadow, Susan, Susan A. Gelman, and Carolyn Mylander. "Expressing Generic Concepts with and without a Language Model." *Cognition* 96, no. 2 (2005): 109-26. doi: 10.1016/j.cognition.2004.07.003.

Gopnik, Alison. *The Philosophical Baby: What Children's Minds Tell Us About Truth, Love, and the Meaning of Life*. New York: Farrar, Straus and Giroux, 2009.〔アリソン・ゴプニック 著，青木玲 訳『哲学する赤ちゃん』（2010）亜紀書房〕

———. "Scientific Thinking in Young Children: Theoretical Advances, Empirical Research, and Policy Implications." *Science* 337, no. 6102 (2012): 1623-27. doi: 10.1126/science.1223416.

Gopnik, Alison, Thomas L. Griffiths, and Christopher G. Lucas. "When Younger Learners Can Be Better (or at Least More Open-Minded) Than Older Ones." *Current Directions in Psychological Science* 24, no. 2 (2015): 87-92. doi: 10.1177/0963721414556653.

Gopnik, Alison, and Henry M. Wellman. "Reconstructing Constructivism: Causal Models, Bayesian Learning Mechanisms, and the Theory Theory." *Psychological Bulletin* 138, no. 6 (2012): 1085. doi: 10.1037/a0028044.

Gould, Stephen Jay. *Ontogeny and Phylogeny*. Cambridge, Mass.: Harvard University Press, 1977.〔スティーヴン・J・グールド 著，仁木帝都・渡辺政隆 訳『個体発生と系統発生：進化の観念史と発生学の最前線』（1988）工作舎〕

Graham, Susan A., Samantha L. Nayer, and Susan A. Gelman. "Two-Year-Olds Use the Generic/Nongeneric Distinction to Guide Their Inferences About Novel Kinds." *Child Development* 82, no. 2 (2011): 493-507. doi: 10.1111/j.1467-8624.2010.01572.x.

欲の脳科学』（2005）ソニー・マガジンズ〕

Fisher, Kelly R., Kathy Hirsh-Pasek, Nora Newcombe, and Roberta M. Golinkoff. "Taking Shape: Supporting Preschoolers' Acquisition of Geometric Knowledge Through Guided Play." *Child Development* 84, no. 6 (2013): 1872-78. doi: 10.1111/cdev.12091.

Fletcher, Garth J. O., Jeffry A. Simpson, Lorne Campbell, and Nickola C. Overall. "Pair-Bonding, Romantic Love, and Evolution: The Curious Case of *Homo sapiens*." *Perspectives on Psychological Science* 10, no. 1 (2015): 20-36. doi: 10.1177/1745691614561683.

Flynn, James R. "Massive IQ Gains in 14 Nations: What IQ Tests Really Measure." *Psychological Bulletin* 101, no. 2 (1987): 171-91. doi: 10.1037/0033-2909.101.2.171.

———. *What Is Intelligence? Beyond the Flynn Effect*. New York: Cambridge University Press, 2007.

Frank, Robert H. *Passion Within Reason: The Strategic Role of the Emotions.* New York: W. W. Norton and Co., 1988.〔ロバート・H・フランク 著，山岸俊男 監訳『オデッセウスの鎖：適応プログラムとしての感情』（1995）サイエンス社〕

Frankenhuis, Willem E., Karthik Panchanathan, and Jay Belsky. "A Mathematical Model of the Evolution of Individual Differences in Developmental Plasticity Arising Through Parental Bet-hedging." *Developmental Science* (2015). doi: 10.1111/desc.12309.

Frazier, Brandy N., Susan A. Gelman, and Henry M. Wellman. "Preschoolers' Search for Explanatory Information Within Adult-Child Conversation." *Child Development* 80, no. 6 (2009): 1592-1611. doi: 10.1111/j.1467-8624.2009.01356.x.

Gardner, Howard. *The Unschooled Mind: How Children Think and How Schools Should Teach.* New York: Basic Books, 2011.

Gardner, Margo, and Laurence Steinberg. "Peer Influence on Risk Taking, Risk Preference, and Risky Decision Making in Adolescence and Adulthood: An Experimental Study." *Developmental Psychology* 41, no. 4 (2005): 625-35. doi: 10.1037/0012-1649.41.4.625.

Gaskins, Suzanne. "Children's Daily Lives in a Mayan Village: A Case Study of Culturally Constructed Roles and Activities." In *Children's Engagement in the World: Sociocultural Perspectives*, edited by Artin Göncü, 25-60. Cambridge: Cambridge University Press, 1999.

Gavrilets, Sergey. "Human Origins and the Transition from Promiscuity to Pair-Bonding." *Proceedings of the National Academy of Sciences* 109, no. 25 (2012): 9923-28. doi: 10.1073/pnas.1200717109.

Gelman, Susan A. The Essential Child: Origins of Essentialism in Everyday Thought. New York: Oxford University Press, 2003.

———. "Psychological Essentialism in Children." *Trends in Cognitive Sciences* 8, no. 9 (2004): 404-9. doi: 10.1016/j.tics.2004.07.001.

Gelman, Susan A., Peggy J. Goetz, Barbara W. Sarnecka, and Jonathan Flukes. "Generic Language in Parent-Child Conversations." *Language Learning and Development* 4, no. 1 (2008): 1-31. doi: 10.1080/15475440701542625.

Gelman, Susan A., and Gail D. Heyman. "Carrot-Eaters and Creature-Believers: The Effects of Lexicalization on Children's Inferences About Social Categories." *Psychological Science* 10, no. 6 (1999): 489-93. doi: 10.1111/1467-9280.00194.

Gelman, Susan A., and Lawrence A. Hirschfeld. "How Biological Is Essentialism." In *Folkbiology*, edited by Douglas L. Medin and Scott Atran, 403-46. Cambridge, Mass.: MIT Press, 1999.

Gelman, Susan A., Michelle Hollander, Jon Star, and Gail D. Heyman. "The Role of Language in the Construction of Kinds." In *The Psychology of Learning and Motivation: Advances in Research and Theory*,

Publishing, 1998.

De Waal, Frans B. M. "Putting the Altruism Back into Altruism: The Evolution of Empathy." *Annual Review of Psychology* 59 (2008): 279-300. doi: 10.1146/annurev.psych.59.103006.093625.

Diamond, Marian Cleeves. *Enriching Heredity: The Impact of the Environment on the Anatomy of the Brain*. New York: Free Press, 1988.〔マリアン・クリーヴス・ダイアモンド 著, 井上昌次郎・河野栄子 訳『環境が脳を変える』(1990) どうぶつ社〕

Diamond, Marian, and Janet Hopson. *Magic Trees of the Mind: How to Nurture Your Child's Intelligence, Creativity, and Healthy Emotions from Birth Through Adolescence*. New York: Penguin, 1999.

Dixson, Alan. *Primate Sexuality: Comparative Studies of the Prosimians, Monkeys, Apes, and Human Beings*. Oxford: Oxford University Press, 1998.

Donaldson, Zoe R., and Larry J. Young. "Oxytocin, Vasopressin, and the Neurogenetics of Sociality." *Science* 322, no. 5903 (2008): 900-904. doi: 10.1126/science.1158668.

Dunbar, Robin I. M. "Coevolution of Neocortical Size, Group Size and Language in Humans." *Behavioral and Brain Sciences* 16, no. 4 (1993): 681-94. doi: 10.1017/S0140525X00032325.

Dye, Matthew W. G., C. Shawn Green, and Daphne Bavelier. "Increasing Speed of Processing with Action Video Games." *Current Directions in Psychological Science* 18, no. 6 (2009): 321-26. doi: 10.1111/j.1467-8721.2009.01660.x.

Ebstein, Richard P., Olga Novick, Roberto Umansky, Beatrice Priel, Yamima Osher, Darren Blaine, Estelle R. Bennett, Lubov Nemanov, Miri Katz, and Robert H. Belmaker. "Dopamine D4 Receptor (D4DR) Exon III Polymorphism Associated with the Human Personality Trait of Novelty Seeking." *Nature Genetics* 12, no. 1 (1996): 78-80. doi: doi:10.1038/ng0196-78.

Eisenberg, Dan T. A., Benjamin Campbell, Peter B. Gray, and Michael D. Sorenson. "Dopamine Receptor Genetic Polymorphisms and Body Composition in Undernourished Pastoralists: An Exploration of Nutrition Indices Among Nomadic and Recently Settled Ariaal Men of Northern Kenya." *BMC Evolutionary Biology* 8, no. 173 (2008). doi: 10.1186/1471-2148-8-173.

Ellis, Bruce J., and David F. Bjorklund. "Beyond Mental Health: An Evolutionary Analysis of Development Under Risky and Supportive Environmental Conditions: An Introduction to the Special Section." *Developmental Psychology* 48, no. 3 (2012): 591-97. doi: 10.1037/a0027651.

Ellis, Bruce J., Marco Del Giudice, Thomas J. Dishion, Aurelio José Figueredo, Peter Gray, Vladas Griskevicius, Patricia H. Hawley, et al. "The Evolutionary Basis of Risky Adolescent Behavior: Implications for Science, Policy, and Practice." *Developmental Psychology* 48, no. 3 (2012): 598-623. doi: 10.1037/0026220.

Estes, David, Henry M. Wellman, and Jacqueline D. Woolley. "Children's Understanding of Mental Phenomena." In *Advances in Child Development and Behavior* 22, edited by Hayne W. Reese, 41-89. San Diego: Academic Press, 1989.

Feldman, Ruth, Ilanit Gordon, Inna Schneiderman, Omri Weisman, and Orna Zagoory-Sharon. "Natural Variations in Maternal and Paternal Care Are Associated with Systematic Changes in Oxytocin Following Parent-Infant Contact." *Psychoneuroendocrinology* 35, no. 8 (2010): 1133-41. doi: 10.1016/j.psyneuen.2010.01.013.

Fisher, Helen. *Anatomy of Love: The Natural History of Monogamy, Adultery and Divorce*. New York: W. W. Norton and Co., 1992.〔ヘレン・フィッシャー 著, 吉田利子 訳『愛はなぜ終わるのか:結婚・不倫・離婚の自然史』(1993) 草思社〕

———. *Why We Love: The Nature and Chemistry of Romantic Love*. New York: Henry Holt and Company, 2004.〔ヘレン・フィッシャー 著, 大野晶子 訳『人はなぜ恋に落ちるのか?:恋と愛情と性

Cohen, Leslie J., and Joseph J. Campos. "Father, Mother, and Stranger as Elicitors of Attachment Behaviors in Infancy." *Developmental Psychology* 10, no. 1 (1974): 146-54. doi: 10.1037/h0035559.

Cook, Claire, Noah D. Goodman, and Laura E. Schulz. "Where Science Starts: Spontaneous Experiments in Preschoolers' Exploratory Play." *Cognition* 120, no. 3 (2011): 341-49. doi: 10.1016/j.cognition.2011.03.003.

Correa-Chávez, Maricela, and Barbara Rogoff. "Children's Attention to Interactions Directed to Others: Guatemalan Mayan and European American Patterns." *Developmental Psychology* 45, no. 3 (2009): 630-41. doi: 10.1037/a0014144.

Corriveau, Kathleen H., Maria Fusaro, and Paul L. Harris. "Going with the Flow: Preschoolers Prefer Nondissenters as Informants." *Psychological Science* 20, no. 3 (2009): 372-77. doi: 10.1111/j.1467-9280.2009.02291.x.

Corriveau, Kathleen H., and Paul L. Harris. "Preschoolers (Sometimes) Defer to the Majority in Making Simple Perceptual Judgments." *Developmental Psychology* 46, no. 2 (2010): 435-37. doi: 10.1037/a0017553.

Corriveau, Kathleen H., Paul L. Harris, Elizabeth Meins, Charles Fernyhough, Bronia Arnott, Lorna Elliott, Beth Liddle, Alexandra Hearn, Lucia Vittorini, and Marc De Rosnay. "Young Children's Trust in Their Mother's Claims: Longitudinal Links with Attachment Security in Infancy." *Child Development* 80, no. 3 (2009): 750-61. doi: 10.1111/j.1467-8624.2009.01295.x.

Corriveau, Kathleen H., Kerstin Meints, and Paul L. Harris. "Early Tracking of Informant Accuracy and Inaccuracy." *British Journal of Developmental Psychology* 27, no. 2 (2009): 331-42. doi: 10.1348/026151008X310229.

Cragg, Brian G. "The Density of Synapses and Neurons in Normal, Mentally Defective and Ageing Human Brains." *Brain* 98, no. 1 (1975): 81-90.

Çukur, Tolga, Shinji Nishimoto, Alexander G. Huth, and Jack L. Gallant. "Attention During Natural Vision Warps Semantic Representation Across the Human Brain." *Nature Neuroscience* 16, no. 6 (2013): 763-70. doi: 10.1038/nn.3381.

Dahl, Ronald E. "Adolescent Brain Development: A Period of Vulnerabilities and Opportunities. Keynote Address." *Annals of the New York Academy of Sciences* 1021, no. 1 (2004): 1-22. doi: 10.1196/annals.1308.001.

Davidson, Natalie S., and Susan A. Gelman. "Inductions from Novel Categories: The Role of Language and Conceptual Structure." *Cognitive Development* 5, no. 2 (1990): 151-76. doi: 10.1016/0885-2014(90)90024-N.

Davis, Edith A. "The Form and Function of Children's Questions." *Child Development* 3, no. 1 (1932): 57-74. doi: 10.2307/1125754.

De Dreu, Carsten K. W., Lindred L. Greer, Gerben A. Van Kleef, Shaul Shalvi, and Michel J. J. Handgraaf. "Oxytocin Promotes Human Ethnocentrism." *Proceedings of the National Academy of Sciences* 108, no. 4 (2011): 1262-66. doi: 10.1073/pnas.1015316108.

Dehaene, Stanislas. *Reading in the Brain: The New Science of How We Read*. New York: Penguin, 2009.

DeNavas-Walt, Carmen, Bernadette D. Proctor, and Jessica C. Smith. *U.S. Census Bureau, Current Population Reports, 60-239, Income, Poverty, and Health Insurance Coverage in the United States: 2010*. Washington, D.C.: U.S. Government Printing Office, 2011.

DeVries, Rheta. "Games with Rules." In *Play* from *Birth to Twelve and Beyond: Contexts, Perspectives, and Meanings,* edited by Doris Pronin Fromberg and Doris Bergen, 409-15. New York and London: Garland

Capelli, Carol A., Noreen Nakagawa, and Cary M. Madden. "How Children Understand Sarcasm: The Role of Context and Intonation." *Child Development* 61, no. 6 (1990): 1824-41. doi: 10.1111/j.1467-8624.1990.tb03568.x.

Carandini, Matteo, Jonathan B. Demb, Valerio Mante, David J. Tolhurst, Yang Dan, Bruno A. Olshausen, Jack L. Gallant, and Nicole C. Rust. "Do We Know What the Early Visual System Does?" *The Journal of Neuroscience* 25, no. 46 (2005): 10577-97. doi: 10.1523/JNEUROSCI.3726-05.2005.

Carey, Susan. *Conceptual Change in Childhood.* Cambridge, Mass.: MIT Press, 1985.〔スーザン・ケアリー著，小島康次・小林好和 訳『子どもは小さな科学者か：J. ピアジェ理論の再考』（1994）ミネルヴァ書房〕

Carhart-Harris, Robin L., David Erritzoe, Tim Williams, James M. Stone, Laurence J. Reed, Alessandro Colasanti, Robin J. Tyacke, et al. "Neural Correlates of the Psychedelic State as Determined by fMRI Studies with Psilocybin." *Proceedings of the National Academy of Sciences* 109, no. 6 (2012): 2138-43. doi: 10.1073/pnas.1119598109.

Carhart-Harris, Robin L., Robert Leech, Peter J. Hellyer, Murray Shanahan, Amanda Feilding, Enzo Tagliazucchi, Dante R. Chialvo, and David Nutt. "The Entropic Brain: A Theory of Conscious States Informed by Neuroimaging Research with Psychedelic Drugs." *Frontiers in Human Neuroscience* 8, no. 20 (2014): 1-22. doi: 10.3389/fnhum.2014.00020.

Carpenter, Malinda, Nameera Akhtar, and Michael Tomasello. "Fourteen-Through 18-Month-Old Infants Differentially Imitate Intentional and Accidental Actions." *Infant Behavior and Development* 21, no. 2 (1998): 315-30. doi: 10.1016/S0163-6383(98)90009-1.

Carter, C. Sue, A. Courtney Devries, and Lowell L. Getz. "Physiological Substrates of Mammalian Monogamy: The Prairie Vole Model." *Neuroscience and Biobehavioral Reviews* 19, no. 2 (1995): 303-14. doi: 10.1016/0149-7634(94)00070-H.

Casey, B. J., Rebecca M. Jones, and Todd A. Hare. "The Adolescent Brain." *Annals of the New York Academy of Sciences* 1124, no. 1 (2008): 111-26. doi: 10.1196/annals.1440.010.

Casey, B. J., Nim Tottenham, Conor Liston, and Sarah Durston. "Imaging the Developing Brain: What Have We Learned About Cognitive Development?" *Trends in Cognitive Sciences* 9, no. 3 (2005): 104-10. doi: 10.1016/j.tics.2005.01.011.

Chapais, Bernard. *Primeval Kinship: How Pair-Bonding Gave Birth to Human Society*. Cambridge, Mass.: Harvard University Press, 2009.

Cheng, Winnie, and Martin Warren. "//CAN i help you: The Use of Rise and Rise-Fall Tones in the Hong Kong Corpus of Spoken English." *International Journal of Corpus Linguistics* 10, no. 1 (2005): 85-107. doi: 10.1075/ijcl.10.1.05che.

Chouinard, Michelle M., Paul L. Harris, and Michael P. Maratsos. "Children's Questions: A Mechanism for Cognitive Development." *Monographs of the Society for Research in Child Development* (2007): i-129. doi: 10.1111/j.1540-5834.2007.00412.x.

Churchland, Patricia S. *Braintrust: What Neuroscience Tells Us About Morality*. Princeton, N.J.: Princeton University Press, 2011.〔パトリシア・S・チャーチランド 著，信原幸弘・樫則章・植原亮 訳『脳がつくる倫理：科学と哲学から道徳の起源にせまる』（2013）化学同人〕

Clutton-Brock, Tim H. *The Evolution of Parental Care*. Princeton, N.J.: Princeton University Press, 1991.

Cohen, Jonathan D., Samuel M. McClure, and Angela J. Yu. "Should I Stay or Should I Go? How the Human Brain Manages the Trade-off Between Exploitation and Exploration." *Philosophical Transactions of the Royal Society B: Biological Sciences* 362, no. 1481 (2007): 933-42. doi: 10.1098/rstb.2007.2098.

Theories and Evidence in Exploration, Explanation, and Learning." *Cognitive Psychology* 64, no. 4 (2012): 215-34. doi: 0.1016/j.cogpsych.2011.12.002.

Bongard, Josh, Victor Zykov, and Hod Lipson. "Resilient Machines Through Continuous Self-Modeling." *Science* 314, no. 5802 (2006): 1118-21. doi: 10.1126/science.1133687.

Boyce, W. Thomas, and Bruce J. Ellis. "Biological Sensitivity to Context: I. An Evolutionary-Developmental Theory of the Origins and Functions of Stress Reactivity." *Development and Psychopathology* 17, no. 2 (2005): 271-301. doi: 10.1017/S0954579405050145.

Boyd, Danah. *It's Complicated: The Social Lives of Networked Teens*. New Haven: Yale University Press, 2014.〔ダナ・ボイド 著, 野中モモ 訳『つながりっぱなしの日常を生きる：ソーシャルメディアが若者にもたらしたもの』(2014) 草思社〕

Boyd, Robert, and Peter J. Richerson. *Culture and the Evolutionary Process*. Chicago: University of Chicago Press, 1988.

Brandone, Amanda C., and Susan A. Gelman. "Generic Language Use Reveals Domain Differences in Young Children's Expectations About Animal and Artifact Categories." *Cognitive Development* 28, no. 1 (2013): 63-75. doi: 10.1016/j.cogdev.2012.09.002.

Bransford, John D., Ann L. Brown, and Rodney R. Cocking. *How People Learn: Brain, Mind, Experience, and School*. Washington, D.C.: National Academy Press, 1999.

Bridgers, Sophie, Daphna Buchsbaum, Elizabeth Seiver, Thomas L. Griffiths, and Alison Gopnik. "Children's Causal Inferences from Conflicting Testimony and Observations." *Developmental Psychology* 52, no. 1 (2016): 9-18.

Buchsbaum, Daphna, Sophie Bridgers, Deena Skolnick Weisberg, and Alison Gopnik. "The Power of Possibility: Causal Learning, Counterfactual Reasoning, and Pretend Play." *Philosophical Transactions of the Royal Society B: Biological Sciences* 367, no. 1599 (2012): 2202-12. doi: 10.1098/rstb.2012.0122.

Buchsbaum, Daphna, Alison Gopnik, Thomas L. Griffiths, and Patrick Shafto. "Children's Imitation of Causal Action Sequences Is Influenced by Statistical and Pedagogical Evidence." *Cognition* 120, no. 3 (2011): 331-40. doi: 10.1016/j.cognition.2010.12.001.

Bufill, Enric, Jordi Agustí, and Rafael Blesa. "Human Neoteny Revisited: The Case of Synaptic Plasticity." *American Journal of Human Biology* 23, no. 6 (2011): 729-39. doi: 10.1002/ajhb.21225.

Burghardt, Gordon M. *The Genesis of Animal Play: Testing the Limits*. Cambridge, Mass.: MIT Press, 2005.

Buttelmann, David, Norbert Zmyj, Moritz Daum, and Malinda Carpenter. "Selective Imitation of In-Group Over Out-Group Members in 14-Month-Old Infants." *Child Development* 84, no. 2 (2013): 422-28. doi: 10.1111/j.1467-8624.2012.01860.x.

Byrne, Richard W. "The Technical Intelligence Hypothesis: An Additional Evolutionary Stimulus to Intelligence?" In *Machiavellian Intelligence II: Extensions and Evaluations,* edited by Andrew Whiten and Richard W. Byrne, 289-311. Cambridge: Cambridge University Press, 1997.

Byrne, Richard, and Andrew Whiten. *Machiavellian Intelligence: Social Expertise and the Evolution of Intellect in Monkeys, Apes, and Humans*. Oxford Science Publications, 1989.〔リチャード・バーン, アンドリュー・ホワイトゥン 編, 藤田和生・山下博志・友永雅己 監訳『マキャベリ的知性と心の理論の進化論：ヒトはなぜ賢くなったか』『マキャベリ的知性と心の理論の進化論 2（新たなる展開）』(2004) ナカニシヤ出版〕

Callanan, Maureen A., and Lisa M. Oakes. "Preschoolers' Questions and Parents' Explanations: Causal Thinking in Everyday Activity." *Cognitive Development* 7, no. 2 (1992): 213-33. doi: 10.1016/0885-2014(92)90012-G.

参考文献

Abraham, Eyal, Talma Hendler, Irit Shapira-Lichter, Yaniv Kanat-Maymon, Orna Zagoory-Sharon, and Ruth Feldman. "Father's Brain Is Sensitive to Childcare Experiences." *Proceedings of the National Academy of Sciences* 111, no. 27 (2014): 9792-97. doi: 10.1073/pnas.1402569111.

Ainsworth, Mary D. Salter, Mary C. Blehar, Everett Waters, and Sally Wall. *Patterns of Attachment: A Psychological Study of the Strange Situation*. Oxford: Psychology Press, 2014.

Anderson, Jenny. "Suit Faults Test Preparation at Preschool." *New York Times*, March 14, 2011. Accessed November 8, 2015.

Antón, Susan C., Richard Potts, and Leslie C. Aiello. "Evolution of Early Homo: An Integrated Biological Perspective." *Science* 345, no. 6192 (2014): 1236828. doi: 10.1126/science.1236828.

Antón, Susan C., and J. Josh Snodgrass. "Origins and Evolution of Genus *Homo*." *Current Anthropology* 53, no. S6 (2012): S479-S496. doi: 10.1086/667692.

Arie, Sophie. "Dig Finds Ancient Stone Doll." *The Guardian*, August 6, 2004. Accessed November 7, 2015. http://www.theguardian.com/world/2004/aug/06/research.arts.

Asch, Solomon E. "Studies of Independence and Conformity: I. A Minority of One Against a Unanimous Majority." *Psychological Monographs: General and Applied* 70, no. 9 (1956): 1-70. doi: 10.1037/h0093718.

Atran, Scott, Douglas Medin, Elizabeth Lynch, Valentina Vapnarsky, Edilberto Ucan Ek, and Paulo Sousa. "Folkbiology Doesn't Come from Folkpsychology: Evidence from Yukatek Maya in Cross-Cultural Perspective." *Journal of Cognition and Culture* 1, no. 1 (2001): 3-42. doi: 10.1163/156853701300063561.

Axelrod, Robert, and William Donald Hamilton. "The Evolution of Cooperation." *Science* 211, no. 4489 (1981): 1390-96. doi: 10.1126/science.7466396.

Barnett, W. Steven. "Effectiveness of Early Educational Intervention." *Science* 333, no. 6045 (2011): 975-78. doi: 10.1126/science.1204534.

Baron-Cohen, Simon. *Mindblindness: An Essay on Autism and Theory of Mind*. Cambridge, Mass.: MIT Press, 1997.〔サイモン・バロン゠コーエン 著，長野敬・長畑正道・今野義孝 訳『自閉症とマインド・ブラインドネス』（2002）青土社〕

Bell, Anne Olivier. *The Diary of Virginia Woolf*. London: Hogarth Press, 1984.

Berlin, Isaiah. *The Crooked Timber of Humanity: Chapters in the History of Ideas*. Princeton, N. J.: Princeton University Press, 2013.

———. *The Hedgehog and the Fox*. London: Weidenfeld and Nicolson, 1953.〔バーリン 著，河合秀和 訳『ハリネズミと狐：『戦争と平和』の歴史哲学』（1997）岩波書店〕

———. *Liberty*. Edited by Henry Hardy. Oxford and New York: Oxford University Press, 2002.〔アイザィア・バーリン 著，小川晃一・小池銈・福田歓一・生松敬三 訳『自由論（新装版）』（2018）みすず書房〕

Bonawitz, Elizabeth, Stephanie Denison, Thomas L. Griffiths, and Alison Gopnik. "Probabilistic Models, Learning Algorithms, and Response Variability: Sampling in Cognitive Development." *Trends in Cognitive Sciences* 18, no. 10 (2014): 497-500. doi: 10.1016/j.tics.2014.06.006.

Bonawitz, Elizabeth, Patrick Shafto, Hyowon Gweon, Noah D. Goodman, Elizabeth Spelke, and Laura Schulz. "The Double-Edged Sword of Pedagogy: Instruction Limits Spontaneous Exploration and Discovery." *Cognition* 120, no. 3 (2011): 322-30. doi: 10.1016/j.cognition.2010.10.001.

Bonawitz, Elizabeth Baraff, Tessa J. P. van Schijndel, Daniel Friel, and Laura Schulz. "Children Balance

わ

な

は

た

索引

著　者　アリソン・ゴプニック（Alison Gopnik）

カリフォルニア大学バークレー校心理学教授・哲学客員教授。マギル大学で修士号、オックスフォード大学で博士号を取得。子どもの学習と発達に関する研究の第一人者として著名。「心の理論」の研究分野の創始者の一人であり、近年は子どもの学習に対してベイズ推論と確率モデルの考え方を導入したことでも知られる。著書に "The Philosophical Baby: What Children's Minds Tell Us About Truth, Love, and the Meaning of Life"（青木玲 訳『哲学する赤ちゃん』，亜紀書房，2010 年）などがある。

訳　者　渡会 圭子（わたらい・けいこ）

翻訳家。上智大学文学部卒業。訳書に、マイケル・ルイス『かくて行動経済学は生まれり』（文藝春秋，2017 年）、シェリー・タークル『つながっているのに孤独: 人生を豊かにするはずのインターネットの正体』（ダイヤモンド社，2018 年）、スコット・ギャロウェイ『the four GAFA　四騎士が創り変えた世界』（東洋経済新報社，2018 年）などがある。

解　説　森口 佑介（もりぐち・ゆうすけ）

京都大学大学院教育学研究科准教授。博士（文学）。専門は発達心理学、特に子どもの想像力やセルフコントロールに関する心と脳の機構について研究している。著書に『おさなごころを科学する：進化する乳幼児観』（新曜社，2014 年）、編著書に『自己制御の発達と支援（シリーズ 支援のための発達心理学）』（金子書房，2018 年）がある。

編集担当　丸山隆一（森北出版）
編集責任　藤原祐介（森北出版）
組　　版　コーヤマ
印　　刷　日本制作センター
製　　本　　　同
装　　丁　加藤愛子（オフィスキントン）

思いどおりになんて育たない
— 反ペアレンティングの科学 —

版権取得　*2018*

2019 年 7 月 22 日　第 1 版第 1 刷発行
2021 年 7 月 28 日　第 1 版第 2 刷発行

訳　　者　渡会圭子
発 行 者　森北博巳
発 行 所　**森北出版株式会社**
東京都千代田区富士見 1-4-11（〒 102-0071）
電話 03-3265-8341／FAX 03-3264-8709
https://www.morikita.co.jp/
日本書籍出版協会・自然科学書協会　会員
JCOPY　<（一社）出版者著作権管理機構 委託出版物>

落丁・乱丁本はお取替えいたします.

Printed in Japan／ISBN978-4-627-85431-4